A ARTE DE REINVENTAR O PRODUTO

Transformando o seu
negócio e gerando valor
na era digital

ERIC SCHAEFFER
e **DAVID SOVIE**

A ARTE DE REINVENTAR O PRODUTO

Transformando o seu
negócio e gerando valor
na era digital

**ERIC SCHAEFFER
e DAVID SOVIE**

TRADUÇÃO
UBK Publishing House

© 2019, Accenture
Copyright da tradução © 2020, Ubook Editora S.A.

Publicado mediante acordo com Kogan Page Limited. Edição original do livro, *Reinventing the Product: How to transform your business and create value in the digital age*, publicada por Kogan Page Limited.

Todos os direitos reservados. Nenhuma parte deste livro pode ser utilizada ou reproduzida sob quaisquer meios existentes sem autorização por escrito dos editores.

COPIDESQUE	Larissa Salomé
REVISÃO	Pérola Gonçalves, Lohaine Vimercate e Raquel Freire
PROJETO GRÁFICO E ADAPTAÇÃO DA CAPA	Bruno Santos
CAPA	Accenture
DIAGRAMAÇÃO	Abreu's System

Dados Internacionais de Catalogação na Publicação (CIP)
(Câmara Brasileira do Livro, SP, Brasil)

Schaeffer, Eric
 A arte de reinventar o produto : transformando o seu negócio e gerando valor na era digital / Eric Schaeffer e David Sovie ; tradução UBK Publishing House. — Rio de Janeiro : Ubook Editora, 2020.

 Título original: Reinventing the product : how to transform your business and create value in the digital age
 ISBN 978-65-86032-55-0

 1. Administração da produção 2. Inovações tecnológicas - Administração 3. Novos produtos I. Sovie, David. II. Título.

20-36467   CDD-658.503

Índices para catálogo sistemático:
1. Produção: Planejamento: Administração de empresas   658.503

Cibele Maria Dias – Bibliotecária – CRB-8/9427

Ubook Editora S.A
Av. das Américas, 500, Bloco 12, Salas 303/304,
Barra da Tijuca, Rio de Janeiro/RJ.
Cep.: 22.640-100
Tel.: (21) 3570-8150

SUMÁRIO

Prefácio 7

Apresentação 11

Introdução 15

PARTE UM: Entrando na nova era: produtos inteligentes e conectados para o mundo digital 25

01 A transformação digital na fabricação de produtos está acontecendo mais rápido do que você imagina! 27

02 Tendências da reinvenção do produto 45

PARTE DOIS: A reinvenção digital do produto 63

03 Um produto radicalmente novo: adaptável | colaborativo | proativo | responsável 65

04 Primeira grande mudança: das características à experiência 89

05 Segunda grande mudança: do hardware ao produto-serviço 111

06 Terceira grande mudança: do produto à plataforma 129

07 Quarta grande mudança: da mecatrônica à inteligência artificial (IA) 153

08 Quinta grande mudança: da engenharia linear à engenharia ágil na nova era 177

PARTE TRÊS: A viagem ao produto reinventado 205

09 Sete competências fundamentais para gerir a reinvenção do produto 207
10 O roteiro para o sucesso com produtos e serviços vivos 237
11 Insights do mercado 261
12 Produtos reinventados em ação 321

PARTE QUATRO: Futuras realidades do produto 357

13 Perspectivas para 2030: como o produto reinventado governa as nossas vidas 359

Reflexões 371
Agradecimentos 377
Glossário 381
Referências bibliográficas 385

Prefácio

"Quando o vento da mudança sopra, algumas pessoas constroem muros enquanto outras erguem moinhos." Este é um ditado chinês antigo, mas é muito relevante na era da inovação que presenciamos hoje.

Não há dúvida do que os ventos estão trazendo: um momento inédito de produtos inteligentes e conectados está chegando; um período fascinante com muitas oportunidades para as empresas. Mas, ainda assim, vemos muitas instituições se mantendo presas às formas tradicionais de fazer e usar artigos industriais. Perdendo, com isso, o enorme potencial que as tecnologias digitais oferecem quando utilizadas da forma correta.

Este livro vai contra os modos tradicionais de pensar e operar no mundo dos produtos. Ele chama a atenção dos líderes empresariais para a urgência de abraçar e moldar o cenário global emergente de produção inteligente e conectada. Logo veremos grande parte dessa nova categoria de produtos evoluindo de interatividade básica para inteligência avançada; produtos tornando-se "vivos" e essenciais para o cotidiano de organizações e consumidores.

Dois líderes e participantes ativos desta indústria, Eric Schaeffer e David Sovie, uniram forças para escrever esta obra. A combinação de suas experiências em setores industriais tradicionais e em áreas de software e tecnologia, resulta em uma reflexão sobre a estrutura necessária para produtos inteligentes e conectados

A publicação anterior de Schaeffer, *Industry X.0*, descreve a mudança mental que a fabricação de produtos industriais está sofrendo enquanto a tecnologia digital e os softwares transformam os processos de negócios.

A arte de reinventar o produto oferece o acompanhamento lógico, e destaca o resultado das tendências de produtos interligados e da experiência do usuário que eles oferecem. Além disso, mostra como esse contexto irá moldar o futuro das empresas e dos consumidores e será um poderoso criador de valor.

O futuro está chegando mais rápido que imaginávamos, por isso este livro é relevante. Todos os dias testemunhamos o surgimento de novos produtos. Um dos meus interesses profissionais dentro desse universo é a relação, cada vez mais estreita, entre humanos e máquinas e o potencial que esta combinação oferece. A tecnologia digital e a inteligência artificial estão no centro das atenções. Elas são as forças principais na criação de tecnologias de robôs colaborativos; elementos tão importantes para a fabricação de produtos inteligentes em vários setores industriais, como o de equipamentos de fábricas, o automobilístico e o de eletrodomésticos. Porém, isso é apenas parte da capacidade total dos produtos inteligentes e conectados.

Schaeffer e Sovie traçam as mudanças irreversíveis que as fabricações estão sofrendo para incorporar a inteligência, proporcionar experiências ricas aos usuários e se estender para ecossistemas e plataformas criadoras de valor. E eles o fazem de forma acessível, fornecendo mapas e guias práticos para a construção das capacidades de negócios necessárias nesta nova realidade.

A arte de reinventar o produto é um trabalho excepcional para qualquer líder de negócio, indústria, empresário ou investidor. Até este momento, tivemos apenas um vislumbre do verdadeiro potencial econômico do mundo dos produtos inteligentes e conectados. No entanto, o vento da transformação sopra mais forte a cada dia. E este livro ajudará as empresas produtoras a levantar tantos moinhos quanto necessário para tirar o máximo proveito desta mudança.

Paul R. Daugherty, janeiro de 2019
Diretor de tecnologia e inovação da Accenture
Coautor de Human + Machine: Reimagining Work in the Age of AI

Apresentação

Até que ponto os produtos do dia a dia irão mudar drasticamente em um futuro próximo? Por exemplo: um carro, uma lâmpada, um relógio, uma impressora, um frigorífico, um caminhão de mineração, uma máquina de solda industrial ou equipamentos médicos? "De uma forma espantosa" é a nossa resposta. Os avanços em tecnologias digitais e de software farão com que isso aconteça muito mais rápido do que a maioria das pessoas percebe hoje. Analisar *o que* se transforma, *por que* e *como* é o foco deste livro.

A pergunta inicial teria soado estranha até pouco tempo. Os produtos mencionados foram constantemente inovados e apresentaram sofisticação avançada. No entanto, eles ainda são, em grande parte, dispositivos eletromecânicos passivos e não comunicativos. Servem aos seus respectivos propósitos, quando os usuários decidem tirar o máximo proveito das suas funcionalidades. Carros de luxo tinham ar-condicionado e aceleravam rapidamente, mas os mais populares, não. As chaves de fenda mais comuns eram lentas e propensas a formar bolhas nas mãos de quem as usava, enquanto as elétricas permitem um trabalho rápido e sem lesões.

Durante muito tempo, foi uma questão de preferência pelas diferentes características e funções dos produtos que nos levou a comprar um artigo específico. E, isso fez com que seus fabricantes nos satisfizessem, lançando itens em grandes quantidades, mas em uma perspectiva de mercado em que o mesmo produto pode atender consumidores diferentes.

No entanto, o mundo está chegando rapidamente na era digital. Carros, relógios, refrigeradores, impressoras e caminhões de mineração estão no caminho para adotar características bastante ativas e fluidas, dirigidas por mentes inteligentes. Por isso, defendemos neste livro que os produtos devem se tornar colegas de trabalho, parceiros atentos que apoiam o consumidor com seus serviços e funcionalidades adaptáveis — na vida privada e comercial, no escritório e no chão de fábrica.

Capacitados por softwares e inteligência artificial, uma nova geração de produtos está desenvolvendo "cérebros" que os tornam cooperativos, configuráveis e até autônomos. Isso representa uma grande mudança na sua fabricação e utilização.

A produção sofreu vários saltos qualitativos em termos de inovação. Quando os humanos descobriram a funcionalidade produtiva da roda há três mil anos, muito provavelmente, uma sensação esmagadora de praticidade os invadiu; mentes perplexas com visões sobre como serem mais ágeis e eficientes na movimentação de cargas pesadas. A descoberta da eletricidade e a invenção dos motores elétricos, há 150 anos, criou uma onda de produtos mecânicos, como lâmpadas, automóveis e frigoríficos. O surgimento do microprocessador e do computador pessoal, na década de 1980, gerou uma era dos dispositivos inteligentes como scanners, consoles de jogos e equipamentos médicos de imagem.

Sentimos o mesmo no momento em que nos encontramos: uma sensação de poder está surgindo em torno de como os produtos inteligentes, cada vez mais capacitados pela tecnologia artificial, podem ser usados de maneiras que ninguém jamais imaginou. Eles se tornaram altamente versáteis, atentos, obedientes, confiantes e úteis.

É um mundo novo e excitante de produtos. Uma realidade em que eles precisam ser pensados de formas novas e radicais, além de, permanentemente, reinventados para poderem satisfazer as necessidades sempre voláteis dos clientes.

Em 2017, Eric lançou seu primeiro livro, *Industry X.0* — publicado em outros sete idiomas —, que analisa as maiores tendências para a tecnologia digital em setores industriais, e mostra novos caminhos de entrega de valor. O *Industry X.0* continua a ser um sucesso. Porém, nas trocas contínuas com nossos clientes, nós entendemos que precisávamos de mais reflexão, especificamente sobre este novo mundo que está em andamento. Este livro se baseia no seu antecessor, mas muda de perspectiva ao analisar o assunto com foco vanguardista nos produtos e nas grandes mudanças que estão impulsionando-os para se tornarem inteligentes e conectados.

Demonstramos as evidências apresentadas nesta obra com casos práticos da vida real. Descobrimos empresários e companhias em todo o mundo que deram o pontapé inicial na produção dos itens que já começaram a dominar o planeta. Neste sentido, conseguimos descrever o momento que chamamos de a era do "Produto X.0", uma vertente da "Indústria X.0", em rápido desenvolvimento.

Convidamos formadores de opinião — clientes pioneiros, profissionais de negócios e professores dos Estados Unidos, do Reino Unido, da França, da Alemanha, da Itália, da China, do Japão e da Coreia — para validarem nossas ideias sobre produtos inteligentes e conectados. Eric, por exemplo, teve a honra de encontrar com Zhang Ruimin, presidente e CEO do Haier Group, o maior fabricante mundial de eletrodomésticos; ele também trabalhou com Patrick Koller e sua equipe da Faurecia, um dos principais fornecedores automotivos do planeta. Já David recorreu a seus contatos de alto nível, nomes do setor de tecnologia, como executivos da Google, da Amazon, da Samsung e da HP Inc. Eles e muitos outros nos ajudaram a desenvolver nossas ideias, passo a passo e rapidamente.

E, isso foi necessário, uma vez que o mundo dos negócios, pela nossa percepção, não está avançando na direção correta. É hora de acelerar e conquistar os mercados emergentes para esta nova categoria de dispositivos, que promete um novo valor para as empresas tradicionais e de software.

Podemos dizer que *A arte de reinventar o produto* não se limita a avaliar *o que* e o *por quê*. Ele também foca em *como* os itens colaborativos, reativos e autônomos podem ser melhor inseridos nas empresas, e examina, com detalhes, as medidas que as organizações industriais necessitam tomar para desenvolver efeitos positivos e de valor com os produtos inteligentes e conectados.

Repleto de resultados e sugestões facilmente acessíveis e adotáveis, esta obra é um recurso vital para líderes empresariais de todos os níveis, ajudando-os a descobrir, pensar, adotar e implementar as capacidades e o roteiro necessários para que suas organizações se encaminhem para o novo território de produtos inteligentes e conectados.

INTRODUÇÃO

O advento do produto inteligente e conectado mudará as formas como os produtos são utilizados e como as empresas os concebem, fabricam, distribuem e mantêm no mercado.

Durante os últimos duzentos anos da história industrial, a venda de um artigo marcava o fim da seguinte cadeia de processos: os insumos eram adquiridos como matérias-primas e componentes eletromecânicos, a mão de obra e o maquinário eram atribuídos para os processos de fabricação. Depois disso, produto era vendido com uma margem de lucro que refletia o preço de venda menos o custo dos insumos. Os fabricantes eram, claramente, entendidos como produtores, agindo dentro das fronteiras definidas do seu negócio e dentro de um cálculo financeiro bastante simples. O ponto de compra marcava a passagem da responsabilidade para o usuário. Ponto final.

Essa rotina bem desgastada está prestes a experimentar um choque tectônico que vai gerar uma realidade nova de produtos, onde as empresas tradicionais precisarão aplicar práticas comerciais muito mais fluidas para sobreviver. Com a ascensão deste novo produto, a linearidade das cadeias de processo com inícios e fins explícitos dentro de organizações empresariais isoladas será relegada aos livros de história. Os produtos inteligentes serão concebidos para interagir com seus fabricantes, usuários e outros produtos durante toda a sua vida útil. E as cadeias se transformarão em círculos de valor ou em sistemas multidirecionais.

NOVA TECNOLOGIA, NOVAS PERSPECTIVAS

Um produto nas mãos de um usuário estará longe de ser esquecido. Uma vez iniciada a vida inteligente, ele estará sob um regime de contato remoto e intercâmbio permanente de dados com seus fabricantes. Esses produtores usarão o fluxo constante de informações para implementar os papeis inovadores e vitalícios do produto: assinante de serviços, contador intelectual e tutor perpétuo. Tudo isso, seguindo os novos modelos de negócios e operacionais que as economias digitais impõem.

Por que isso está acontecendo? O pano de fundo é o progresso tecnológico galopante, a fase mais dinâmica nos cem mil anos em que os seres humanos modernos vagam pela Terra. Logo entraremos em uma era em que algumas maravilhas serão tão mundanas quanto uma chaleira; como, por exemplo, frotas autônomas de táxis não tripulados, remédios personalizados que se comunicam com fármacos e médicos, iluminação doméstica que sente suas emoções e se ajusta em conformidade a elas, estradas construídas usando impressão 3D e linhas de montagem industrial reconfiguradas em minutos e por conta própria. A alta tecnologia digital, parte ativa em todos os domínios da vida econômica e social, será a norma e desempenhará um papel em tudo o que fazemos.

O produto inteligente e conectado é algo inteiramente novo. A sua vida intelectual é dada através de tecnologias de ponta que já têm níveis economicamente atrativos de maturidade e acessibilidade ou que terão em breve. O produto do futuro é inteligente porque tem a bordo tecnologia cognitiva: softwares e algoritmos formando uma mente que permite uma tomada de decisão independente. É inteligente porque o poder de processamento e a capacidade de armazenamento podem ser alocados em um espaço pequeno do hardware de quase qualquer dispositivo. Também, porque a fonte de alimentação eletrônica necessária — baterias ou células fotovoltaicas — ultrapassou a barreira do som em termos de miniaturização, longevidade e desempenho. E, além disso, é inteligente porque a informação sobre a sua utilização e desempenho pode fluir sem problemas entre seus criadores, usuários e terceiros. Essa última capacidade é possível porque o produto está ligado 24 horas por dia, onde quer que esteja. Ele vive em uma poderosa banda móvel que permite a troca de dados em tempo real com servidores na nuvem e de borda. Então, o sofisticado software de análise de dados cria insights a partir das informações transmitidas. Isso ajuda o produto a mostrar sua inteligência enquanto está sendo utilizado e seus criadores a melhorá-lo incessantemente. Finalmente, o produto inteligente sabe o que está acontecendo porque tem sensores ópticos, táteis e de áudio em toda a sua extensão, proporcionando uma capacidade de percepção nítida comparável à dos seres humanos. A combinação dessas capacidades também permitirá que os produtos do futuro sejam customizáveis de uma forma que simplesmente não é possível hoje.

A tecnologia não mostra sinais de estagnação. Prevemos recursos e componentes prestes a atingir a maturidade, todos os quais também desempenharão um papel no produto inteligente e conectado, entre eles, redes 5G, computação quântica, impressão 4D, nanotecnologias e biomoléculas.

É necessário fazer uma menção especial à inteligência artificial (IA). Embora as várias tecnologias que realmente compõem a IA, tais como aprendizado de máquina ou processamento natural da linguagem, existam há anos, elas estão passando por uma fase tão intensa de maturação que essa inteligência logo será a base intelectual de todos os produtos do futuro, de caixas de som a pilotos automáticos de carros e robôs colaborativos.

Tudo isso tem consequências profundas na forma como os dispositivos são fabricados e utilizados. A tecnologia envolvida alterará as estruturas de custos de produção, os estilos de desenvolvimento e as abordagens de inovação no âmbito das competências dos fabricantes de produtos. Além disso, transformará, de forma ampla, sua cadeia de abastecimento e ecossistema.

Mas isso não é tudo. As expectativas dos usuários também serão transformadas. Os produtos inteligentes são recipientes para softwares reconfiguráveis e inteligência digital. Como tal, podem ser adaptáveis, reprogramáveis, espontâneos e fáceis de usar através de interfaces amigáveis. Todos os usuários, desde famílias e consumidores individuais a trabalhadores, executivos e líderes empresariais, ficarão acostumados a itens perenes altamente personalizados, que podem cumprir objetivos individualizados a qualquer momento. Os grandes mercados de massa com produtos de características uniformes deixarão de existir.

PRODUTO X.0: O PRODUTO TORNA-SE UM SERVIÇO COM EXPERIÊNCIA

Com toda a adaptabilidade e capacidade de resposta, os usuários passam a esperar resultados mais complexos dos produtos. Um caminhão de mineração inteligente pode ter um conjunto completo de características de segurança de primeira linha a bordo, mas a questão será orquestrá-las para atender os resultados acordados entre o fabricante e o comprador; por exemplo, reduzir as taxas de acidentes em quarenta por cento. Este será o verdadeiro valor para o cliente e o que irá gerar a diferença nos mercados do futuro, o chamado "resultado econômico". A sabedoria para entregar resultados — menores custos, maiores receitas, menor impacto ambiental — será o argumento-chave de venda para os produtos inteligentes e conectados. Estes resultados, junto às experiências, serão a moeda mais valiosa da era digital.

Na verdade, em muitos casos, o resultado é que será a venda, e a mercadoria será apenas o dispositivo de entrega. Muitos dos produtos inteligentes e conectados passarão por uma mudança dramática para modelos de negócios baseados em resultados e serviço. Estes modelos terão o mais profundo potencial de criação de valor tanto para os fabricantes como para os usuários. Eventualmente, muitos desenvolvedores não serão capazes de permanecer em um mercado sem produtos reinventados ou recém-desenvolvidos que permitam e apoiem um modelo produto-serviço ou modelo *as-a-service*. Os que se esquivarem verão dispositivos passivos antigos se tornarem commodities e se transformarem em negócios falidos com o passar do tempo.

A inovação dos produtos inteligentes e conectados ocorrerá, em grande parte, por meio de atualizações de software e do uso brilhante e em tempo real dos dados gerados. Os gerentes precisarão investir na agilidade, porque, esteja o produto no mercado ou ainda sendo rascunhado em alguma prancheta de desenho, ele estará sempre em desenvolvimento, sempre sendo atualizado por seu fabricante via software. O efeito será enorme no trabalho de pesquisa e desenvolvimento e nas áreas de marketing e serviços ao cliente. Perfis de produtos e pacotes de serviços precisarão de um enquadramento cuidadoso por parte dos profissionais de marketing, pois os grupos de clientes se tornarão menores e mais diversificados.

PLATAFORMAS E ECOSSISTEMAS: OS NOVOS HABITATS DE PRODUTOS

Em relação aos fabricantes, para entregar o resultado e maximizar o valor, será necessário que eles trabalhem com novas tecnologias, novos serviços e outros parceiros de ecossistemas. Poucas empresas serão capazes de fornecer, por conta própria, softwares, hardwares e serviços relacionados. Assim, eles precisam aprender a construir ecossistemas totalmente novos em torno de seus produtos ou parceiros, e conectar-se a um ambiente de liderança criado por outro participante.

O conceito de plataformas está intimamente ligado a esses ecossistemas. Normalmente, uma plataforma funciona com parceiros externos se reunindo em torno de um produto, para gerir o seu próprio negócio a partir dali. Um produtor de máquinas agrícolas pode pensar em capacitar dados e implementá-los em seus tratores, tornando as informações meteorológicas parte de sua operação. Uma empresa de software pode considerar conectar frotas de hardware de todos os tipos para criar ecossistemas inteligentes que produzam resultados como transporte ou acomodação. As plataformas são uma fonte de potencial infinito de criação de valor, e os fabricantes de produtos de hardware poderão se tornar participantes ativos, ainda que nem todos sejam bem-sucedidos ou devam tentar esse processo.

A MISSÃO DE REINVENÇÃO: A ENGENHARIA NA NOVA ERA

Para criar com sucesso a próxima geração de produtos e serviços inteligentes e conectados, as empresas precisarão desenvolver capacidades totalmente novas, acostumar-se a executar vários modelos de negócios ao mesmo tempo e ter roteiros inéditos de produtos.

Este livro traz recomendações para qualquer fabricante de hardware e software que queira embarcar na jornada da digitalização.

Aplique a tecnologia digital em uma escala e ritmo que tornem as suas funções internas tão perfeitas quanto possível. Em muitas áreas, equipes e indivíduos poderão fazer uso do conjunto de dados ricos e criteriosos gerado por seus produtos inteligentes. Todos devem ser capazes de obter estas informações e trabalhar com elas. E, somente a digitalização trará a velocidade e a agilidade necessárias para criar, reconfigurar e atualizar itens inteligentes com sucesso após o envio, para que eles mantenham suas qualidades adaptativas para o usuário durante toda sua vida útil. A digitalização por atacado das organizações é o que criará a eficiência para acumular os fundos necessários para lançar o produto para o mundo.

Pense sempre em sua proposta de cliente a partir do ponto final: o usuário. Ele ou ela mostrará cada vez mais a demanda por entregas personalizadas, em vez de apenas pelos meios, ferramentas e dispositivos para criar o resultado desejado por conta própria. Idealizar, criar e entregar experiências convenientes e hipercontextualizadas de ponta a ponta é uma arte em que não só os engenheiros elétricos, mecânicos ou de software devem ter voz. Essa é também uma tarefa central para designers, engenheiros de manufatura, técnicos de manutenção, profissionais de TI e comerciantes.

Além disso, esteja ciente de que seu produto pode criar muito mais valor para você, uma vez que uma plataforma ou um contexto de ecossistema esteja sendo usado. A venda de produtos inteligentes como meros dispositivos de hardware já não é a única opção, e modelos de serviço e integração em soluções de resultados podem muito bem ser mais valiosos. A reflexão sobre as formas de negócio deve, portanto, implicar sempre na avaliação de todos os arranjos potenciais do ecossistema, enquanto o planejamento prático deve prever as interfaces certas para interagir com os parceiros deste ambiente ou da plataforma.

Explicar, fazer a curadoria e atualizar continuamente os produtos inteligentes que já estão no mercado não pode mais depender de habilidades tradicionais e perfis profissionais clássicos. Conhecimentos novos e especializados serão necessários. Por exemplo, para dominar a criação de serviços atrativos e de interfaces entre usuários será preciso conjuntos inéditos de competências, como as dos designers e dos desenvolvedores de plataformas. Além disso, os gerentes devem delegar a tomada de decisão para as equipes menores, ágeis e flexíveis, que trabalham de perto com os produtos, em vez de tentarem executar processos de desenvolvimento de cima para baixo na cadeia de comando.

O investimento comprometido e a alocação de recursos entre o negócio antigo e o novo necessitam de recalibragem constante. A introdução da realidade moderna de produtos num negócio acontecerá gradualmente, embora esse processo deva ser apoiado sempre por uma convicção empresarial.

Esta é a essência da era do "Produto X.0", e podemos perceber sua evolução se a colocarmos sob a lente que este livro oferece.

COMO USAR ESTE LIVRO

Este livro tem quatro partes. A primeira descreve o cenário para a jornada rumo ao produto inteligente e conectado. Mostra como a produção orientada por dados mudará drasticamente, baseando-se nas expectativas dos clientes e, até, no funcionamento de economias e modelos de mercado inteiros. Explica também como as empresas podem aproveitar ao máximo essa nova tendência.

Na segunda, um capítulo introdutório descreve dez traços definidores dos produtos inteligentes e conectados, e os contrasta com os tradicionais. Um novo quadro analítico — que chamamos de "Grade de Reinvenção de Produtos" — é sugerido para focar nos novos espaços de valor, que podem escalar e mitigar o crescimento lento do negócio. Essa grade mostra de que forma os fabricantes podem combinar os estágios de avanço tecnológico com os de sofisticação da experiência do usuário. O Quociente de Inteligência (QI) de um produto é cruzado com o Quociente de Experiência (QE), resultando no seu Quociente de Reinvenção de Produto (QRP). O progresso dentro dessa grade binária transforma os produtos em escala exponencial, tornando-os inteligentes e autônomos. Depois disso, identificamos cinco grandes mudanças que colocam as empresas de produtos tradicionais passivos no caminho para os inteligentes e conectados. Isso realça a evolução de recursos para experiências, de funcionalidade de hardware para produto de serviço, de produto para plataforma, de engenharia mecatrônica para inteligência artificial, de linear para a ágil "Engenharia na Nova Era".

A terceira parte foca nas capacidades mais importantes que as empresas necessitam para desenvolver e introduzir um roteiro claro para sua jornada rumo aos novos produtos. Além disso, apresenta quatro estudos de caso que retratam empresas reais em transição para a nova era e uma seleção de entrevistas de especialistas sobre o tema, com profissionais de negócios e acadêmicos.

Finalmente, a quarta parte encerra o livro ao levar o leitor para 2030, onde se destaca o cotidiano de consumidores e usuários industriais quase inteiramente movidos por produtos inteligentes e conectados.

Em última análise, *A arte de reinventar o produto* é um argumento a favor da necessidade das empresas repensarem suas estratégias e seu roteiro de produtos em linhas digitais. A tecnologia é amiga e inimiga, disruptiva e não pode ser ignorada. As organizações que não a utilizarem se colocarão no caminho da erradicação. Ela é também a maior oportunidade em muito tempo para reposicionar os negócios já existentes, por meio de uma variedade de produtos, recriados para tirar partido de novos e incríveis conjuntos de alto potencial.

PARTE UM

ENTRANDO NA NOVA ERA: PRODUTOS INTELIGENTES E CONECTADOS PARA O MUNDO DIGITAL

1
A TRANSFORMAÇÃO DIGITAL NA FABRICAÇÃO DE PRODUTOS ESTÁ ACONTECENDO MAIS RÁPIDO DO QUE VOCÊ IMAGINA!

RESUMO DO CAPÍTULO

Este capítulo descreve o processo amplo de transformação em curso em todas as empresas de produtos como resultado da digitalização. Ele aborda como as organizações devem pensar, agir e tornar-se digitais em toda a sua cadeia de valor, desde o processo de formulação da ideia até os usuários que operam os produtos inteligentes e conectados no mercado. O capítulo identifica a necessidade das empresas incluírem todas as suas funções em um circuito de dados eficiente, de modo a alinhá-lo com produtos de hardware cada vez mais conectados e inteligentes que funcionem para os usuários no sistema produto-serviço. Seis processos digitais devem ser executados para criar crescimento e valor em um mundo altamente tecnológico.

A disrupção digital e a transformação da esfera de negócios são uma das megatendências mundiais, afetando empresas de *business--to-business* que representam dois terços do produto interno bruto global. Fabricantes de produtos de setores como o automotivo, o de equipamentos industriais, o aeroespacial e de defesa, o de dispositivos médicos, o de alta tecnologia e o de bens de consumo estão todos passando por ondas de turbulência tecnológica. A reconfiguração digital, que chamamos "Indústria X.0", tem profundas ramificações nas suas estruturas de custos, relações com os clientes, concepção de processos de trabalho, unidades de inovação, processos de mão de obra e, claro, na própria essência dos seus produtos e serviços.

Esta revolução digital de base ampla nos negócios não se restringe a impulsionar a eficiência operacional nas empresas – o que elas já estão fazendo –, mas é apenas o primeiro passo para um jogo final muito mais adiante. A verdadeira transformação torna a rede mais ampla. Ela envolve novíssimas configurações de negócios digitais e formas de trabalhar em todas as funções da empresa. E, a criação de modelos operacionais holísticos em torno dos produtos inteligentes reinventados.

Tais movimentos já são palpáveis em muitas áreas do setor de fabricação de produtos. Integradas nas maiores tendências da Internet das Coisas (IoT, do inglês *Internet of Things*), as indústrias passaram a conectar digitalmente chãos de fábrica, trabalhadores, funções empresariais e processos, com algum sucesso inicial. O número de robôs polivalentes aumentou drasticamente nos últimos anos. No futuro, eles se tornarão ainda mais inteligentes, o que significa que serão capazes de se adaptar, se comunicar e interagir. Isso permitirá saltos maiores de produtividade para as companhias, gerando um efeito positivo nas estruturas de custos, na conjuntura de competências e nos locais de produção.

Os ganhos de eficiência e o valor financeiro líquido extra serão enormes. Em geral, os fabricantes líderes no uso de tecnologias digitais têm relatado um aumento de vinte a trinta por cento nas margens brutas, e um crescimento entre quinze e vinte por cento na receita operacional.[1] De acordo com algumas estimativas, com a transição para processos de fabricação inteligentes as organizações industriais podem esperar um aumento bruto de 25 por cento, até 2035, do retorno sobre capital empregado (ROCE, do inglês *return on capital employed*).[2]

Talvez o motor mais visível dessa transformação radical seja o produto inteligente e orientado por dados. No passado, a grande maioria era bastante passiva e não conectável. Esses produtos comerciais eram, normalmente, vendidos através de um canal terceirizado, e o seu fabricante tinha uma relação muito limitada com o usuário final.

Tudo isso está prestes a mudar. As empresas vão precisar criar produtos inteligentes e conectados, aquilo que também chamamos de "vivos".

Quatro características distinguem este tipo de mercadoria. Primeiro, elas estão conectadas à nuvem e, muitas vezes, a outros dispositivos. Segundo, são produzidas com capacidade de processamento e vários sensores. Terceiro, são aptas a aprender por meio da inteligência artificial, do reconhecimento de voz e de outras tecnologias cognitivas. Quarto, muitas já não serão vendidas como um produto, mas sim, como um serviço e por meio de um modelo de negócio baseado em resultados.

Os produtos inteligentes e conectados terão "tecidos" e tecnologia digital que ligam a versão física ao usuário, à nuvem e, muitas vezes, a um universo maior. Este software, juntamente com o aumento da inteligência, será usual nas fábricas e gerará uma nova fase econômica. No momento da produção, as empresas deixarão de focar em objetos de hardware estáticos e passivos que correm sérios riscos de se tornarem commodities de margem baixa. Em vez disso, estabelecerão relações de serviço personalizadas com os clientes, impulsionadas pela demanda por dispositivos conectados, habilitados por softwares responsivos e adaptáveis que ofereçam resultados "vivos". Isso será verdade não só no mercado de consumo comum, mas também na indústria, onde esses resultados se tornarão vitais para gerar novos níveis de eficiência e inovação.

O valor estimado por essa mudança seminal para produtos inteligentes e conectados é impressionante. De acordo com os cálculos que fizemos em cooperação com o Fórum Econômico Mundial, as empresas e a sociedade irão retirar cerca de cem trilhões de dólares da transformação digital durante a próxima década. Só a digitalização das organizações de consumo poderia desbloquear mais de dez trilhões de dólares para a indústria e a sociedade no mesmo período.[3]

Um exemplo impressionante do potencial de criação de valor desta mudança é o sucesso da Apple. Quando Steve Jobs regressou à empresa, em 1997, ela valia menos de três bilhões de dólares e estava à beira da falência. Ela se salvou ao liderar a transição para uma geração pioneira de dispositivos e serviços digitais conectados e mais inteligentes. Em agosto de 2018, a Apple se tornou a primeira empresa do planeta a alcançar uma avaliação de mercado de um trilhão de dólares, um aumento de valor de mais de 33 mil por cento.[4]

O DIGITAL OFUSCA O HARDWARE COMO FONTE DE VALOR

Na base da reinvenção de produtos estão as mudanças drásticas nas fontes de criação de valor. Elas começaram nas últimas décadas, quando os softwares tornaram-se mais importantes na cadeia de produção. De qualquer forma, esperamos que essa transformação se acelere ainda mais no mundo digital. Considere os seguintes números. As fontes de valor em um produto típico são: 40% de software, 30% de eletrônicos, 20% de peças mecânicas e 10% de componentes digitais. Estes últimos incluem recursos de inteligência artificial, como aprendizado de máquina, interface de usuário, assistente de voz e processamento de linguagem natural, bem como recursos analíticos para capturar e processar grandes quantidades de dados. No futuro, estimamos que a realidade será: 20% de software, 5% de eletrônicos, 5% de peças mecânicas e 70% de componentes digitais. Esta é a mudança drástica que requer uma reinvenção fundamental de cada produto.[5]

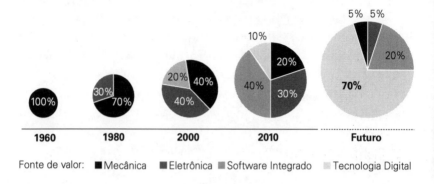

Figura 1.1 *Software incorporado e tecnologias digitais tornam-se as fontes de valor*

Um exemplo interessante: na indústria automobilística, cerca de noventa por cento do valor de um veículo já esteve relacionado em componentes de hardware — motor, suspensão, carroceria, itens internos — enquanto cerca de dez por cento, em software e módulos de controle. À medida que avançarmos, veremos essa relação mudar para um equilíbrio em que cinquenta por cento do valor do veículo será coberto pelo hardware, e a outra metade, dividida entre software e experiências digitais.[6]

O advento do smartphone mudou as coisas de forma semelhante no mercado de telefonia. Agora, o valor está migrando para os aplicativos e serviços on-line em vez dos próprios dispositivos.

VOZ DA SABEDORIA Gerente de uma grande empresa de produtos e serviços de internet

Como você descreveria o papel do hardware em uma estratégia inteligente e conectada para um produto?

O papel não é idêntico em todos os casos. A Microsoft, a Amazon e a Google enxergam o hardware — seja ele fabricado por eles ou por terceiros — mais como um dispositivo de entrega de serviços do que como o centro da sua geração de lucros. Os serviços são a sua principal fonte de valor, sob a forma de entrega de bens e venda de licenças de software ou de anúncios, como no caso do Facebook. O hardware tem um mero papel funcional em vez de um protagonismo na criação de valor real. Nesses modelos de negócio, ele é muitas vezes visto e divulgado com prejuízo.

As empresas industriais estão tentando transformar seus produtos de hardware em meros recipientes para serviços fornecidos por software ou em experiências de resultados. Existem exemplos no setor que você já chamaria de sucesso?

Na esfera industrial, até agora, a Tesla me vem à cabeça. Ela tenta combinar hardware e software, e é projetada para ter apelo ao consumidor por meio da entrega de uma experiência incrível. Outros no setor automobilístico tentam imitar isso, alguns com parceiros externos como a Google ou a Microsoft, mas ainda sem sucesso.

A mudança para um fabricante industrial tradicional no estabelecimento de uma estratégia de produto inteligente e conectado é mais desafiadora do que para um negócio de software. Concorda?

A viagem em direção a um produto inteligente e conectado é, sem dúvida, difícil de empreender para um fabricante tradicional de hardware. Você está em uma situação em que tem uma escolha. Ou acaba com o negócio ou se lança neste novo mercado. Se decidir pelo último, você não vai obtê-lo de forma barata. Não vai conseguir isso dizendo: "Vamos criar aquela unidade digital ali." Isso não vai dar certo. Vai falhar, você vai demitir a equipe e acabar dizendo: "Isso não é para mim." E depois sofrerá com a disrupção.

Seguindo esta tendência, todos os tipos de produtos serão redesenhados. O hardware continuará a ser importante, mas, em muitos casos, virará um simples invólucro com funcionalidades, enquanto as tecnologias digitais e de software se tornarão o tecido conjuntivo e os elementos vitais para a criação de valor.

Uma característica que define esta megatendência da digitalização de produtos será a descentralização dos setores *business-to-business* (B2B) e *business-to-consumer* (B2C). As empresas que têm o comércio voltado para outras empresas terão, subitamente, de pensar de forma voltada ao consumidor, devido ao tipo de consumismo que se instala entre os clientes empresariais. O principal critério de qualidade para estes clientes será a experiência do resultado e a onipresença do serviço, que os ajudará a impulsionar a eficiência em suas próprias operações e o crescimento em seus negócios. Esta expectativa por si só conferirá o sucesso ou o fracasso em mercados de produtos digitais.

Outra tendência definidora será que as empresas precisarão mergulhar em ecossistemas e alianças com parceiros que hoje podem parecer improváveis. A criação de produtos inteligentes e conectados por si só não funcionará, o mundo digital é muito fluido para ser tratado isoladamente.

Este é um eixo radical, um afastamento drástico do estilo antigo da fabricação de produtos focada em hardware. Gerenciado com cuidado, habilidade e criatividade, ele agregará um valor enorme. Os líderes empresariais precisarão pensar lateralmente, lidando com uma ampla e, muitas vezes, pouco convencional variedade de aliados e oportunidades. As empresas também terão de agir com mais velocidade e agilidade à medida que o ritmo da inovação acelera.

NECESSIDADES DUPLAS: TRANSFORMAÇÃO DIGITAL E REINVENÇÃO DO PRODUTO

As empresas de produtos devem buscar a transformação digital em duas frentes.

De um lado, precisam aproveitar as novas tecnologias digitais para reforçar a eficiência interna em todas as funções. O principal objetivo é ganhar o máximo de flexibilidade para reagir aos mercados em rápida evolução, desencadeada por itens inteligentes e conectados. Nestes setores, o conjunto de clientes que demandam serviços ou produtos personalizados se tornará cada vez menor, e os insights de dados que os indivíduos oferecem serão mais focados. As companhias que trabalham com tais informações devem criar uma estrutura interna capaz de reagir de forma rápida e fluida a esse movimento.

Por outro lado, a digitalização deve ser aplicada externamente, por meio da invenção de produtos conectados com software inteligente. Isto criará mercados, permitirá novos modelos de negócio e impulsionará a criação de valor.

Como deve estar ficando claro, estas unidades duplas de digitalização, interna e externa, precisam atuar de mãos dadas. A maioria das empresas ainda tem linhas de produtos ou serviços de base muito rentáveis e elas não devem ser descartadas, mas sim, renovadas por meio de etapas transformacionais que permitam o impulso da inovação interna. Em uma vertente separada, um segundo motor para pensar fora da caixa deve ser iniciado para gerar propostas novas e visionárias aos clientes, baseadas em dados não relacionados ao velho mundo. É aqui que ocorre a reinvenção real do produto tradicional em um produto inteligente e conectado.

Para ambos os campos de batalha — dentro e fora da organização empresarial — a adoção de novas tecnologias é fundamental. O vertiginoso vórtex digital é uma mistura cada vez mais complexa de tecnologias subjacentes, como sensores, computação em nuvem, poder de processamento, algoritmos de inteligência de negócios, robôs, inteligência artificial, computação cognitiva e big data. Para que não haja dúvidas, foi esta exploração da tecnologia digital que criou a oportunidade para um crescimento não convencional. As empresas que a adotarem com sucesso para executar uma estratégia digital em torno de produtos inteligentes e conectados verão seus lucros crescerem de forma exponencial.

As unidades de desenvolvimento de produtos e serviços devem tornar-se mais ágeis e capazes de reagir em tempo real às mudanças do mercado. E, como já indicamos, em uma economia orientada pela demanda, elas devem ser capazes de hiperpersonalizar um produto ou serviço, mesmo se for apenas uma unidade.

A digitalização reduzirá, e muito, o tempo de chegada dos fabricantes ao mercado, como demonstram as empresas que já investem fortemente em novas tendências. A Michelin reduziu seu tempo de comercialização de sete para três anos.[7] Ainda mais impressionante, a Schneider, fabricante francesa de equipamentos elétricos e industriais, encurtou seu ciclo de inovação de produtos de três anos para apenas oito meses, e pretende reduzi-lo ainda mais.[8] O grupo chinês de eletrodomésticos Haier, hoje, lança produtos de alta qualidade em apenas trinta dias.[9]

Toda a agilidade necessária para esta aceleração de processos e pensamento é baseada em tecnologia e dados. As empresas em questão conseguiram essa rapidez por meio da combinação de dados de clientes, dos próprios dados recebidos e dos gerados por produtos inteligentes no mercado. Mencionamos anteriormente a crescente rede que resultaria de tal conhecimento. Em alguns casos, isso acabará por significar que o antigo mercado anônimo de massa deixará de lado os produtos fabricados para muitos, trocando-os pelas mercadorias personalizadas. Isso requer uma nova abordagem sobre a inovação, orientada pela procura aberta a contribuições externas e a grandes ecossistemas, que aposte fortemente nos ciclos de feedback digital com o mercado de usuários finais. A agilidade da inovação tornou-se um ponto fundamental, como nos confirmou o diretor de inovação da divisão de eletrodomésticos da Samsung: "Temos que ser mais rápidos do que o tempo que diminui a cada instante e do que os relógios que aceleraram diariamente. O que uma vez foi um dia de 24 horas hoje tem cerca de três horas. A consciência, a adoção, o consumo humano e a descartabilidade de tudo tornaram-se tão rápidos que um dia é equivalente a três anos da década de 1980."[10]

A agilidade e a aceleração necessárias só são alcançáveis quando as unidades "isoladas" dentro da empresa são desmanteladas. Ciclos de informação sem obstáculos devem conectar designers, engenheiros, cientistas de dados, profissionais de marketing, fornecedores e diretoria com clientes no mercado. Os negócios do futuro serão definidos pela captação máxima de dados e por processos de tomada de decisão muito mais descentralizados, baseados na análise de dados localizados. As informações geradas por clientes, terceirizados, parceiros e fornecedores também devem ser canalizadas para influenciar continuamente a estratégia ao longo do ciclo de vida de um produto e para chegar a um momento satisfatório de capacidade, agilidade de montagem e colocação no mercado. Mais uma vez, vemos a importância do ecossistema.

NAVEGANDO NA DISRUPÇÃO: SEIS URGÊNCIAS DIGITAIS

A disrupção está acontecendo em todos os setores, graças às mudanças tecnológicas maciças, crescente consumerização industrial e atração social inevitáveis. Os jogos de força serão interrompidos e os limites da indústria serão diluídos. Há seis urgências digitais que as empresas devem ter em conta para enfrentar com êxito este momento:

1. **Transformar as bases.** Digitalize e integre funções de engenharia, produção e suporte para obter novas eficiências e acelerar o ritmo da inovação. Isso ajudará a financiar não só o crescimento central como a jornada para a nova era. Será um pré-requisito operacional para gerenciar produtos inteligentes e conectados, trazendo agilidade, flexibilidade e velocidade para toda a cadeia de valor.
2. **Focar em experiências e resultados.** Mude o âmago das características do produto com base na diferenciação para a experiência de ponta a ponta. Crie valor hiperpersonalizado para distinguir e liderar o mercado. É isto que os mercados, os consumidores e as empresas exigirão.
3. **Construir ou juntar-se a um ecossistema.** Construa, reconfigure ou una ecossistemas de parceiros relevantes para a criação e gestão de produtos inteligentes e conectados. Empresa alguma pode fornecer sozinha todos os inputs necessários.

4. **Atuar com novos modelos de negócio.** Produtos inteligentes e conectados não precisam ser vendidos como mercadorias. Muitos líderes irão mudar para modelos de negócios baseados em serviços e resultados, e todas as empresas devem inventar e criar para si mesmas novos fluxos de receita e fontes de valor.
5. **Criar uma força de trabalho pronta para uso digital.** Recrute, capacite, aprimore, proteja e apoie a próxima geração de talentos. Você vai precisar de uma nova leva de gerentes, desenvolvedores e designers para a reinvenção do produto. Abrace a inteligência artificial e apoie a transição para um mundo onde seres humanos e máquinas interagem em harmonia.
6. **Gerenciar vários eixos.** Equilibre continuamente o investimento e a alocação de recursos entre os setores de base a da Nova Era. A entrada no mundo dos produtos inteligentes e conectados não se dará apertando um interruptor, mas de forma gradual. Você precisa ter um compromisso claro de estar sempre reequilibrando o seu negócio em direção ao novo.

1	2	3
TRANSFORMAR AS BASES Digitalize e integre engenharia, fabricação e suporte de produto para novas eficiências.	**FOCAR EM EXPERIÊNCIA E RESULTADO** Crie valor hiperpersonalizado para se diferenciar e liderar o mercado.	**REDESENHAR O NOVO ECOSSISTEMA** Reúna e renove os parceiros certos para impulsionar inovações e novos recursos.

4	5	6
INOVAR OS PARCEIROS DE NEGÓCIO Invente novos fluxos de receita para novas fontes de valor.	**CRIAR UMA FORÇA DE TRABALHO PREPARADA PARA O DIGITAL** Recrute, capacite, aprimore e proteja a próxima geração de talentos.	**GERENCIAR OS EIXOS COM SABEDORIA** Equilibre continuamente o investimento e a alocação de recursos entre os setores de base e o novo.

Figura 1.2 *Transformação digital — seis urgências*

SETORES DIFERENTES, GRAUS DE ESTRESSE DIFERENTES

A fim de ilustrar onde várias indústrias do setor de fabricação de produtos estão no momento, a Accenture criou um Índice de Disruptividade, que mede o grau em que cada indústria é afetada pelo processo e qual é o seu potencial de disrupção futuro.

Nem todas as indústrias estão igualmente expostas à descontinuação do processo já estabelecido num dado momento. Mas a grande maioria, perto de 75 por cento, está em risco ou já percebe uma disrupção significativa. Identificamos quatro períodos e cada um requer uma estratégia específica para gerenciar e aproveitar a transformação. Analisamos 3.269 empresas em vinte setores da indústria e 98 segmentos. Além disso, estipulamos quinze fatores para medir tanto o nível atual de disrupção quanto a suscetibilidade a futuras.[11] A figura 1.4 mostra os resultados em quatro quadrantes ou quatro períodos de ruptura.

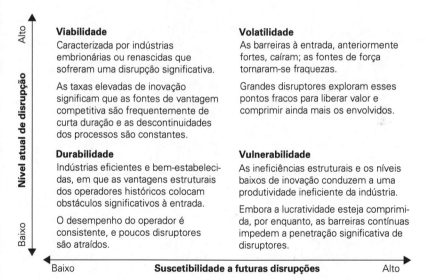

Figura 1.3 *Definição do padrão de disrupção 3D*

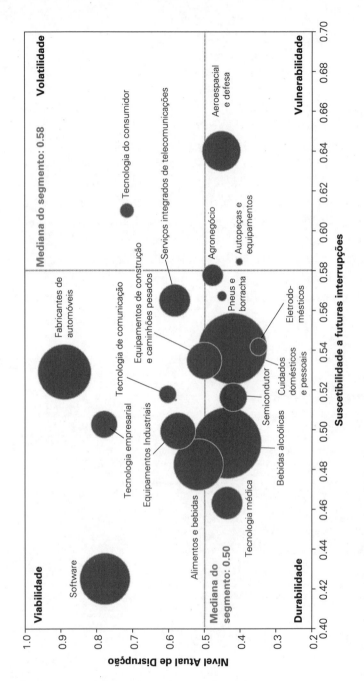

Figura 1.4 *Nenhum setor é imune à disrupção digital*

Nos segmentos importantes de quase todos os setores de produção, os resultados indicam que depois das disrupções as empresas estão sendo forçadas a reagir com reestruturações amplas dos seus modelos de negócios. Ao mesmo tempo, o gráfico também mostra que alguns setores, como o de equipamentos industriais, de construção, de produtos químicos e até o de bens de consumo, ainda gozam de um conforto relativo. Todos eles ocupam o quadrante inferior esquerdo, o que significa que o seu grau de disrupção e suscetibilidade a ela é relativamente baixo até o momento. Em contrapartida, o setor automobilístico, o de tecnologia empresarial e o de telecomunicações já estão sofrendo elevados níveis de disrupção, e a tendência é aumentar ainda mais.

O software ocupa uma posição interessante dentro deste trabalho de enquadramento analítico. Ele passa por um processo de descontinuidade mais intenso, a ponto de não restar muito mais a ser feito. Não é de se admirar que as empresas do setor sejam pioneiras em novos modelos de negócios digitais, como plataformas e pacotes de serviços.

Vamos considerar mais detalhadamente uma área da manufatura, a indústria automobilística, por exemplo, que classificamos como a décima segunda mais disruptiva. Sua principal vulnerabilidade está na inovação, que é relativamente lenta. A despesa com tecnologias avançadas nas empresas tradicionais ainda é baixa. Uma série de startups de alto valor estão causando dores de cabeça para muitas organizações estabelecidas, assim como vários gigantes da tecnologia em setores adjacentes que se concentram em modelos pioneiros de mobilidade. A fabricante que desde o início direcionou seus carros na direção de um produto inteligente e conectado foi a Tesla, com o hardware do veículo podendo ser reconfigurado remotamente por atualizações de software; e muitos outros fabricantes tradicionais estão se aproximando a essa indústria.

Descobrimos que o mercado de equipamentos industriais é o décimo terceiro setor mais disruptivo. Ele pontua na faixa média de inovação, eficiência e eliminação de barreiras contra disrupções. Essas pontuações são graças à falta de disruptores proeminentes, mas o setor tem feito grandes avanços com modelos de plataforma em torno de produtos inteligentes e conectados. Pense na posição da Caterpillar, fabricante de equipamentos pesados, que uniu grandes partes da sua gama de produtos de hardware envolvendo terceiros.

Até as indústrias aeroespacial e de defesa estão começando a sofrer disrupções, e no futuro sofrerão significativamente mais, sob a forma dos — cada vez mais onipresentes — sistemas de voo baseados em drones ou autoguiados. Esse setor encontra-se no canto inferior direito do gráfico. A análise da Goldman Sachs vê um mercado cumulativo de cem bilhões de dólares "endereçáveis" aos drones entre 2016-2021.[12] E os fabricantes de aviões estão correndo para desenvolver a inteligência artificial que um dia permitirá que computadores pilotem aviões sem seres humanos nos controles.[13]

Então, como reagir e posicionar um negócio, dependendo do quadrante em que se situa? Essa é a essência de cada um deles.

Se o seu negócio se encontra no campo da Durabilidade, coloque ênfase na transformação dos setores de base. Tente construir e sustentar fontes de vantagem competitiva. Tome medidas para manter estruturas de custos competitivas. Impulsione as tecnologias que criam benefícios de eficiência. E canalize investimentos em experiências extensas para aumentar a relevância.

Se você se vê no quadrante Vulnerabilidade, concentre-se em buscar o novo. Enfrente os desafios estruturais de produtividade e atenda àqueles específicos dentro do seu *core business*. Em seguida, aproveite a tecnologia e os dados para criar serviços aprimorados que solucionem os pontos de críticas do cliente e criem uma arquitetura de inovação abrangente.

Alguns se encontrarão no território da Volatilidade. Se for o seu caso, dê meia volta. Mude de rumo, reposicionando o negócio, e encontre o equilíbrio entre o tradicional e o novo. Evite a obsolescência mudando de direção — mas não muito rápido, pois isso causará um impacto financeiro grande. Tomar um rumo diferente com sabedoria é essencial.

Finalmente, alguns cairão na categoria de Viabilidade. Faça crescer o núcleo, permaneça em um estado constante de reinvenção e tenha capacidade de investimento direto para construir habilidades inéditas. Crie fontes incrementais de crescimento para o *core business*, ativando demandas e investindo na expansão agressiva para mercados adjacentes.

Essa análise setorial mostra que os segmentos da indústria se encontram em fases diferentes de disrupção. Todas elas serão afetadas pela onipresença das tecnologias digitais e nenhuma está imune a esta transformação. Por conseguinte, a manutenção do status quo não é uma opção e, embora os líderes empresariais tenham aceitado isso em grande medida, suas reações são, ainda, incipientes. Elas preenchem lacunas, mas falta um plano geral que articule um trabalho conjunto entre os produtos inteligentes e as funções internas.

Há a necessidade clara de um pensamento empresarial mais abrangente em torno do digital, pois as estratégias de negócios mal realizadas serão fatais para muitos fabricantes de produtos tradicionais. Mas ainda há grandes oportunidades para acertar as coisas. Enquanto seu negócio estiver no canto inferior esquerdo do gráfico, sua jornada está apenas começando, e você tem todas as oportunidades para dominar com sucesso o caminho para a Nova Era.

Para refletir

1 Nenhuma indústria é imune à onipresença do digital. Mais de 75 por cento delas estão em risco ou estão sofrendo disrupções significativas.

2 O digital também está ultrapassando de forma rápida o hardware como fonte de valor nos produtos. As empresas precisam seguir a abordagem de necessidades duplas para transformar digitalmente o *core business* ao mesmo tempo em que criam uma geração inédita de produtos inteligentes e conectados.

3 Há seis urgências digitais para navegar na mudança: transformar as bases; focar em experiências e resultados; construir ou unir ecossistemas; inovar modelos de negócios; construir uma força de trabalho pronta para o digital; e gerenciar os eixos inteligentes em todo o negócio.

2
TENDÊNCIAS DA REINVENÇÃO
DO PRODUTO

RESUMO DO CAPÍTULO

Este capítulo apresenta mais detalhadamente vários conceitos que definem a nova era digitalizada que surge com o produto inteligente e conectado. Ele explica a importância da economia de resultados e descreve a tendência para a hiperpersonalização e a supremacia da experiência.

Talvez a chegada da economia de resultados seja a mudança de paradigma mais drástica da história industrial moderna. Ela está simbioticamente ligada à ascensão do produto inteligente e conectado apenas aqueles que fornecem serviços on-line permitem que uma economia de resultados em estágio avançado funcione e cresça, mas uma vez que você tenha esses produtos, o avanço dessa economia torna-se inevitável.

O que é uma economia de resultados? Em essência, é aquela em que as empresas não comercializam os produtos que entregam certos resultados, mas sim os próprios resultados, como experiências, eficiência, segurança etc. A figura 2.1, desenvolvida em parceria com o Fórum Econômico Mundial, mostra como chegamos lá e para onde estamos indo. Do ponto de vista microeconômico, a economia de resultados é uma fase madura da sociedade industrial. Nela, as famílias consumidoras e as empresas comerciais, impulsionadas por ondas sem precedentes de inovações tecnológicas, começam a ampliar suas noções e expectativas do que um produto físico deve fornecer.

Fonte: © Accenture, baseado no Fórum Econômico Mundial. IoT: Liberando o potencial de produtos e serviços conectados, jan. 2015 [on-line] Disponível em: http://www3.weforum.org/docs/WEFUSA_IndustrialInternet_Report2015.pdf Acesso em: 11 out. 2018.

Figura 2.1 *Fazendo a transição para serviços e resultados*

O aumento da tecnologia gera maior capacidade de conectividade e de resposta dos produtos. Com isso, os atores dos mercados industriais e de consumo passam a pensar nos itens não em termos de propriedade, mas de utilização. Os hardwares passam a ser vistos como um mero meio de fornecer serviços baseados na inteligência digital embutida neles. A mudança de um modelo de negócio centrado no produto para um focado no serviço é uma transformação desafiadora para a maioria das empresas.

DO PRODUTO AO RESULTADO

A economia baseada na produção tem sido o modelo nas sociedades capitalistas desde que a indústria moderna e a divisão do trabalho surgiram, há cerca de duzentos anos. Seu foco é a quantidade. Em contrapartida, em uma economia de resultado, o valor é definido pelos benefícios proporcionados ao consumidor. Um exemplo comumente usado é o seguinte: para pendurar uma foto é necessário uma furadeira, uma bucha, um prego, um martelo, um gancho e, talvez, um fio. Os componentes podem ser fornecidos da forma tradicional, pouco a pouco, ou a tarefa pode ser resolvida com a entrega por completo do resultado: uma foto pendurada. Em outras palavras, ou alguém aluga ou compra uma furadeira e um martelo, pega o material necessário e faz o trabalho por conta própria, ou contrata um prestador de serviços especializado e compra o produto final — um porta-retratos na parede — a um preço com tudo incluído.

Em economias maduras, a forma de interação em que os mercados de trabalho, de bens e de serviços estão agrupados para se tornarem resultados toma conta da atual relação vendedor-comprador, afetando, especialmente, o setor industrial.

As perspectivas estão mudando. Na economia antiga de produção, os líderes pensavam em categorias como números de vendas discretos, custos unitários convencionais e margens exequíveis com a quantidade de itens produzidos — digamos quinhentos mil carros sedan vendidos por ano ou mil chaleiras fabricadas por dia.

No novo estilo de economia de resultados, os CEOs do mesmo negócio industrial continuarão a ser gestores diligentes, mas de uma forma distinta. Enfrentarão exigências de resultados como "deslocar três mil passageiros por hora em carros", "preparar água quente para o chá em 250 casas diariamente" ou "imprimir e enviar um milhão de faturas de clientes com um custo fixo para cada uma". Eles precisarão de uma compreensão muito mais profunda das necessidades dos seus consumidores. A tecnologia e os dados digitais serão fundamentais para que atinjam esses objetivos e alcancem os resultados.

Há um número crescente de resultados na esfera industrial, e vamos analisar muitos deles neste livro. A maioria dos nossos exemplos deriva de mercadorias tradicionais reinventadas como produtos inteligentes e conectados. Vejamos o caso da Michelin, uma empresa que fabrica pneus há 130 anos. Ela oferecerá, em breve, aos seus clientes o seguinte resultado: economia de um litro e meio de diesel por caminhão a cada cem quilômetros rodados.[1]

O serviço prometido, denominado Effifuel, tem um mecanismo de entrega complexo. A Michelin está montando caminhões de frotas logísticas comerciais com telemática a bordo que consiga rastrear as trocas de marchas dos motoristas. Os dados serão utilizados para otimizar a condução em relação às condições da estrada, meteorológicas e geográficas. Também será incluído no pacote um treinamento personalizado para os condutores. Claramente, isso está longe de ser o foco tradicional do negócio de um fabricante de pneus, e é fortemente baseado em tecnologia.

Ilustrando o que dissemos até agora sobre resultados, a Effifuel pretende melhorar o desempenho econômico dos clientes diretos da Michelin. Isso será alcançado com entrega de um pacote de software e hardware abrangente que ajudará o comprador a controlar o custo. Com isso, a Michelin integra-se na cadeia de valor do seu cliente, utilizando a tecnologia para transformar um produto tradicional numa proposta produto/serviço/resultado. A empresa francesa criará assim uma experiência do cliente totalmente nova. Para ser capaz de produzir tal resultado para o mercado, a companhia teve de mudar completamente o seu funcionamento interno.

Outro exemplo é a fabricante de motores Rolls-Royce, pioneira com o *"power by the hour"* no setor marítimo. A empresa afirma que o modelo pode reduzir os custos de manutenção dos clientes em até 25 por cento durante um contrato entre dez e quinze anos.[2]

O foco no resultado está mudando os modelos de negócios de hardware tradicionais para um em que o preço é estipulado por serviço. Os resultados cada vez mais complexos serão muitas vezes pagos por assinatura. Em outros casos, o número de eventos, o tempo de utilização ou a eficiência entregue pode se tornar a base para o faturamento. Cobrar pelos resultados será muito mais complicado do que na economia tradicional de produção, pois o risco empresarial será transferido para os fabricantes. Isto ocorrerá, em parte, devido ao aumento dramático do número de parâmetros fora do provedor de resultados. Os parceiros do ecossistema terão de entregar suas etapas de forma impecável, e as expectativas elevadas dos usuários conduzirão a uma avaliação muito rigorosa da qualidade do resultado.

Considere a Kaeser Kompressoren, empresa alemã que fornece sistemas de compressão de ar para fábricas, empresas de processamento químico e outras indústrias. Recentemente, ela fez a transição da venda de cilindros de ar comprimido para um sistema por assinatura, oferecendo o que os seus clientes realmente desejam: ar comprimido constante.[3]

Na indústria gráfica, empresas como a HP começaram a oferecer a impressão como serviço desde 2009. Os clientes pagam um preço por página que inclui todos os custos de hardware, tinta e serviços.[4] A indústria de software é indiscutivelmente a que mais avança na migração rápida para um modelo baseado em resultados como serviço. Vários negócios nasceram como instituições de software como serviço, incluindo a Salesforce.com e a NetSuite. A Microsoft fez a transição dos seus produtos Outlook e Office para uma oferta *as-a-service* baseada na nuvem e paga mensalmente por empresas e consumidores. A maioria dos concorrentes tradicionais também estão no meio deste processo, incluindo Adobe, SAP e Dassault Systèmes.

É importante enfatizar que, apesar de todos os riscos, esta mudança para foco no resultado e *as-a-service* tem o potencial de produzir mais valor para os fabricantes de hardware do que uma economia clássica de produção jamais teria. Em vez de lutar pela participação no mercado por vendas únicas, os produtores poderão garantir relações de longo prazo e, com elas, fluxos de receita duradouros.

MUDANÇAS DE VALOR EM TODA A CADEIA

A ascensão da economia de resultados está mudando os papéis na cadeia de valor. Um exemplo disso é a distribuição da propriedade da infraestrutura, libertando os clientes dos encargos dos custos e de atualizações, à medida que os resultados ou serviços inteligentes, de que dependem, se tornam estruturas tecnológicas complexas. As necessidades de despesas de capital passarão do cliente para os provedores de resultados e serviços inteligentes.

Em alguns modelos de negócios digitais, um provedor de plataforma de software atua como um intermediário que transfere a despesa de capital do cliente final para outro provedor. A Uber, por exemplo, transferiu a despesa da compra de um automóvel do cliente final para os motoristas profissionais.

Os analistas estimam que automóveis autônomos reduzirão a compra de veículo pela metade. Carros compartilhados sem motorista levarão pessoas e bens do ponto A até B, substituindo dezenas de veículos tradicionais. De acordo com algumas estimativas, cada automóvel compartilhado substituirá sete veículos atuais.[5]

A empresa de pesquisa de mercado ReThinkX prevê ainda uma redução de setenta por cento na demanda do consumidor por novos veículos, como consequência da propriedade compartilhada.[6] Além disso, o tráfego autônomo poderia, em última análise, libertar todos os cidadãos de mais de 250 milhões de horas perdidas com deslocamentos todo ano, gerando uma nova "economia de passageiros". A fabricante de chips Intel lançou um estudo, em junho de 2018, estimando que essa economia poderia gerar até oitocentos bilhões de dólares em 2035, e sete trilhões até 2050.[7]

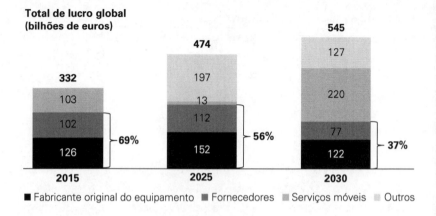

Figura 2.2 *Mudança de valor em automóveis*

O setor automobilístico está sendo significativamente afetado por esta mudança de propriedade. O acesso ao compartilhamento superou o desejo da propriedade de carros para os consumidores, com novas empresas de transporte de veículos construídas em torno de plataformas de usuário, como Uber, Visa, Lyft, Moovel ou Glide. Embora o conjunto de valores globais no setor duplique nos próximos dez ou quinze anos, a cota de mercado dos fabricantes de automóveis tradicionais diminuirá dos atuais 69 por cento para 36 por cento em 2030. Não é de se admirar que companhias tradicionais, como Daimler, BMW e Renault Nissan, já tenham investido nas suas próprias plataformas de mobilidade.[8]

CONSUMISMO INDUSTRIAL, SIMPLICIDADE E FACILIDADE A QUALQUER MOMENTO

A simplicidade para o cliente na economia de resultados naturalmente aguça mais seu apetite. Adquirir e desfrutar de um resultado se tornará tão simples que as expectativas aumentarão com um novo olhar sobre os padrões de entrega e confiabilidade.

Os analistas de negócios, portanto, veem a ascensão da economia de resultados como intimamente ligada ao advento de um fenômeno chamado "consumismo industrial". O termo descreve a situação em que os clientes presumem que qualquer tipo de resultado agregado pode ser entregue de qualquer indústria o mais rápido possível, com um bom padrão de qualidade, em qualquer lugar. Essas questões dizem respeito a aspectos de perfil tecnológico. Os clientes também se acostumarão com a integração em vez das fronteiras que ainda existem hoje. Eles esperam um ambiente digital fluido e responsivo, quer estejam em casa, no carro, no local de trabalho ou no chão de fábrica.

VOZ DA SABEDORIA — Gerente da ABB

A ABB é uma empresa de engenharia que atende clientes business-to-business em todo o mundo. Como a visão dos clientes sobre a empresa está mudando na nova era digital?

As percepções dos nossos clientes mudaram muito em relação a um envolvimento cada vez maior com a tecnologia digital. Tudo o que a Apple e a Google trouxeram para a nossa vida, todas as experiências diárias e o suporte através de aplicativos e funcionalidades inteligentes, desencadearam uma mudança de perspectiva real. O que tomou conta do mundo do consumidor está se espalhando rapidamente no mundo B2B: a expectativa de ser um provedor de resultados práticos entregues de forma rápida e descomplicada.

Quais são os elementos de serviço que os seus clientes mais esperam?

Muito mais do que no passado, a expectativa resume-se a: "ABB, temos um problema. Há inteligência lá fora. Esperamos uma solução da sua parte." Isso é o que os nossos clientes, e seus clientes finais, cada vez mais querem de nós. Assim, eles deixaram de se preocupar com o nosso portfólio de produtos ou configurações internas, para exigir uma solução da nossa parte, porque aprenderam que tudo pode ser fornecido em configurações fluidas num instante — como em um smartphone. Isso é o que a expectativa padrão do cliente parece ter se tornado, mesmo na arena B2B.

O fenômeno que você descreve é classificado pelos analistas como "consumismo industrial". O que isso significa para a sua proposta?

Para nós, como fornecedores de soluções complexas de engenharia — por exemplo, nos setores de energia e de matérias-primas —, há uma necessidade urgente de se colocar no lugar do nosso cliente e entender o que ele quer ver resolvido. Em seguida, precisamos organizar portfólio, conhecimento e recursos em torno disso. É aí que reside a oportunidade nova e real de crescimento. Vimos, portanto, alguns traços fundamentais em nosso modelo de negócios que precisavam ser rompidos se realmente quiséssemos nos transformar digitalmente.

Pense nos adolescentes que esperam estar conectados à internet onde quer que estejam, como se o mundo fosse um único ponto de Wi-Fi. Da mesma forma, os clientes dos fabricantes industriais ficarão habituados a padrões tão elevados que o menor problema ou percalço os colocarão contra o fornecedor final.

No entanto, uma vez que algumas empresas provarem que podem produzir resultados complexos de forma lucrativa e ganharem aceitação no mercado, seus concorrentes farão o mesmo. E, à medida que a economia de resultados ganha terreno, mais e mais fabricantes de hardware procurarão maneiras de anexar ou incorporar serviços inteligentes mensuráveis semelhantes aos seus produtos.

ACELERANDO O RITMO DA INOVAÇÃO

Os negócios devem, fundamentalmente, mudar o ritmo e a maneira como concebem os produtos. Eles já não tentarão identificar nichos de mercado potenciais com cinco a sete anos de antecedência por meio de estudos de mercado convencionais. Em vez disso, usarão técnicas digitais ágeis de análise para criar um produto ou serviço inteligente em resposta direta e imediata à demanda instantânea, mesmo que para lotes pequenos.

Se uma empresa sabe o suficiente sobre as necessidades, os hábitos de uso e as preferências de um cliente graças a produtos de hardware habilitados para dados, então serviços e resultados personalizados podem ser projetados e oferecidos exclusivamente a ele. Mas isso exige organização ao longo de toda a cadeia de valor, capaz de lidar com um mercado instável que está constantemente enviando sinais e dados que permitem que um serviço seja otimizado.

"O processo de desenvolvimento de hardware tradicional está falido", disse Steve Myers, CEO da Mindtribe. "O objetivo central dos novos processos de inovação é colocar protótipos experimentais na frente das pessoas para que elas possam utilizá-los no contexto real o mais rápido possível." Assim, as equipes de design e pesquisa e desenvolvimento (P&D) precisam operar com máxima agilidade, já que os produtos habilitados por software e atualizáveis não serão mais estáveis por muito tempo. Em vez disso, eles irão alterar a sua configuração dependendo do fluxo de dados do cliente. E os designs, tanto tecnológica como esteticamente, terão de ser mais flexíveis. Onde, nos velhos tempos, as equipes eram dominadas por engenheiros mecânicos, agora precisarão de uma forte contribuição de engenheiros de software, designers especializados e profissionais em interface de usuário.

A forma como os produtos são concebidos, desenvolvidos, fabricados e transportados quando em uso irá mudar. O trabalho das equipes de pesquisa e desenvolvimento será menos previsível, uma vez que os fabricantes serão forçados a incorporar novas tecnologias ainda não plenamente desenvolvidas para acompanhar a rápida evolução dos mercados de consumo.

Em termos práticos, isso significa que os projetos anteriormente lineares se tornarão mais ágeis e funcionarão em ciclos, muitas vezes, com velocidades diferentes quando se trata de conceitualizar elementos de hardware e software ou projetar as experiências do usuário. Além disso, as iniciativas também precisarão se abrir e deixar a inovação fluir para o interior da organização e para os ecossistemas parceiros, alavancando soluções instantâneas e combinando recursos como e quando necessário.

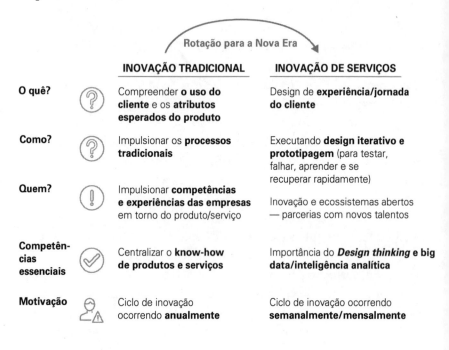

Figura 2.3 *Rotação para a inovação nos serviços*

A Netflix usa análise e código escrito por matemáticos com experiência em programação para definir os conjuntos de séries e filmes e conectá-los às preferências do cliente. Isso resulta em um comportamento atualizado do site, garantindo uma página personalizada para cada assinante. Além disso, a empresa usa dados para desenvolver, licenciar e comercializar novos conteúdos, construindo um modelo de negócios em torno de uma seleção precisa, uma experiência personalizada para cada um de seus usuários. Sólida no negócio de criação de novos entretenimentos, a Netflix também usou inteligência analítica para prever se determinado conteúdo será um sucesso entre o público antes de ser produzido.[10]

Você pode aplicar os mesmos princípios ao cockpit de um veículo para que este se adapte às suas necessidades de condução e ao seu comportamento. Tenha em mente que cerca de sessenta por cento das funcionalidades de um carro nunca são usadas, por isso, o espaço para a personalização baseada em dados recolhidos é enorme.[11] Uma máquina industrial, por exemplo, pode ajustar-se aos níveis de atenção de um trabalhador para máxima segurança.

Isso significa que novas funções são criadas como e quando necessário. Os dados passaram a ser fator de produção estratégico. Além de tecnologia, pessoal e capital, eles são um ativo indispensável para a fabricação de testes da indústria e uma ferramenta estratégica para detectar o pulso do usuário e fornecer um serviço.

Para estarem preparadas para esses mercados, as empresas devem munir-se de peritos em tecnologias da informação. As equipes de análise de dados devem coletar, gerenciar e reformular enormes quantidades de informações, muitas vezes não estruturadas, para oferecer descobertas que podem ser usadas para serviços atualizados ou propostas de demanda preditiva. Isso criará uma função empresarial completamente nova na maioria das empresas industriais. Se os fabricantes de produtos não o fizerem, seus clientes desenvolverão as próprias soluções e incorporarão todo o valor digital embutido.

Pare e observe como esta abordagem já se tornou uma realidade para algumas empresas produtoras. A Haier, gigante chinesa de eletrodomésticos, por exemplo, declarou que os consumidores são o seu departamento de pesquisa e desenvolvimento. Com base nesta premissa, inverteu os modelos operacionais em vigor e desconstruiu as relações entre empresas, funcionários e usuários de produtos. No modelo convencional, os clientes são guiados por funcionários, que, por sua vez, seguem as ordens da gerência. Na nova configuração da Haier, baseada em um princípio chamado *rendanheyi*, a companhia é efetivamente liderada pelos clientes. Os funcionários olham exclusivamente para as demandas dos consumidores antes de tomar decisões. Eles são pagos pelo valor que criam para o usuário final, e não para a empresa.[12]

A Haier elevou a prática de negócios centrada no cliente a um novo patamar. No modelo tradicional do setor de eletrodomésticos, os compradores combinam um negócio único com um fabricante, comprando uma geladeira ou um forno. Na nova realidade, os usuários interagem constantemente com o negócio. No velho mundo, os eletrodomésticos passavam por atacadistas e varejistas antes de chegar em uma casa. A Haier cortou os intermediários, e oferece a melhor experiência possível de ponta a ponta, mantendo-se em contato com os clientes através de canais digitais, interagindo virtualmente com eles, envolvendo-os em todo o processo de design, desenvolvimento, fabricação e marketing do produto. Uma descrição estendida de seu novo modelo de negócios aparecerá mais adiante neste livro em um estudo de caso detalhado.

O PODER DAS EXPERIÊNCIAS PERSONALIZADAS

Além de anunciar o fim da economia de produção, a economia de resultados inaugura uma nova era de hiperpersonalização e de hiper-contextualização, encerrando mais de um século de produção industrial em massa que tem apenas um alcance limitado para produtos e serviços personalizados. Nesse novo mundo, o ponto de partida para a criação de produtos ainda são os exemplos de uso. Mas serão muito mais detalhados nas fases iniciais da ideia, e o produto irá, então, evoluir ainda mais para o contexto dos usuários uma vez em utilização.

A era da hiperpersonalização já está bem encaminhada nos mercados consumidores. Durante muito tempo, os telefones portáteis eram apenas isso: telefones. Mas, como smartphones, eles se tornaram assistentes de estilo de vida personalizados. Isso foi possibilitado pela natureza da plataforma dos celulares, permitindo aos utilizadores fazer o download de uma variedade de aplicativos e conteúdo a partir de uma loja central. Desde então, os dispositivos tornaram-se ainda mais personalizados com a introdução de assistentes de voz, como a Siri da Apple ou o Google Assistant, que aprendem as preferências e os padrões de fala de um indivíduo ao longo do tempo.

De forma semelhante, os fabricantes de automóveis começaram a produzir em massa há cerca de cem anos, e logo passaram a diferenciar a produção entre modelos distintos, para atender a segmentos diferentes de clientes, como renda, geografia, comportamento ao volante e status familiar. Mas essa segmentação do mercado nunca foi além da produção de um lote mínimo para manter a produção de uma série específica rentável.

O excesso de personalização foi descartado por causa do custo total e da viabilidade da produção e porque a pesquisa de mercado tinha seu limite. O estudo de grupos focais e a realização de investigações junto aos consumidores nunca produziram mais do que uma imagem bastante geral do que um suposto nicho desejava e de como os indivíduos podiam ser segmentados.

No entanto, se um motor conectado é capaz de informar ao fabricante algo sobre o comportamento do motorista na estrada, sistemas de freios ativados por software para responder com precisão ao seu estilo de condução, otimizando os intervalos de manutenção, podem ser desenvolvidos. Ou quando os sensores a bordo detectarem remotamente qual membro da família está ao volante, o fabricante pode montar uma playlist para ser ouvida no carro. Uma chave pode ser desenvolvida para garantir que determinado condutor atinja apenas um limite de velocidade predefinido. Transforme um carro — ou qualquer outro produto — em um item de hardware conectado e você poderá ter em mãos um "combo" personalizado ou transformar um produto superexclusivo em realidade.

As funções auxiliares, os componentes de informação e entretenimento e os serviços de melhoria do motor poderiam, por exemplo, ser totalmente implementados. Porém, poderiam permanecer inativos no início do ciclo de vida de um automóvel e serem gradualmente disponibilizados pelo fabricante a um usuário assinante ao longo da vida útil do produto. Esta é apenas uma amostra de como produtos inteligentes e conectados podem hiperpersonalizar serviços em experiências atraentes.

Várias tecnologias digitais permitem que um produto seja inteligente, conectado, adaptável e responsivo durante o uso. De todos eles, em nossa opinião, os sensores combinados com elementos de inteligência artificial, como assistentes de voz, são as tecnologias mais importantes para a construção de experiências hiperpersonalizadas. Basta pensar em quantos sensores estão incorporados em um smartphone atualmente para torná-lo adaptável em suas funções. Os consumidores esperam que o aparelho saiba sua localização, que saiba como está sendo segurado, que indique direções, que detecte quando está escuro e que identifique as impressões digitais e os rostos dos usuários. Tudo isso é feito, normalmente, por catorze sensores conectados a softwares inteligentes — entre eles, sensores de proximidade e de luz, giroscópios, acelerômetros, magnetômetro e barômetros, bem como monitores de umidade ou frequência cardíaca.[13]

Mas o verdadeiro poder da personalização vem da combinação de sensores e conectividade melhorada com tecnologias de inteligência artificial poderosas, como os assistentes de voz. Na verdade, a voz é um verdadeiro divisor de águas.

A Faurecia, fornecedora de equipamentos automotivos francesa, está prestes a seguir essa via. Ela vai lançar uma categoria nova de cockpit e cabine interior inteligentes. Projetado para detectar quem são os passageiros e saber o que eles esperam, o conceito inclui, entre outros recursos, a assistente de voz da Amazon, Alexa, como o principal dispositivo de controle para uma série de sistemas de bordo, incluindo elementos de entretenimento personalizados. Os modelos de assentos poderão reconhecer os motoristas e passageiros individualmente e fornecer novos recursos na área de saúde e recreação para aumentar a segurança, enquanto os painéis de controle tradicionais são substituídos por touchscreens.[14]

Uma infinidade de serviços exclusivos e resultados pode ser imaginada assim que as funções do carro produzirem dados suficientes para serem analisados remotamente e transformados em tempo real.

ECOSSISTEMAS COMO A NOVA FORÇA

Como vimos até agora, a economia de resultados e o fornecimento de produtos baseados na experiência e de serviços inteligentes andam de mãos dadas. Mas a tecnologia digital não é apenas o grande facilitador para os clientes. Ela também dá aos fornecedores de resultados ferramentas poderosas para se integrarem aos ecossistemas, o que será uma característica típica dessas economias avançadas.

Na verdade, grande parte das habilidades de gestão dos líderes empresariais será sobre a construção ou adesão aos ecossistemas certos. As organizações têm aqui duas opções básicas: sugerirem e criarem um ecossistema de parceiros que define a forma como trabalham; ou juntarem-se a um ecossistema já estabelecido, com padrões de software ou hardware consolidados. No primeiro caso, uma questão importante a ser decidida é se um ecossistema será projetado para ser aberto — trabalhando com dados ou hardware de terceiros, por exemplo — ou se será fechado, com hardware e dados controlados pelo orquestrador do ecossistema. Em ambos os casos, são criadas novas oportunidades de rendimento. Os dados e serviços fornecidos por produtos e ambientes de plataforma inteligentes permitem a criação de valor complementar, acrescentado a novos fluxos de receitas.

A geração de ecossistemas será a única forma de manter um ritmo de inovação nas economias de resultados avançados. Apenas o impulso combinado dos parceiros dará aos produtos inteligentes e conectados e aos serviços que eles transportam a forma e a configuração *ad hoc* de que necessitam para cumprir funções específicas.

Neste contexto, muitos itens industriais serão concebidos para se tornarem plataformas. As pioneiras aqui são Apple e Google. Ambas as empresas formaram uma comunidade de desenvolvedores de estilo ecossistêmico em torno de suas plataformas operacionais de smartphones. Os criadores externos de aplicativos são os que incutem valor ativo nos aparelhos passivos, para o benefício mútuo de todos: desenvolvedor, proprietário da plataforma e cliente. Outras empresas de produtos devem avaliar sua capacidade de replicar esse sucesso em carros, caminhões de mineração, motores a jato e tecnologia doméstica, como iluminação, segurança, sistemas de aquecimento e refrigeradores.

Uma coisa é certa do nosso ponto de vista: em determinada fase, qualquer produto terá de se tornar inteligente e conectado, sendo parte de um ou vários ecossistemas para poder sobreviver e prosperar nos seus respectivos mercados. Embora nem todos os itens de hardware acabem transformados em plataformas, mais cedo ou mais tarde, todos os produtos industriais serão integrados em outro produto que funcionará como plataforma. O modelo clássico de negócios pode parecer uma terceira opção, mas não é viável, já que alguém vai construir uma plataforma em cima dos produtos e esmagá-lo.

Para refletir

1 Estamos presenciando o crescimento rápido da economia de resultados, tanto no B2C como no B2B.

2 Neste mundo novo, a criação de valor está mudando de hardware para serviço, no modelo produto-serviço ou *as-a-service*.

3 A era da personalização em massa está chegando ao fim, sendo substituída pela era da experiência pessoal, dos casos de uso e dos serviços específicos de contexto.

4 Como consequência, é necessária uma reformulação completa da cadeia de valor do produto e uma transformação do seu ciclo de desenvolvimento.

PARTE DOIS

A REINVENÇÃO DIGITAL DO PRODUTO

3

Um produto radicalmente novo: adaptável | colaborativo | proativo | responsável

RESUMO DO CAPÍTULO

Neste capítulo, apresentaremos duas novas ferramentas para lidar com a modernização do produto: a nossa Rede de Reinvenção e o Quociente de Reinvenção do Produto (QRP). Este descreve a evolução em dois eixos-chave, o Quociente de Inteligência (QI) e o Quociente de Experiência (QE) e retrata as características de mudança à medida que os produtos evoluem. O efeito combinatório de ambas as alterações leva ao que chamamos de Quociente de Reinvenção do Produto para qualquer mercadoria ou empresa. Ligados a tal linha de pensamento, delineamos cinco grandes transformações que permitem tipos inéditos de produtos, que serão analisados com mais detalhe nos demais capítulos da segunda parte deste livro.

Ser inteligente e conectado soa um pouco como o modo padrão da humanidade. Todos nós podemos nos adaptar a ambientes em mudança graças à forma como os nossos sentidos trabalham com as nossas capacidades cognitivas, comunicativas e físicas. Praticamente, todos podem dizer a diferença entre uma reunião da diretoria executiva, um jantar e um funeral. Julgamos o que é apropriado e reagimos em conformidade.

Produtos inteligentes e conectados — sejam hardware ou software — dominarão este tipo de versatilidade cognitiva como os humanos. É por isso que também são frequentemente chamados de produtos "vivos". Eles se destacam na multidão desconectada e não inteligente, unindo, em uma "mente" coordenada, as capacidades de adaptação, colaboração, tomada de decisão e habilidade de resposta. Muitos produtos do velho mundo precisarão ser reinventados nestes moldes para enfrentar os desafios da Nova Era.

Tecnologias digitais orquestradas, como computação em nuvem, inteligência artificial, robótica e redes 5G, determinam a capacidade de adaptação, colaboração, proatividade e espontaneidade de cada item inteligente. A arte é encontrar a configuração certa para satisfazer o desejo do usuário por experiências de resultados satisfatórios, dando ao fabricante uma vantagem competitiva e uma fonte duradoura de valor. Esta transição com foco em resultados também cria exigências e desafios inéditos para o design inicial do produto, em que a centralidade do usuário deve ser observada e os layouts de hardware individualizados criados.

A REDE DE REINVENÇÃO DO PRODUTO

Desenvolver produtos inteligentes e conectados é uma jornada. Com base em nosso trabalho com centenas de clientes de várias indústrias, reduzimos este processo em duas dimensões principais, mostradas na Rede de Reinvenção do Produto na figura 3.1. O norte desta viagem é encontrar a combinação certa entre o Quociente de Inteligência de um produto — o nível de inteligência, a conectividade e a independência cognitiva — e o seu Quociente de Experiência, refletindo a qualidade que pode oferecer através de seus recursos tecnológicos e suas funcionalidades. Ao alinhar essas duas dimensões, você encontrará áreas novas de valor para o seu negócio.

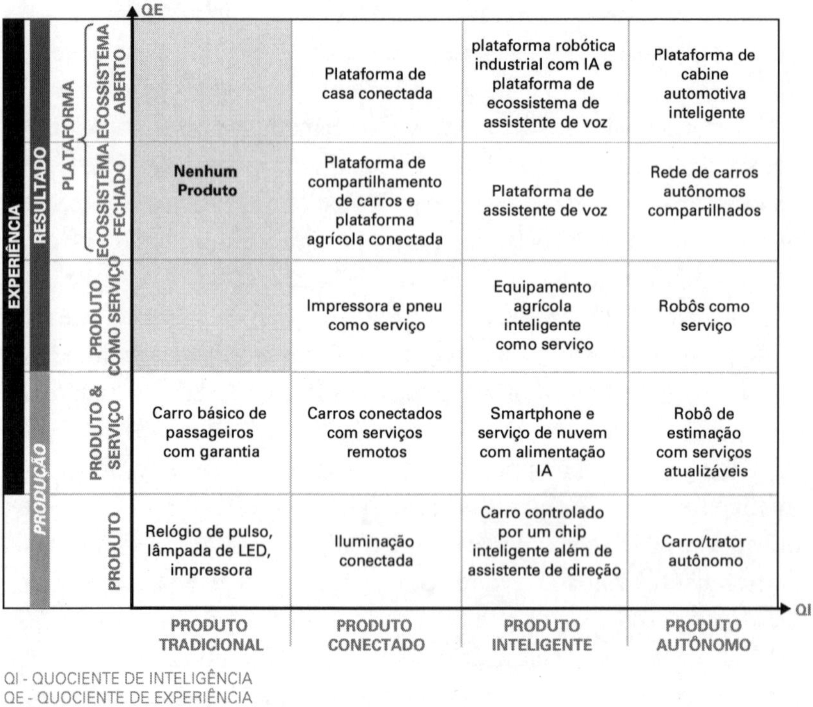

	PRODUTO TRADICIONAL	PRODUTO CONECTADO	PRODUTO INTELIGENTE	PRODUTO AUTÔNOMO
PLATAFORMA — ECOSSISTEMA ABERTO		Plataforma de casa conectada	plataforma robótica industrial com IA e plataforma de ecossistema de assistente de voz	Plataforma de cabine automotiva inteligente
ECOSSISTEMA FECHADO	Nenhum Produto	Plataforma de compartilhamento de carros e plataforma agrícola conectada	Plataforma de assistente de voz	Rede de carros autônomos compartilhados
PRODUTO COMO SERVIÇO		Impressora e pneu como serviço	Equipamento agrícola inteligente como serviço	Robôs como serviço
PRODUTO & SERVIÇO	Carro básico de passageiros com garantia	Carros conectados com serviços remotos	Smartphone e serviço de nuvem com alimentação IA	Robô de estimação com serviços atualizáveis
PRODUTO	Relógio de pulso, lâmpada de LED, impressora	Iluminação conectada	Carro controlado por um chip inteligente além de assistente de direção	Carro/trator autônomo

QI - QUOCIENTE DE INTELIGÊNCIA
QE - QUOCIENTE DE EXPERIÊNCIA

Figura 3.1 *A Rede de Reinvenção do Produto*

Todos os produtos tradicionais começam no canto inferior esquerdo. Eles têm QI limitado, pois têm nenhum ou poucos sensores, não contam com IA e não estão conectados. Da mesma forma, isso coincide com uma equalização baixa, uma vez que eles são vendidos de forma transacional. Sem um relacionamento contínuo com o cliente para além do ponto de venda, eles são vendidos e esquecidos pelos seus fabricantes. Para sair desse canto os produtos devem evoluir em termos de experiência e/ou nível de capacitação tecnológica. Além disso, devem se estabelecer em vários pontos desse quociente para demandas específicas do mercado.

Para diferentes setores, mercados e grupos de clientes, combinações diferentes de QI e QE podem ser aplicadas. É por isso que o canto superior esquerdo está longe de ser o ponto desejado para todas as empresas. É muito difícil de alcançar, uma vez que se trata de gerir uma plataforma de negócios totalmente desenvolvida, que não deve nem pode ser o objetivo de todas as organizações de produtos. No entanto, este é um local que promete um enorme valor para as companhias certas.

Vamos primeiro analisar este quadro de uma forma mais sistemática, examinando de modo independente o que está acontecendo em cada eixo. À medida que um produto avança no eixo QE, a profundidade e a amplitude da experiência do cliente se intensificam. O percurso global a partir da característica ao foco até a experiência será descrito no capítulo 4. O primeiro passo, que na realidade já foi dado pela maioria das empresas fornecedoras, é ampliar o produto com serviços de valor agregado. Eles podem ser básicos, como garantia e suporte, ou mais sofisticados como serviços de dados baseados em insights provenientes de um produto conectado. Deslizando para cima no eixo, surge uma ruptura radical com a mudança para modelos *as-a-service*, que se concentram em resultados versus produtos. Esse processo requer passar da venda simples de um produto transacional para a concepção, a venda e o suporte de uma experiência de ciclo de vida de ponta a ponta, um marco que será analisado em detalhes no capítulo 5. Outra mudança marcante que algumas, mas não todas, empresas de produtos sofrerão é a transformação do que é oferecido em uma plataforma que se conecta com a ampla gama de parceiros de ecossistemas, um caminho estratégico que iremos explorar com mais profundidade no capítulo 6.

Ao longo do eixo QI encontramos a evolução da tecnologia — de tradicional a inteligente e, potencialmente, autônoma. Aqui também é possível delinear mudanças de etapas cruciais. O primeiro passo é, em muitos casos, desenvolver um produto conectado através de alguma tecnologia básica de sensores que gere e envie dados. O seguinte é um produto inteligente, que definimos como aquele com recursos IA incorporados. Pode parecer trivial, mas isso, normalmente, requer uma transformação robusta na arquitetura do produto, bem como alterações fundamentais no seu processo de desenvolvimento. Dedicamos o capítulo 7 a esta etapa.

Como já foi dito, nem todos os produtos podem terminar a sua viagem no canto superior esquerdo do diagrama, nem devem fazê-lo. Pelo contrário, muitos começarão em algum lugar no meio do quadro e lá permanecerão enquanto seus mercados estiverem prosperando. Outros podem começar a ser conceituados como uma mercadoria complexa de plataforma. Já os mais tradicionais levam mais tempo para deixar o canto inferior esquerdo, pois atendem a nichos ainda muito lucrativos.

Vale a pena aprofundar o conceito de produtos vivos no âmbito de QI/QE. Eles evoluem inteligentemente ao longo do tempo, por meio da intervenção humana ou por impulso autônomo, gerando experiências dinâmicas que visam contextos distintos de utilizadores. São produtos com o QI mais elevado no eixo X, e são capazes de fornecer experiências com os níveis mais elevados de QE.

Combinar a progressão dos produtos ao longo do Quociente de Inteligência com seus níveis crescentes de experiência é um processo em que a evolução se transforma em ritmo exponencial, com produtos se tornando inteligentes e autônomos. É a inteligência e a autonomia que fazem com que eles acabem por ganhar vida. Neste estágio, tornam-se sensíveis e progridem de modo constante, convertendo-se em objetos intuitivos e capazes de aprender. Para proporcionar as melhores experiências, esses produtos ou os seus componentes essenciais, devem virar plataformas capazes de atrair e assimilar a participação de atores de múltiplos ecossistemas, enquanto os dados tornam-se o produto-chave, a segurança e a confiança tornam-se seus maiores ativos.

DE TRADICIONAIS A PRODUTOS REINVENTADOS: DEZ CARACTERÍSTICAS

Vamos considerar como os produtos tradicionais se comparam aos novos e inteligentes. Desenvolvemos uma tabela que mostra as dez características definidoras de ambas as categorias. Quatro destes aspectos estão associados ao movimento no eixo do Quociente de Inteligência e outros seis estão focados no eixo de experiência. Isso irá ajudá-lo a ter uma noção das novas oportunidades de negócio.

	TRADICIONAL	PRODUTO INTELIGENTE E CONECTADO	QUOCIENTE DE RELEVÂNCIA
1. "Sempre ativa" com conexão superveloz	Sem conexão ou com velocidade de internet lenta	Conexão de alta velocidade/banda larga sempre ligada à nuvem e entre dispositivos	QI
2. Sensorizado para consciência	Sem ou poucos sensores	Centenas de sensores ou mais capturando um terabyte por dia	QI
3. Mais que inteligente	Quase "burro"	Aumento de inteligência artificial e potência de processamento. O poder de processamento pode exceder o *mainframe* de 20 anos atrás	QI
4. Software domina o hardware e o digital domina o hardware	Valor primário no hardware, mas o software vem ganhando valor nas últimas duas décadas	80% do valor do produto em software e serviços habilitados digitalmente	QI
5. Produtos duradouros via *upgrade*	Nenhuma ou pouca opção de *upgrade*	Produtos "vivos" que recebem frequentemente upgrade de software aumentando significativamente a funcionalidade	QI & QE
6. Era digital de interface de usuário (IU)	Controles físicos, entradas para teclado e mouse	IU amplamente adotada por voz com alguns produtos usando reconhecimento de gestos, movimentos oculares ou realidade aumentada	QE
7. Hiperperso-nalização	Ausência ou pouca personalização do consumidor	Ausência ou pouca personalização do consumidor Personalização automatizada baseada nas preferências do usuário e, em alguns casos, em seu humor e na experiência adaptativa do contexto	QE
8. Plataforma para múltiplos produtos	Produtos isolados	Plataformas para APIs abertas permitindo serem alimentadas por plataformas de outros produtos	QE
9. Incorporação ao ecossistema	Nenhuma	Dezenas (potencialmente milhares) de parceiros dos ecossistemas que codesenvolvem produtos, criam aplicações para eles, potencializam seus dados ou prestam serviços às plataformas	QE
10. Encadea-mento digital	Ligação limitada entre os dados de desenvolvimento, fabricação e dados instalados	Modelos de ponta a ponta e sistemas com habilidade de conectar os produtos iniciais àqueles que sofreram alterações de design	QE

Figura 3.2 *Produto tradicional versus produto inteligente e conectado*

CARACTERÍSTICAS PARA AUMENTAR O QUOCIENTE DE INTELIGÊNCIA

"SEMPRE ATIVO" COM CONEXÃO SUPERVELOZ

Primeiro há a conectividade. Vimos nos capítulos anteriores os avanços feitos por esse ingrediente vital para o mundo dos produtos inteligentes. Tradicionalmente, a conexão entre fabricantes e usuários não existia ou era muito limitada, e nem precisamos falar daquela entre os próprios produtos. Foi a indústria de software que acabou sendo pioneira no conceito de relações "sempre ativas" entre criadores e usuários através do contato permanente por um servidor na nuvem. Com a chegada do 5G, haverá uma sólida infraestrutura para conectar permanentemente qualquer produto físico, permitindo iterações rápidas de design, serviço remoto, personalização e comunicação bilateral entre dispositivos.

Somente a banda larga de conectividade de alto desempenho permitirá o uso em massa da tecnologia na nuvem, um dos pilares centrais dos produtos inteligentes. A conectividade está entre as mais potentes facilitadoras do novo mundo dos produtos inteligentes e conectados. Ela tem sido um pré-requisito para os produtos de hoje. Basta considerar o salto de capacidade que a próxima atualização das redes móveis 4G implica. O 5G funcionará em frequências muito mais altas e usará comprimentos de onda mais curtos, tornando as antenas muito menores, mas ainda extremamente poderosas. Cada uma delas pode lidar com mais de mil dispositivos por metro comparado com uma infraestrutura de 4G, com tempos de atualização e download até vinte vezes mais rápidos.[1] Todos esses parâmetros terão impacto direto na latência e na experiência do usuário.

No futuro, muitos dados fabricados por produtos inteligentes e conectados serão processados e analisados pela capacidade de computação de bordo, um conceito chamado de computação de ponta. Significa que os produtos poderão, em grande medida, se auto-organizar, e serão independentes da conectividade de seus fabricantes, proprietários e usuários. Ao mesmo tempo, esta conectividade entre diferentes itens inteligentes irá aumentar, como no setor dos eletrodomésticos, quando será possível coordenar o consumo de energia dos seus vários dispositivos por meio da ligação em rede. Já as frotas de caminhões e automóveis, veículos autônomos de função interna e cobots (robôs colaborativos) podem ser ligados para fins de logística e interação no chão de fábrica.

SENSORIZADO PARA CONSCIÊNCIA

Outra característica fundamental do produto inteligente e conectado é a tecnologia de sensores e sua conscientização. No velho mundo, os produtos quase não tinham tais dispositivos. Algum tipo até pode ter sido usado, como os de temperatura ou de pressão para um motor de combustão ou máquina industrial, mas não havia uma gama de sensores de alta tecnologia, de baixo custo e miniaturizados para permitir a coleta de dados em massa.

Isto mudou drasticamente. Hoje, um smartphone transporta, por exemplo, mais de uma dezena de sensores, permitindo experiências de usuário sofisticadas.[2] Muitos produtos de hardware — industriais e de consumo — também têm um grande número de sensores isentos de manutenção, que, muitas vezes, apoiados por baterias de longa duração, tornaram-se produtos de baixo custo e comuns. Até alguns terabytes de dados podem, agora, ser facilmente coletados em um curto espaço de tempo e enviados para a nuvem para uso do usuário, do fabricante ou até do próprio produto.[3] A figura 3.3 mostra como os carros já podem ser equipados para a coleta de dados.

Um motor novo de aeronave inclui cerca de cinco mil sensores, que produzem dez gigabytes de dados por segundo, correspondendo a cerca de 844 terabytes por dia. No total, há mais ou menos 24 mil sensores em um avião atual. Mas apenas dois por cento dos dados gerados são utilizados, uma vez que a maioria das informações estão presas em diferentes subsistemas, que não se comunicam. Isso levou a fabricante de aviões Airbus a construir uma plataforma digital que permitisse que todos estes sistemas dialogassem e fizessem uso de cem por cento dos dados gerados.[4]

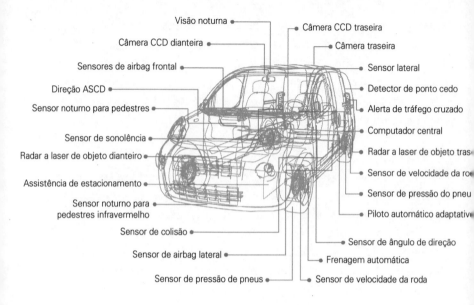

Figura 3.3 *Exemplos de sensores em um carro de passageiros*

A fabricante de cabine de automóvel Faurecia está desenvolvendo um assento sensorizado que se adapta automaticamente às preferências pessoais do condutor e monitora os dados de saúde para proporcionar o conforto máximo do utilizador. A previsão é de que os automóveis tenham até duzentos sensores a bordo — só a cabine terá 24, variando de piezoelétricos para medições de calor e vibração até sensores de peso e posição nos bancos e nas câmeras — contra os sessenta a cem que existem hoje, enquanto se estima que uma casa típica terá cerca de quinhentos dispositivos inteligentes até 2022.[5] E, na área médica, dispositivos inteligentes já são enviados pelas vias intestinais dos doentes para recolher dados para fins de diagnóstico.[6] Mesmo as máquinas de lavar roupa ostentam atualmente cerca de meia dúzia de sensores para controlar, entre outras coisas, a velocidade do tambor, a pressão da água e a temperatura.[7]

Pode-se notar por que esta tecnologia tem sido uma grande mudança. No entanto, mais sensores significam testes e procedimentos de validação no desenvolvimento de produtos complexos e mais custos operacionais no processamento e gestão de todos os dados gerados.

MAIS DO QUE INTELIGENTE

Hoje temos o novo caráter cognitivo dos produtos. Considere o quão longe já chegamos: os smartphones possuem a mesma capacidade de processamento que um supercomputador de vinte anos atrás. Os produtos estão se emancipando dos pedaços de metal, plástico e componentes eletrônicos a que antes se resumiam e estão fazendo com que seu próprio poder de processamento, armazenamento e análise se transforme em "pensamento", analisando autonomamente, descentralizando e tomando decisões.[9]

A inteligência artificial e a computação de ponta serão cruciais fatores tecnológicos facilitadores nesse domínio, em combinação com a interconexão inteligente de objetos e tecnologias de computação na nuvem. Mais inteligência está sendo incorporada também em microchips para atender a aplicações específicas do setor vertical, como o automotivo. Tudo terá, naturalmente, enorme repercussão dentro das organizações empresariais desenvolvedoras de produtos inteligentes e conectados.

A fabricante de refrigerantes Coca-Cola utiliza IA para combinar dados meteorológicos, imagens de satélite, informações sobre rendimentos de colheitas, fatores de preço, acidez e doçura para garantir que as culturas de laranja sejam cultivadas de forma ideal e mantenham um sabor consistente. O sistema encontra então a melhor combinação de variáveis, a fim de adequar os produtos aos gostos dos consumidores locais nos mais de duzentos países ao redor do mundo onde a companhia está presente.[9]

Enquanto isso, a empresa de engenharia agrícola John Deere adquiriu a tecnologia-chave da Blue River: "ver e pulverizar". É um conjunto de câmeras fixadas em pulverizadores que usam o aprendizado para identificar plantas. Se encontrar uma erva daninha, o equipamento a pulveriza com pesticida e, se vir uma colheita, espalha fertilizador. Todos estes parâmetros podem ser personalizados pelo agricultor, e a Blue River afirma que pode poupar até noventa por cento do volume de produtos químicos utilizados, ao mesmo tempo em que reduz os custos de mão de obra.[10]

Em 2012, a Amazon adquiriu a Kiva Systems, que desenvolve robôs de armazém. A tecnologia, controlada por IA, é responsável pelo monitoramento dos produtos, reabastecimento e preparação dos pedidos. Foi um grande salto na eficiência da Amazon, comparado ao tempo em que os humanos eram responsáveis pelo mesmo trabalho pesado.[11]

O SOFTWARE COME O HARDWARE E O DIGITAL COME O SOFTWARE

Com o advento de produtos inteligentes e conectados, a balança de valor se inclinará de forma transformadora para tecnologias digitais, uma mudança que os produtores de hardware sentirão de forma dramática. As funcionalidades digitais incluem vários tipos de inteligência artificial, como aprendizado de máquina, processamento de linguagem natural e assistentes de voz, bem como os recursos analíticos e avançados de big data para aproveitar e utilizar todos os dados que estão sendo capturados por um dispositivo sensorizado e inteligente. Os produtos não inteligentes serão transformados em inteligentes e conectados, e seu perfil de valor será alterado. Os recursos de engenharia pura perdem sua influência no mercado de software, que torna os produtos adaptáveis e colaborativos.

No futuro, as características eletromecânicas representarão apenas uma pequena fração do valor do produto. O maior propulsor de valor será a tecnologia de dados digitais incorporada a ele, para permitir a oferta de serviços de customizados e a criação de uma plataforma e de ecossistemas de alcance mais amplo.

Isso não significa que o hardware esteja se tornando irrelevante. A chave são os componentes que permitem uma experiência convincente para os usuários. O hardware ainda desempenha um papel na definição das experiências dos consumidores. Ele pode ser o centro do lucro, como é para a Apple, ou um mero veículo de entrega de serviços, como é para a Google. Aparecerão dispositivos totalmente novos ou fortemente reestruturados que dependerão de como seus usuários percebem seu perfil de experiência. Considere, por exemplo, a Haier, fabricante chinesa de eletrodomésticos, que reinventou completamente a geladeira para torná-la uma plataforma social doméstica. O caso é abordado em um estudo detalhado mais adiante neste livro.[12]

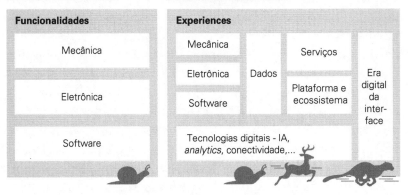

Figura 3.4 *Visão simplificada da evolução do produto*

O valor não é criado apenas por uma experiência confortável do usuário, mas também por meio de um impacto financeiro mensurável. Uma ceifadeira de condução autônoma é mais barata de se operar do que uma tripulada. Uma máquina industrial que é reconfigurável por funções multidimensionais é menos dispendiosa do que as não inteligentes. Para mostrar como é seminal a mudança atual, vamos recapitular, brevemente, como surgiu a reinvenção do produto.

Na década de 1960, a maioria dos produtos de hardware não continha, praticamente, componente eletrônico algum que conferisse inteligência ou valor básico para além do meramente mecânico. Nos anos 1980, porém, uma média de trinta por cento do valor de um produto já dependia de seus componentes eletrônicos. Esses números aumentaram para quarenta por cento nos anos 2000, quando os componentes de software começaram a representar cerca de vinte por cento e os elementos de tecnologia digital, dez por cento.[13]

No futuro, a balança se inclinará ainda mais drasticamente para o digital e o software. Tecnologias como inteligência artificial ou computação na nuvem e de ponta, bem como a própria conectividade, dominarão as "fatias de valor" de um produto — com as características eletrônicas e mecânicas diminuindo para uma pequena fatia de dez por cento, como mostramos no primeiro capítulo. Mas este pode ser um desafio maior do que o esperado para muitos empresários tradicionais. Como nos disse James E Heppelmann, CEO da PTC, fabricante de produtos de software: "Ninguém dorme como uma empresa industrial e acorda como uma de software. É muito mais difícil do que isso".[14]

É uma grande vantagem que produtos reinventados, incluindo os de software, possam agregar valor em várias áreas ao mesmo tempo. Os dados que eles transmitem à base podem ser usados diretamente na otimização dos processos internos dos fabricantes, abastecendo com informações os setores de pesquisa e desenvolvimento ou moldando atividades de marketing. Mas as mesmas informações também podem desencadear a adaptação instantânea do produto ainda nas mãos do usuário. Elas ajudam os fabricantes a prestar serviços remotamente aos produtos no mercado, fornecendo insights que alimentam os designs para as atualizações geracionais de um produto ou criando a base para o desenvolvimento de propostas de serviços totalmente novas.

Não é de se admirar que se estime que os produtos inteligentes irão impulsionar um crescimento da produtividade global de 2,5 a 5 por cento nos próximos dez anos. Isso se traduz em uma elevação de receita combinada e economia de custos de novecentos bilhões de dólares por ano apenas para o setor industrial.[15]

CARACTERÍSTICAS PARA AUMENTAR O QUOCIENTE DE EXPERIÊNCIA

PRODUTOS DURADOUROS VIA UPGRADE

A capacidade de se atualizar frequentemente via software é uma característica que sobe no eixo QE de um produto transacional para um modelo orientado para resultados como um serviço ou uma plataforma. O software é fluido: linhas de código simples podem alterar drasticamente as características do produto. Isto lhes dá uma vida adaptativa, capaz de oferecer experiências verdadeiras em vez de meras características do produto, e de serem constantemente renovados.

Pense na fabricante de carros Tesla: modos de condução autônomos podem ser habilitados durante a noite através de atualizações de software.[16] Pense, então, no sistema operacional do seu smartphone, atualizado regularmente para melhorar a usabilidade ou a segurança dos dados. Sem esta capacidade, o produto não pode reagir às novas necessidades dos utilizadores nem colaborar adequadamente.

Além das tradicionais atualizações remotas, as novas gerações de aparelhos poderão aprender e se conscientizar em tempo real, permitindo que se tornem autoconfiguráveis e autorreparáveis.

A ERA DIGITAL DA INTERFACE DE USUÁRIO (IU)

A interface de usuário de um produto é o componente central da experiência, de modo que, para transformar a experiência, a maioria das empresas precisará fazer a transição para interfaces digitais. Antigamente, os painéis físicos fixos com um número limitado de interruptores e medidores eram a norma. No entanto, as interfaces se transformaram em tecnologia móvel digital ativada por voz, toque ou gestos. Agora, ela é orientada pela inteligência artificial, personalizada pelo usuário e módulos de tecnologia móvel adaptáveis que permitem uma comunicação e colaboração perfeitas entre o usuário e o produto inteligente.

A voz como principal interface de usuário é um avanço tecnológico sísmico. É a chave para uma experiência do usuário satisfatória para qualquer produto inteligente e conectado. Lembre-se do quanto esta tecnologia amadureceu. Enquanto os primeiros assistentes de voz tinham de ser controlados por vocabulário e estruturas de frases definidas, a voz moderna, movida por IA, pode lidar com comandos de linguagem natural, tornando a interação humana tão fácil como falar com outra pessoa. Concordamos com a afirmação do CEO da Nytec, Rich Lerz, de que "a voz vai ter um impacto fundamental no futuro e vai desbloquear e libertar novas aplicações e capacidades para além da nossa imaginação". A voz, segundo ele, é mais única e poderosa do que uma leitura de impressões digitais, pois também pode sentir emoções e tons, tornando-se assim um elemento central da personalização.[17]

Considere, por exemplo, a Nest, criadora do termostato que foi um dos primeiros produtos inteligentes e conectados a ser operado através de uma tela integrada sensível ao toque. A primeira leva de dispositivos controlados por voz da empresa foi lançada em 2017. Num futuro próximo, uma vasta gama de dispositivos será controlada da mesma forma.[18] A BMW e outros fabricantes de automóveis estão incluindo controles gestuais como uma interface central para o futuro.[19]

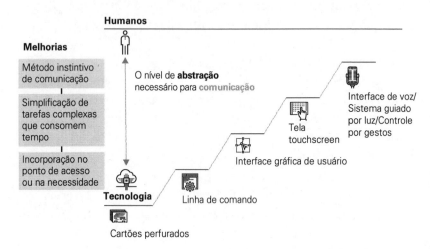

Figura 3.5 *A evolução da interação homem-máquina*

Essas novas interfaces, como voz e gestos, são muito mais intuitivas e nos tornam, como usuários, a parte mais perfeita da experiência conectada de produtos e serviços. Nós nos comunicaremos com esses produtos, e eles, por sua vez, irão se comunicar conosco de uma forma natural, que não pedirá a aprendizagem de uma nova língua ou método de interação. Enquanto isso, em segundo plano, o produto está traduzindo todas essas entradas para o mundo digital.

HIPERPERSONALIZADO

Uma vez que um produto tem interfaces digitais de usuário e inteligência, é possível considerar um grau de personalização que não era imaginável poucos anos atrás. Essas novas interfaces são flexíveis o suficiente para fornecer a experiência do usuário certa (e os resultados certos) no momento certo, no contexto certo e personalizado. Mas a sua flexibilidade de software também é uma condição prévia importante para a customização de experiências altamente personalizadas em contextos de utilizadores individuais. Ter a flexibilidade e a capacidade de se transformar em uma oferta de produtos muito pessoal para um grande número de usuários é um dos fatores cruciais de valor do cliente na era dos produtos inteligentes e conectados. Tornado autonomamente inteligente pela IA, um produto como um carro pode até aprender e tomar as próprias decisões sobre a melhor forma de personalizar a experiência de utilização.

No interior dos automóveis, os antigos painéis de bordo estão dando lugar a interfaces sensíveis ao toque, permitindo a caraterização máxima. As futuras cabines serão suficientemente inteligentes — graças aos sensores e à inteligência artificial de ação local — para personalizar ainda mais a experiência do cliente. Como descrito acima, o carro médio terá uma grande variedade de sensores que permitirá uma nova geração de experiências. Todos os veículos serão capazes de identificar quem está dirigindo e, em seguida, ajustar as posições do banco e do espelho, bem como reproduzir playlists automaticamente. Através da IA, o carro também se adapta às condições individuais do usuário, como os níveis de fadiga e as condições externas de condução, como a intensidade do tráfego e as condições meteorológicas.

UMA PLATAFORMA PARA MÚLTIPLOS PRODUTOS

Outra evolução decisiva é a transformação de um produto isolado numa plataforma de itens interligados, permitindo a participação profunda e versátil de terceiros. Pense no seu smartphone, que ganha vida com sua utilização e experiência diárias por meio de inúmeros aplicativos fornecidos por terceiros. Ou considere a Faurecia novamente, com sua cabine de carro digital operada por usuários através do assistente de voz Alexa, da Amazon.[20]

Ainda que muitos dispositivos inteligentes e conectados não se tornem plataformas, pois valor novo algum lhes será agregado, alguns certamente se transformarão. Apenas uma plataforma — seja como uma versão de propriedade fechada ou aberta e orientada ao ecossistema — abre um produto para experiências realmente ricas em adaptabilidade, capacidade de resposta, colaboração e personalização. Ela também abre a possibilidade de estender-se a novos mercados e capacidades para além do produto principal tradicional. Hoje, a Apple é uma das principais fornecedoras de música, entretenimento e serviços na nuvem. No caso da maioria dos produtos inteligentes e conectados, isso os transformará em geradores de valor para o fabricante, o usuário e o desenvolvedor terceirizado.

Para que este processo ocorra, o hardware precisará de APIs abertas para tornar a cocriação de experiências tão fácil e atraente quanto possível para parceiros inovadores externos.

INCORPORADO A ECOSSISTEMAS

A urgência do produto como uma plataforma flexível e viva anda de mãos dadas com a urgência do ecossistema que se constrói organicamente em torno dele. Estes ecossistemas surgem, sobretudo, porque aplicativos externos estão sendo desenvolvidos para executar na plataforma. Esses aplicativos são chamados a prestar serviços de manutenção ao produto ou implementados na utilização de hardware e/ou dados para criar os próprios projetos de serviços complementares para o usuário. Os desenvolvedores de ecossistemas que orbitam uma plataforma podem ser de algumas dezenas a milhões, como no caso do iOS e da AppStore, ambos da Apple.

O surgimento de ecossistemas de produtos é uma das tendências definidoras da nova realidade do setor, em uma era de modelos complexos de negócios digitais. Ecossistemas não envolvem apenas os desenvolvedores externos, mas são também o marco para a formação de alianças com fornecedores estratégicos ou comerciantes. Os ecossistemas de produtos são uma extensão natural da plataforma existente e um pré-requisito vital para o seu sucesso comercial. A guerra entre produtos concorrentes será vencida pelo ecossistema que agregar a proposta mais convincente do cliente e da experiência do usuário. Os fabricantes de produtos de plataforma devem, portanto, não só permitir, mas também apoiar, nutrir e gerir esse ecossistema.

O surgimento desta interação em torno de produtos inteligentes e conectados coloca novos desafios para comerciantes e gerentes de marca. Em um mundo de produtos hiperconectados, no qual celulares, termostatos domésticos, eletrodomésticos e até roupas esportivas estão cada vez mais conectados à internet e uns aos outros, as marcas precisam aprender a jogar umas com as outras ou abrir mão de certo grau de controle para aqueles que possuem as interfaces mais populares. Na maioria dos ecossistemas, a marca em contato com o usuário final ocupará a posição mais lucrativa e de maior destaque.

FIO DIGITAL COMO UM ETERNO CORDÃO UMBILICAL

A fim de proporcionar uma experiência atraente baseada em resultados, é essencial ser capaz de rastrear o produto durante todo o seu ciclo de vida — incluindo as mudanças nos atributos de hardware, software e dados ao longo do tempo. Isso requer que eles sejam executados em uma cadeia de dados controlada por seus donos muito tempo depois da venda, de uma maneira que quase fabricante de hardware algum faz hoje. Esses objetivos serão alcançados por dois conceitos relacionados: o gêmeo digital e o fio digital.

O gêmeo é uma representação digital completa de um produto físico, incluindo não só o molde 3D, mas o material propriamente dito, o software e os dados. O gêmeo digital torna-se única versão da verdade de todos os dados principais relacionados ao produto.

O fio digital estende este conceito por toda a vida útil do produto para acompanhar as mudanças em sua configuração ao longo do tempo e rastrear o fluxo de dados. Com o fio, um técnico poderia comparar a configuração "*as is*" de hoje com a configuração de fabricação e a projetada. Se o profissional estiver equipado com tecnologia de realidade aumentada, ele pode até ver essas versões simultaneamente e compará-las.

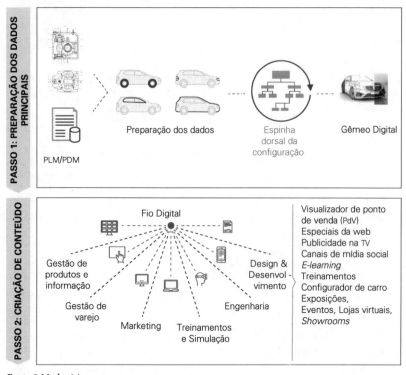

Fonte © Mackevision

Figura 3.6 *O conceito gêmeo digital*

Aqueles produtos digitais equipados com sensores, capacidade de processamento de dados e conectividade, e que são apoiados por um gêmeo digital e um fio digital permitem que vários fluxos de dados, desde a utilização de recursos até o desempenho, sejam enviados de volta às equipes na base. Esse tipo de "escuta" e as ações em resposta aos resultados e padrões de uso são fundamentais para o conceito de um produto inteligente que evolui tecnologicamente ao longo do tempo, por meio de novas e constantes atualizações de software instaladas remotamente.

A existência de uma plataforma de fio digital e o recolhimento e análise de dados também abrem novas oportunidades para rentabilizar as informações de formas inovadoras. Por exemplo, os dados obtidos por uma empresa de WI-FI sobre quem está acessando a rede e onde esta pessoa está fisicamente localizada poderiam ser utilizados para adicionar inteligência aos sistemas dos edifícios informando às instalações que não desliguem o ar-condicionado no horário habitual porque há um grupo trabalhando. A maioria das empresas não tem recursos de gêmeo digital e fio digital, mas essas tecnologias se tornaram aquelas que sustentarão os produtos reinventados em um futuro próximo.

O QUOCIENTE DE REINVENÇÃO DO PRODUTO

Voltando à nossa Rede de Reinvenção de Produtos: ao conjugarmos o impacto dos movimentos ao longo dos eixos QI e QE, criamos um índice a que chamamos Quociente de Reinvenção do Produto (QRP). É uma medida do grau de mudança necessário para alcançar a transformação de um produto tradicional em qualquer quadrante da matriz mostrada na figura 3.7.

Acreditamos que existam duas rupturas principais nessa matriz. A primeira é o movimento do eixo QI de produto conectado para produto inteligente, onde atribuímos um salto de 90 para 120; e o segundo é o movimento no eixo QE de produtos e serviços para o sistema *as-a-service*, que passa de 30 para 60, significando o dobro da complexidade. Queremos salientar que o quadrante superior direito não é o resultado desejado para todas as empresas. Na verdade, acreditamos que poucas instituições devem aspirar a esse quadrante. Voltaremos, no capítulo 10, a visitar em detalhe como navegar nessa rede e conduzir a reinvenção do produto.

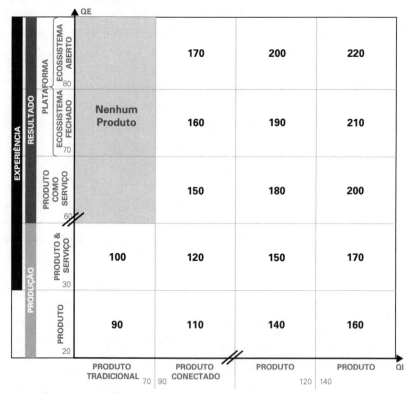

QI - QUOCIENTE DE INTELIGÊNCIA
QE - QUOCIENTE DE EXPERIÊNCIA

Figura 3.7 *O quociente de reinvenção do produto = QI + QE*

O FUTURO ESTÁ AQUI, COMECE AGORA

Praticamente todos os produtos terão de ser reinventados e transformados num futuro próximo. Na verdade, a corrida já começou, e os líderes que por muito tempo hesitaram em criar novas gerações de produtos inteligentes e conectados correm um grande risco de suas organizações serem interrompidas e até expulsas do mercado. Com efeito, a perturbação maciça representada pela reinvenção do produto está permitindo a entrada de novos operadores, muitas vezes de setores completamente diferentes. Por exemplo, poucas empresas de eletrônicos de consumo teriam imaginado, há cinco anos, que a Amazon e a Google se tornariam dois dos seus maiores concorrentes.

Por outro lado, reinventar o produto é só o começo. Lembre-se que os inteligentes e conectados, em um estágio avançado, serão capazes de controlar remotamente, otimizar, adaptar-se, decidir e responder inteiramente por si mesmos. Os casos de negócios serão tão radicalmente novos que são quase inconcebíveis para os líderes empresariais de hoje. Este cenário está logo ali. Para se preparar, é vital se distanciar do velho mundo do setor e focar na nova era.

Os capítulos seguintes fornecerão detalhes sobre cinco mudanças que todas as empresas da área precisam considerar para se reinventarem com sucesso. São elas:

1. Das características à experiência.
2. Do hardware ao produto-serviço.
3. Do produto à plataforma.
4. Da mecatrônica à inteligência artificial.
5. Da engenharia linear à engenharia ágil na Nova Era.

Para refletir

1 Um mundo novo está surgindo, no qual os produtos se tornam mais inteligentes e ricos em experiência. Podemos classificar cada produto deste momento dentro de uma ferramenta analítica inédita que chamamos de Rede de Reinvenção de Produtos.

2 As empresas podem conseguir impulsionar o aumento do QI e do QE. A magnitude do esforço de gestão necessário para o êxito pode ser estimada ao combinarmos a mudança desejada em QI e QE, calculando o que propomos como Quociente de Reinvenção de Produtos.

3 Identificamos cinco mudanças. Para a maioria das companhias, uma grande transformação terá que ser gerenciada com cuidado para se ter sucesso com os produtos no novo mundo digital.

4

PRIMEIRA GRANDE MUDANÇA: DAS CARACTERÍSTICAS À EXPERIÊNCIA

RESUMO DO CAPÍTULO

Este capítulo estabelece o trânsito das empresas desde o foco nas características do produto até o produto orientado para a experiência no ambiente de uma economia de resultados. Investiga a distinção entre características simples e experiências mais fluidas e de alto valor e a diferença entre as experiências B2B e B2C. Finalmente, os dados empíricos mostram o que os líderes empresariais pensam sobre o tema e o potencial econômico de uma estratégia consistente.

Como já demonstramos, os produtos mudam de status na percepção do usuário quando se tornam inteligentes e conectados e evoluem ao longo do eixo QE. Para uma análise futura: quando os usuários esperam que um produto inativo forneça um apoio relativamente limitado para tarefas específicas, um produto inteligente traz consigo expectativas de confiança, cooperação e adaptabilidade. E os usuários passam a desfrutar de meros recursos funcionais com um produto passivo, e esperar uma experiência geral perfeita com um produto inteligente e conectado.

Quando um trabalhador pega uma chave de fenda convencional, ele está ciente da necessidade de encontrar um parafuso adequado, exercer a força manual apropriada e trabalhar até a profundidade de entrada correta e sob luz adequada para segurança e eficiência. Um *driver* de potência inteligente ou mesmo um cobot de rosca inteligente "pensa" tudo isso de forma independente. Ele encontra soluções para cada problema em que antecipamos e, talvez, para alguns que não antecipamos. O *driver* de potência inteligente também irá se comunicar e interagir conosco de forma natural, por exemplo, através de uma interface de voz que não requer a leitura de um manual extenso ou a aprendizagem de um novo idioma. A soma dessas respostas equivale a uma experiência do usuário rica, mais produtiva e mais segura, muito além do prazer das características de um produto não inteligente que seria uma chave de fenda.

Muitos produtos já alcançaram uma inteligência limitada e, por isso, reforçaram a sua experiência de forma maciça. Por exemplo, o produto Peggy da marca de sabão em pó OMO, um prendedor inteligente com sensores que combinam wi-fi e um aplicativo para smartphone com a capacidade de monitorar temperatura, umidade e luz solar. Ao recolher dados meteorológicos e combiná-los com informações micrometeorológicas locais, ele envia lembretes aos usuários, dizendo-lhes quando devem pendurar a roupa e quando é melhor não fazê-lo.[1]

Recebemos contribuições intelectuais de todos os nossos especialistas internos na área, combinadas com uma pesquisa terceirizada dentro da nossa organização para aprimorar o conceito de experiência do usuário. De acordo com os resultados, a experiência do consumidor deve tomar uma forma personalizada, dinâmica e emocional, e trabalhar na conexão perfeita em todos os pontos de contato entre usuário e produto. Além disso, para garantir um máximo de conveniência, ela precisa ser adaptável e ter plataformas sem qualquer atrito perceptível. Por último, mas não menos importante, ela é melhor conduzida com uma tecnologia adequada, como realidades virtual ou aumentada.

O LENTO, MAS CERTO, DECLÍNIO DA ECONOMIA DO RECURSO

Todos nós sabemos como meros recursos de um produto podem ser descritos. Um carro nos leva de A a B com uma eficiência de combustível de X quilômetros; um prendedor segura peças de roupa em uma linha que suporta até Y quilos; e uma lâmpada tem Z watts de potência. Pensar nestes exemplos como experiências mais elaboradas funcionaria assim: um carro me leva de A a B com não mais do que um clique em um aplicativo; um prendedor me alerta quando as roupas estão secas o suficiente para serem guardadas no armário; uma lâmpada sabe qual a cor de luz que eu prefiro ao voltar do trabalho.

Com o passar do tempo, a chegada de mais itens com tecnologia digital irá eliminar progressivamente a economia baseada nas características do produto, e substituí-la por uma orientada pela experiência. Considere isso na esfera *business-to-business* e você verá como não apenas cria lucro — novos mercados para fabricantes de hardware e software industriais —, mas também proporciona ganhos de eficiência maciços no gerenciamento de ativos industriais. Os produtos que são reforçados por novas tecnologias digitais, como inteligência artificial, podem funcionar como assistentes futuristas para os seus utilizadores. Eles antecipam uma situação ou um desejo e dão o passo certo em nome do usuário. Os carros inteligentes aprendem sobre os seus passageiros e proporcionam experiências de entretenimento personalizadas. Os caminhões oferecem funcionalidades de mudança de velocidades preventivas para uma experiência de condução confortável. A iluminação ajusta o brilho e a tonalidade da cor com base no clima exterior e no humor do usuário. Uma fechadura pode se abrir com base no reconhecimento do seu rosto.

Os ganhos de produtividade, a vantagem competitiva e o potencial de melhoria da satisfação no trabalho devem tornar-se evidentes a partir destes casos de utilização. Como um exemplo, a Airbus usa óculos inteligentes que apontam os furos de parafusos para que seus trabalhadores instalem assentos planos com maior precisão e velocidade em seu modelo de avião A330.[2]

EXPERIÊNCIA: UM SALTO QUALITATIVO PARA ALÉM DAS CARACTERÍSTICAS E DOS SERVIÇOS

Os recursos e serviços do produto permanecem externos a um usuário individual. Suas especificações e características tradicionais são, por definição, não personalizadas: todos os clientes, utilizadores ou funcionários podem se beneficiar igualmente do mesmo produto ou serviço. Em contrapartida, as experiências, quase por definição, são distintas e pessoais, e por eles avaliadas subjetivamente em termos de qualidade e capacidade de adaptação. É por isso que estas são mais difíceis de conceber e transportam um potencial maior de desapontamento, mas também um potencial muito maior de criação de valor.

ENTÃO, O QUE É UMA EXPERIÊNCIA?

Experiência é um conceito holístico puro que se baseia na soma de todas as interações entre um consumidor ou usuário empresarial e um fornecedor e seus produtos, seus serviços ou suas marcas. A percepção de uma experiência é formada pela interação do ser humano com seu ambiente, e consiste em duas qualidades emocionais: excitação e valência, como visto na figura 4.1.

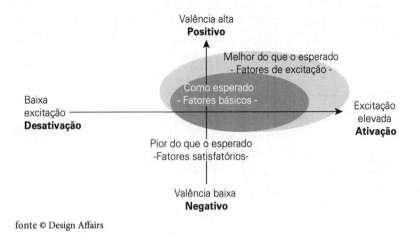

fonte © Design Affairs

Figura 4.1 *A percepção da experiência*

Uma experiência é formada pelo processamento de estímulos provenientes do ambiente. Isso envolve processamento sensorial, percepção, emoção e cognição — consciente e inconsciente — e leva a uma resposta, decisão ou ação, que também faz parte do processo. A avaliação subjetiva resultante de uma experiência — como positiva ou negativa, sem importância ou importante etc. — é influenciada por fatores ambientais, como o contexto situacional, bem como por fatores como o gênero, a personalidade e os estados mentais, como a atenção, a fadiga, a carga de trabalho, a vigilância, o estresse. Além disso, o estado motivacional e as expectativas em relação a uma experiência influenciam sua avaliação.

COMO É QUE ISSO SE APLICA A UM PRODUTO?

Referindo-se à experiência do produto, ele é o estímulo que desencadeia o processamento da informação e leva a uma experiência. Mais uma vez, a qualidade emocional é altamente dependente de vários fatores: o contexto de uso, a tarefa e o objetivo, assim como o usuário com suas predisposições pessoais individuais. As expectativas que ele forma sobre uma experiência futura com um produto são essenciais. A resposta consciente e emocional aumenta exponencialmente quando ocorrem fatores melhores ou piores do que o esperado.

Para formar uma experiência positiva, diferentes propriedades de um produto podem ser trabalhadas — como ergonomia, funcionalidades, design, usabilidade —, e então medidas são avaliadas para definir seu impacto sobre o usuário sem se esquecer de entregar os fatores básicos esperados. No que se refere às nossas categorias de QE, as experiências podem ser analisadas mais detalhadamente. As de produtos podem ficar ligadas às do usuário, na maioria das vezes aplicáveis a produtos de consumo. No caso de produtos B2B, a experiência pode antes ser enquadrada como um resultado operacional positivo, um ganho de eficiência ou de produtividade, por exemplo. Isso é mais uma vez diferente de uma experiência de ecossistema, em que é impulsionada por insumos em todo um ecossistema, e não exclusivamente por um produto específico.

Experiência

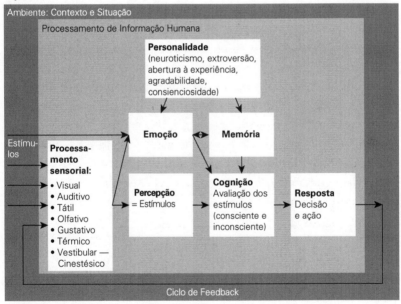

fonte © Design Affairs

Figura 4.2 *Estrutura para a formação da experiência*

As experiências são muitas vezes combinadas com serviços e até com produtos ricos em recursos. Mas juntar tudo não é suficiente. Seria subestimar o poder da experiência. Os diferentes componentes devem ser concebidos, arquitetados e integrados sem descontinuidades. Os bolos de aniversário, por exemplo. Com o amadurecimento da indústria de processamento de alimentos, os fornecedores aumentaram suas ofertas de alguns tipos de bolo padrão para oferecer uma rica variedade de coberturas, sabores, imagens e formas — mais recursos. Então, como a economia de serviços tomou conta do mercado, várias empresas passaram a fornecer o bolo como serviço, com interfaces on-line que permitem o cliente encomendar um bolo totalmente único, inclusive escolhendo a sua própria receita. Alguns desses empresários foram mais longe e se aperfeiçoaram para oferecer uma experiência mais integrada, tornando-se boleiros organizadores de eventos. Com isso, uma celebração de aniversário inteira pode ser terceirizada. Estas empresas de serviços usaram a produção de bolos para formar uma relação muito mais valiosa tanto para o fornecedor quanto para o receptor: uma experiência em torno do produto, a organização de um evento social centrada na comida.

Vamos olhar para um exemplo semelhante em um contexto B2B. Os robôs industriais existem há muito tempo. À medida que a tecnologia evoluiu, eles começaram a tornar-se ricos em funcionalidades, depois mais ágeis e colaborativos, fazendo diferentes tarefas e, mais importante ainda, tornando-se mais flexíveis e adaptáveis a diferentes necessidades industriais. As montadoras preferem a flexibilidade que vem com os cobots, que não precisam estar em um local fixo ou isolado, e podem, portanto, ser alocados em diferentes partes da fábrica. Eles podem fazer uma tarefa pela manhã e outra totalmente diferente em um local distinto à tarde. Porém, com robôs assim, ainda estamos essencialmente no reino das funcionalidades.

Agora, no entanto, com o crescimento explosivo da computação na nuvem, do armazenamento, do aprendizado de máquina e da IA, os robôs como serviço ou *as-a-service* (RaaS) começaram a ganhar tração em todo o mundo. Nesse contexto, os clientes alugam equipamentos robóticos e os executam de forma flexível através da nuvem. Uma bênção para vários setores de fabricação e de agricultura, torna-se fácil aumentar e diminuir a capacidade do robô e permitir que os compradores experimentem a robótica sem passar por um processo de investimento de capital obrigatório.[3] Para os fabricantes, isso cria o potencial para expandir o mercado incrivelmente.

Em um passo seguinte, com a inteligência artificial tornando-se o pilar da criação de valor, o mundo industrial está assistindo à urgência dos robôs como experiência ou *robots-as-experience*. Empresas como a SoftBank Robotics, com o Pepper, demonstraram a viabilidade técnica da construção de autômatos para casos de uso voltados para o cliente. Pepper é o primeiro de seu gênero, um robô humanoide capaz de reconhecer as principais emoções humanas e adaptar seu comportamento de acordo com elas.[4] Com este tipo de oferta, eles percorreram um longo caminho desde que se tornaram ferramentas personalizadas de hardware e software.

Considere também o cão robótico Aibo, da Sony, que leva o conceito de uma experiência personalizada para outro patamar. Cada Aibo irá "evoluir" diferentemente com base na forma como o usuário/proprietário o "cria". Assim que chega, o cachorro é essencialmente não treinado e, assim como o animal, ele precisa de uma educação baseada nos comandos de voz do usuário e reforço positivo. Aibo pode até aprender a reconhecer rostos.[5] Mais e mais produtos B2C estão usando esse tipo de tecnologia, e é apenas uma questão de tempo antes da personalização através da aprendizagem e adaptação da máquina chegar a alguns produtos B2B também.

Em setores de fabricação de equipamentos mais tradicionais, o conceito de experiências ricas que igualam força e valor competitivos também está ganhando espaço. A produtora italiana de máquinas industriais Biesse investe em IA para desenvolver uma nova interface homem-máquina, adaptável para suas máquinas de processamento de madeira, vidro e pedra.

O objetivo é facilitar e enriquecer a experiência do operador com base nos seus comportamentos evolutivos. Para isso, a Biesse desenvolveu um software denominado bSuite, um conjunto de softwares de CAD/CAM 3D que permite aos clientes da empresa desenvolverem soluções para serem executadas pelas máquinas da Biesse. O bSuite, treinado pelo uso de operadores especializados, será capaz de aprender e simplificar progressivamente a experiência do usuário, fornecendo automaticamente um conjunto otimizado de padrões. A integração inteligente da tecnologia nas máquinas permitiu à Biesse obter uma vantagem competitiva no mercado de máquinas de testes industriais graças a funcionalidades amplas e inovadoras baseadas na produção dos clientes e nas formas de trabalho.[6]

O esquema de compartilhamento de automóvel "Drive Now" da BMW é outro bom exemplo. Ele oferece cadastro simplificado em um minuto, transparência total nos carros disponíveis e um mapa integrado para guiar o usuário até o carro. Quando você entra no veículo, ele é logo personalizado e sua navegação, definida para o seu destino.

A importância constante das experiências é um fenômeno relativamente novo, impulsionado, em grande parte, pela penetração de dispositivos digitais em todo o mundo. A conectividade digital em massa resolveu o problema do acesso a mercados novos e potenciais, e os consumidores descobriram que utilizam os produtos quase constantemente. Os clientes sempre ativos passaram a exigir conteúdo envolvente e significativo adaptado às suas necessidades, bem como experiências de satisfação cada vez mais complexas — um desafio, mas também uma grande oportunidade para todas as empresas de produtos.

Em contrapartida, em um mundo sempre conectado, qualquer experiência enfrenta um foco de luz mais severo. Ela é constantemente revista pelo seu destinatário, exigindo uma gestão das expectativas de atendimento e uma resposta permanente e inovadora por parte do seu fornecedor. Marcas e empresas devem procurar tornar a sua experiência agradável e confiável, aproveitando os pontos de contato tecnológicos criados com o uso crescente de hardware digital para manter os clientes envolvidos com marcas e ofertas. É assim que os líderes conquistam e melhoram a presença do nome de sua organização.

AS DIFERENÇAS ENTRE AS EXPERIÊNCIAS B2B E B2C

Há muito tempo se sabe que a experiência do cliente é a principal prioridade para as empresas voltadas para o consumidor. Atualmente, as companhias voltadas para os negócios começaram a levar isso a sério também. Oitenta por cento dos executivos de B2B que participaram de uma pesquisa recente identificaram a experiência do cliente (usuário) como sua principal prioridade estratégica.[7] Isso se dá, claramente, porque sabem que recursos e funções pobres estão perdendo tração e capacidade de criar diferenciação no mercado.

O ponto de partida para a criação de uma experiência atraente é ganhar uma compreensão profunda da jornada do cliente, em outras palavras, de como eles irão encontrar, usar e interagir com o produto durante todo o ciclo de vida. Particularmente, nas indústrias B2C, descobrimos que as inovações da experiência crítica são menos sobre as características do produto e mais sobre a simplificação do processo de compra e suporte dele. Aqui está um exemplo de uma jornada do cliente na indústria fotográfica. A figura mostra como essa viagem pode ser demorada mesmo para um produto de consumo relativamente simples.

Figura 4.3 *Exemplo B2C — a jornada do cliente de uma câmera*

As empresas líderes identificam o que chamamos de "momentos importantes" em toda a jornada do cliente. Em seguida, desenvolvem abordagens inovadoras para lidar com esses momentos. Nas indústrias B2B, a jornada é, frequentemente, muito mais complexa, com muitos stakeholders a considerar, incluindo o usuário final do produto (que raramente é o comprador), a decisão de compra da empresa e as partes do canal que distribuem e apoiam o produto.

No mundo B2B, a experiência acontece ao nível das empresas. Existem múltiplos pontos de contato em paralelo, o que torna a experiência muito mais complexa de ser gerenciada. Além disso, o ciclo de vida do produto ou ativo industrial que fornece a experiência é muito mais longo do que o de um item de consumo. E o produto ou ativo industrial é, normalmente, incorporado ao negócio do cliente ou nos próprios produtos e serviços dele, o que torna a confiabilidade muito mais crítica em comparação com a experiência de um item de consumo. Se este "rico em experiência" sugere um produto que é "distinto e pessoal" para consumidores individuais únicos, parece que uma peça de equipamento industrial "rica em experiência" significaria que o equipamento é "distinto e pessoal" quando se destina a ambientes industriais únicos e individuais — tais como locais novos de construção, materiais inéditos ou produtos fabricados e condições ambientais únicas, como calor, umidade etc.

Dado o enorme risco envolvido, os clientes B2B tendem a ser racionais e não emocionais ao decidir como investir em coisas como maquinário de chão de fábrica. Experiências positivas para este grupo são esmagadoramente úteis, com objetivos como maior produtividade, eficiência operacional, tempo de resposta ou utilização de ativos. O foco está nos benefícios econômicos da experiência, bem como na segurança e facilidade de uso. E destina-se a apoiar praticamente os gestores do chão de fábrica, os operadores de máquinas e estoquistas, e a facilitar aspectos como a manutenção, reparação e atualizações.

Experiência pré-compra	Experiência de compra	Experiência pós-compra	Gestão de relacionamento
Preciso entender o que uma empresa faz e não oferece.

O que é preciso para eu escolher uma empresa?

Que recursos a empresa me fornece para vender aos meus clientes?

Quero ser orientado sobre a melhor forma de comprar/vender os produtos/serviços de uma empresa.

Preciso entender facilmente quais ofertas de uma empresa atenderiam às minhas (ou as do meu cliente) técnicas, orçamentárias e de cronograma.

Quero que a empresa comunique claramente que compreende as minhas necessidades (verbais e não verbais) ou as do meu cliente | Preciso confiar que a empresa criou a solução completa, relevante e válida que entregará os resultados que eu quero a um preço competitivo.

Espero que a empresa seja previsível e transparente em termos de preços e disponibilidade, incluindo mudanças.

Quero que a empresa seja flexível às minhas necessidades ao criar um plano de pagamento e contrato.

No momento em que faço um pedido, a empresa assume um compromisso que espero que ela cumpra.

Devo entender pelo que estou pagando ou sendo pago, e o processo de pagamento deve ser simples. | Enquanto espero pela minha encomenda, preciso que a empresa me assegure que tudo vai acontecer como prometido.

A entrega da minha encomenda é efetuada de acordo com o compromisso assumido, e a fatura corresponde ao que combinamos.

Preciso que a empresa me oriente no processo de registro e ativação.

Se algo der errado depois da minha encomenda, espero que a empresa corrija o problema.

Após a instalação, a empresa deve entrar em contato comigo para confirmar que a solução está funcionando como previsto. | A empresa deve entrar em contato comigo para confirmar que a solução apresentada está funcionando, e me ajudar a entender o que eu preciso fazer para manter o desempenho ideal.

Quando algo der errado, espero que me deem um caminho simples para chegar a alguém que possa resolver o problema.

As necessidades dos meus clientes estão mudando. Ajude-me a entender se a solução atual ainda se encaixa ou se eu preciso atualizá-la ou substituí-la.

Mantenha-me informado sobre a equipe designada para satisfazer as minhas necessidades.

Apoie-me para vender mais do portfólio da empresa, alavancando novos modelos de negócios de forma simples e fácil. |

Figura 4.4 *Exemplo de experiência de parceiro B2B da indústria de alta tecnologia*

Em forte contraste, uma experiência típica entre empresas e consumidores (ver figura 4.3), como o desempenho de um aplicativo de smartphone e um serviço de táxi ou de reabastecimento de geladeira, inclui a conexão emocional, física e psicológica entre as partes. É uma resposta subjetiva aos encontros diretos e indiretos com as ofertas e representações da empresa — do produto ao serviço e à marca. A vivência pode abranger todo o ciclo de vida do produto, desde a descoberta da marca até a pesquisa, a compra, o uso, o atendimento ao cliente, a manutenção, a atualização, a aposentadoria e, finalmente, a reciclagem do produto.

Isso se tornará mais complexo no futuro, à medida que as experiências do consumidor em casa, no automóvel e no trabalho se tornarão interligadas para proporcionar uma única e perfeita, personalizada ao seu estilo de vida. Também abrangerá todo o ciclo de vida do cliente e incluirá os pontos de contato que ele terá com a empresa. Será, portanto, mais impulsionada pela personalização e conveniência.

No entanto, como já vimos, ambos os mundos, tanto o dos negócios quanto o do consumidor, tendem a se misturar mais e mais. Se pensarmos em fornecedores automotivos como a Faurecia, que destacamos em um estudo de caso, veremos que sua rota para o mundo dos produtos inteligentes e conectados leva diretamente aos dois segmentos. A Faurecia concebe o seu novo interior de automóvel inteligente tendo em mente o consumidor final, mas o produto em si é vendido aos fabricantes de automóveis para inclusão nos veículos que eles montam.

ENGENHARIA DA EXPERIÊNCIA DO USUÁRIO

A experiência surgiu do fato de que produtos e serviços independentes não oferecem resultados agradáveis e convenientes. A economia da experiência é quando os fabricantes de produtos competem não só na forma como os seus produtos funcionam, mas também no quão agradáveis eles são enquanto utilizados. Então, a experiência se tornou importante porque as empresas começaram a competir pela atenção de seus clientes. Em uma economia da experiência, uma vez que as empresas têm um ponto de contato com o cliente, elas devem pensar em como atraí-lo para a experiência para torná-lo mais envolvido. E foi isso que criou uma disciplina nova e especial, a engenharia de experiência, entre outros campos de engenharia mais tradicionais. O foco é projetar, criar e gerenciar produtos enquanto eles estão em uso, com o único objetivo de desenvolver uma experiência de máxima satisfação do usuário. A análise da experiência tem implicações para a arquitetura central de muitos produtos, como discutiremos no capítulo 5.

As experiências digitais para B2B e B2C são criadas de forma muito diferente dos produtos e serviços ricos em recursos. Três funções críticas ilustram isso: design, desenvolvimento e produção. Na maioria das práticas industriais, o design de um produto convencional rico em recursos é limitado a aspectos de hardware criados por engenheiros eletromecânicos que têm controle quase total sobre a P&D. O design do produto nessas circunstâncias é congelado depois de concluído, até que a geração seguinte do produto inicie um novo ciclo de design. A produção — mais uma vez voltada principalmente para hardware — concentra-se na montagem eficiente de componentes físicos, sem falhas, para garantir que todas as características estejam de acordo com os padrões desejados. Mesmo quando os serviços são idealizados e conceitualizados em torno de um produto convencional, essas atividades se concentram principalmente no hardware, com apenas o envolvimento ocasional de especialistas em marketing. Essa primazia muitas vezes dificulta a capacidade de manutenção prática e financeiramente lucrativa do produto.

Em forte contraste, o design, desenvolvimento e produção de experiências mais amplas requerem atenção obsessiva às interações holísticas entre recursos de hardware, funcionalidade habilitada por software e serviços baseados em nuvem. É necessário capacitar unidades de P&D em engenharia interdisciplinares e envolver mais funções voltadas para o consumidor, como vendas e marketing. O design de hardware também se torna modular, levando muitas vezes a uma redução da complexidade física. Em vez disso, a concepção do software deve aumentar a interoperabilidade e a flexibilidade, de modo que o produto possa ser constantemente atualizado ao longo de todo o seu ciclo de vida, proporcionando uma experiência de utilização pertinente e desejável. Essencialmente, o processo de produção torna-se fluido e contínuo por meio dessas atualizações durante todo o ciclo de vida do produto.

A realidade de hoje parece estar contra isso. O diretor de serviços digitais de uma eminente montadora de automóveis premium nos disse que ainda são necessários oito anos para levar um novo modelo de carro da idealização para o mercado, com o design final estabelecido três anos antes do lançamento. Com velocidades tão baixas, antecipar que tipo de serviços e experiências seriam perfeitamente adequados para o mercado anos à frente ainda é um dos maiores desafios do setor automotivo.

As empresas de automóveis Challenger, como a NIO, trabalham no sentido inverso. Eles começam com uma experiência do usuário e tentam, o mais rápido que podem, construir um modelo de carro em torno dela. A pesquisa direta é essencial para tal experiência, como nos contou o gerente de uma startup automotiva na China:

> Nós perguntamos ao usuário várias vezes. Para o nosso conceito, tentamos minimizar a pesquisa de mercado clássica. Em vez disso, fomos diretamente para a pesquisa de clientes e nos concentramos, por exemplo, em critérios etnográficos. Selecionamos grupos muito pequenos de pessoas dos nossos supostos grupos-alvo e conversamos com elas nas suas próprias casas e nos seus próprios termos.[8]

Quando a jornada do cliente e os "momentos que importam" são profundamente compreendidos, as oportunidades para a verdadeira inovação na experiência se tornarão mais prontamente aparentes. Mas os fabricantes de produtos devem ter em mente que precisam projetar uma experiência do usuário completa, para todas as ocasiões, não apenas para aquelas em que o produto está em uso. Isso significa trabalhar em cada um dos pontos de contato ou "momentos que importam", como mencionado acima.

BOAS E MÁS EXPERIÊNCIAS

O crescimento rentável no mundo atual, sempre em movimento, depende de fornecer experiências pelas quais os clientes estão dispostos a pagar e que reterão o talento da força de trabalho. Clientes e trabalhadores satisfeitos se transformam em embaixadores do provedor de experiência e, hoje, suas embaixadas podem ser digitais, aproveitando o poder das mídias sociais para espalhar a palavra por todo o mundo. Levanta-se a questão de quais são as experiências mais bem avaliadas.

Embora as experiências sejam pessoais para indivíduos e entidades, e não sejam estritamente comparáveis, ainda se pode diferenciar entre bom e mau com base numa série de critérios mais amplos. Simplificando, três fatores são fundamentais para uma boa experiência: facilidade, conveniência e velocidade. Isso também vale para clientes B2C que participaram de uma pesquisa recente realizada em 33 países e em onze setores, onde 71 por cento consideram a *facilidade* e a *conveniência* como duas características-chave de um bom atendimento ao cliente e 61 por cento identificam a *velocidade* como um terceiro atributo-chave. A pesquisa confirma, sem surpresa, que as más experiências afastam os clientes, o que pode custar caro. Cinquenta e dois por cento dos clientes B2C nos Estados Unidos trocaram de fornecedor no ano anterior à pesquisa, devido a um serviço deficiente, a um custo estimado de US$1,6 biliões.[9]

A maioria dos inquiridos afirmou que uma boa experiência B2B é quando o comprador empresarial recebe "informações e apoio oportunos para melhorar a confiabilidade, o desempenho e a segurança das suas instalações industriais, infraestruturas e outras operações e serviços de maior investimento".[10]

A necessidade de manutenção preditiva é um bom exemplo. A Schneider Electric, o grupo francês de equipamentos elétricos e industriais, combinou a tecnologia digital e a Internet das Coisas com a tecnologia B2C em torno da experiência do cliente, criando sua solução inteligente de detecção de demanda.[11]

Analisando grandes volumes de dados de clientes sobre produção, consumo e processamento eletrônico de lotes através de um algoritmo, a empresa pode prever falhas de equipamentos e tomar as medidas adequadas com bastante antecedência. Com base nessa inteligência, os equipamentos da Schneider podem se adaptar rapidamente ao ambiente, reduzindo o tempo de inatividade geral e provando a utilização de ativos para os clientes.

Grandes talentos são igualmente vitais para proporcionar grandes experiências. E, como demonstramos, para reter os melhores funcionários, as organizações devem ter uma experiência de trabalho envolvente. Quais são os principais atributos de tal experiência? Ela deve inspirar inovação e criatividade na força de trabalho. Deve tecer uma maior colaboração e ajudar os funcionários a realizarem seus objetivos organizacionais e pessoais.

Isso é mais fácil de dizer do que de fazer para grandes empresas com ativos robustos, mas com equipe de não millennials. O grupo siderúrgico Tata encontrou, acreditamos, um caminho promovendo o relacionamento entre trabalhadores millennials — empregados com menos de trinta anos — e a experiente equipe de liderança através de um programa de mentoria reversa. Os funcionários mais jovens passam parte de seu tempo colocando os líderes seniores a par das últimas tendências e tecnologias digitais. É uma polinização cruzada, em que os colaboradores mais jovens aprendem também com a experiência e o profissionalismo dos mais velhos.[12]

Mas lembre-se de nossa discussão anterior sobre ecossistemas: no mundo digital de hoje, nenhuma marca pode incorporar uma experiência completa. Em vez disso, ela será uma mistura de ofertas de vários fornecedores. As empresas devem ser inovadoras na procura de combinações viáveis. As lâmpadas inteligentes Tradfri, da Ikea, agora são compatíveis com o padrão de casa inteligente HomeKit da Apple. Isso significa que os usuários serão capazes de controlar suas luzes inteligentes Ikea a partir do aplicativo Home do sistema operacional móvel iOS da Apple em vez de serem forçados a usar o aplicativo próprio da empresa sueca.[13] Na esfera industrial, os pacotes de software Siemens MindSphere e SAP Leonardo orquestram a comunicação de máquinas em ambientes de chão de fábrica inteligentes. Eles podem ser montados em todos os tipos de máquinas feitas por vários vendedores e utilizados em fábricas de diferentes setores.

EXPERIÊNCIAS HOMEM + MÁQUINA PARA O TRABALHADOR INDUSTRIAL

Na nossa opinião, muitas vezes esquecemos que os trabalhadores são também consumidores. Como qualquer consumidor, eles ditam listas de supermercado para Alexa e consultam a Siri para sugestões de restaurantes em sua vida fora do local de trabalho. Portanto, não é surpresa ver a crescente força de trabalho digital global cada vez mais exigindo a integração de tecnologias inteligentes para melhorar suas experiências e a produtividade no trabalho, um fenômeno que alguns estão chamando de consumerização de tecnologias de negócios.

O que significa experiência nesse contexto? Aqui, as nossas distinções anteriores entre B2B e B2C se desfazem um pouco. Assim como a experiência do consumidor, a experiência da força de trabalho também inclui a ligação emocional, física e psicológica que o indivíduo desfruta. A experiência da força de trabalho é a resposta subjetiva de um indivíduo a uma empresa que o emprega direta ou indiretamente. Isso poderia começar com a descoberta do emprego, passando pelo processo de seleção e todo o conjunto de experiências no local de trabalho, férias e lazer, aposentadoria, demissão e recontratação. Também inclui "micromomentos" como reservar viagens de trabalho ou socialização com colegas durante o almoço, e abrange saúde física e bem-estar e medidas mais abstratas de saúde como um sentimento de pertencimento e autorrealização. Note que, como cada trabalhador julga a sua experiência de trabalho subjetivamente, a mesma necessidade de personalização aparece aqui como nas experiências B2C. As empresas têm a oportunidade de adquirir um conhecimento muito mais granular dos seus trabalhadores e de reforçar a relação pessoal dos funcionários com a empresa.

Um estudo global de 2018, baseado em uma pesquisa com catorze mil trabalhadores, abrangendo quatro gerações e representando todos os níveis de qualificação em doze indústrias, encontrou 68 por cento dos trabalhadores altamente qualificados e quase metade de seus pares menos qualificados falando positivamente sobre o impacto que as tecnologias inteligentes terão em seu trabalho.[14] Até agora, os robôs, a análise de big data e outras tecnologias têm trabalhado em paralelo com as pessoas, mas em isolamento automatizado, melhorando a eficiência dos processos. À medida que as empresas investem em tecnologias inteligentes, como a IA — que podem detectar, comunicar, interpretar e aprender —, elas podem começar a ir além da automação para elevar as capacidades de seus trabalhadores e liberar o valor preso no chão de fábrica para as vitrines das lojas. Nossa pesquisa mostra que se as empresas investirem em experiências de colaboração homem + máquina impulsionadas pela IA no mesmo ritmo das empresas de alto desempenho, elas poderão aumentar as receitas em 38% entre 2018 e 2022 — ou em até 50% nos setores de bens de consumo e saúde — e elevar os lucros globais em um total de US$ 4,8 trilhões até 2022. Para uma empresa S&P 500 média, isso equivale a US$ 7,5 bilhões de receita e um aumento de lucratividade de US$ 880 milhões. Nossa conclusão, naturalmente, é que fazer da força de trabalho uma parte sólida da estratégia de experiência será compensadora. Os investidores concordam: as empresas que fornecem grandes experiências de empregados superaram o S&P em 122 por cento.[15]

O QUE ESTÁ EM JOGO?

Vários estudos revelam surpreendentemente a importância das empresas na condução de experiências para os clientes e a força de trabalho. Os dados mostram que os B2C com elevado desempenho em termos de experiência podem satisfazer ou exceder as expectativas dos clientes em 91% do tempo — 21 pontos percentuais acima dos seus pares. Os altos desempenhos alcançam taxas de sucesso mais elevadas em muitos critérios de negócio, retorno notável de investimento (+14%) e economia de custos (+6%), mas também na diferenciação (+22%), maior relevância (+21%), satisfação do cliente (+16%), fidelidade do cliente (+17%), receitas (+11%), escala e eficiência (+22%).[16]

    O custo de oportunidade do subfornecimento de experiências B2B é substancioso. Um fabricante líder em tecnologia aumentou as vendas em 4,9 por cento ao orquestrar a retenção de clientes, renovação de contratos, atualização de produtos e experiências de vendas *cross-selling* e *up-selling*, enquanto reduziu o tempo improdutivo de administração para as equipes de vendas do canal. A pesquisa também revela que as empresas com parceria de promoção de vendas e coaching eficazes têm 63 por cento mais probabilidades de exceder os seus objetivos de receitas dos canais indiretos.[17]

Sem a experiência do cliente certa, as empresas B2B não podem construir relacionamentos com clientes leais que gastarão mais, permanecerão mais tempo e serão mais tolerantes uma vez que podem desfrutar de uma boa experiência. Elas perdem oportunidades de crescimento que estão fora do ciclo de vendas tradicional. E incorrem em enormes custos de oportunidade por não conseguirem capturar as renovações.

Isso é o que nós concluímos de inúmeras entrevistas com profissionais da indústria conduzidas para pesquisar este livro. Elas podem ser encontradas na íntegra no capítulo 11. Essas conversas nos deram uma ampla confirmação de que a experiência em produtos é agora uma das três principais estratégias que os líderes empresariais devem ter em mente nos setores de produção. Um alto executivo da Dassault Systèmes nos disse:

> A menos que você projete a complexa experiência do usuário do produto desde o início, vai ser extremamente difícil rastreá-lo para que se torne realmente conectado. Essa é a lógica essencial por detrás dessas tecnologias. Desde o primeiro dia em que se pensa em um produto inteligente e conectado, você não quer separar o desenvolvimento e a engenharia de utilização do produto e, por fim, da experiência de ponta a ponta que ele proporciona.[18]

Um gerente da Tesla disse que uma das tarefas mais importantes para os designers da fabricante de automóveis é "o desenvolvimento das interfaces de usuário que integram as capacidades do veículo a uma experiência única para o usuário",[19] enquanto um executivo de uma empresa de alta tecnologia confidenciou que é "criar uma combinação atraente de hardware e software que seja projetada para ter o apelo junto ao consumidor através da entrega de uma experiência global soberba".[20]

Para refletir

1 A base da diferenciação de um produto inteligente não é mais as características e funções tradicionais, mas sim a experiência holística do usuário.

2 Projetar uma experiência convincente não pode ser uma reflexão posterior. Deve se tornar parte integrante da proposta de valor do produto e, por conseguinte, ser concebido, desenvolvido, controlado e atualizado como tal.

3 À medida que qualquer produto sobe no continuum do Quociente de Experiência (QE), a experiência torna-se mais rica, mais ampla e requer um ecossistema robusto para alimentá-la.

5

Segunda grande mudança: do hardware ao produto-serviço

RESUMO DO CAPÍTULO

Este capítulo detalha as implicações para as empresas de produtos que geram a mudança para modelos de negócio como um passo para a economia baseada em resultados. Esta é uma jornada repleta de desafios e requer mudanças em todos os processos e funções do negócio, mas oferece grandes recompensas para aqueles que têm sucesso.

Nós mostramos que os modelos para tais organizações são as empresas de software e algumas empresas de produtos líderes que fizeram a mudança com sucesso.

"Tudo como serviço" ou *everything as a service* está se tornando o mantra da futura economia de resultados.

As combinações de dispositivos e serviços serão o modelo empresarial central para os fabricantes de produtos. À medida que todos os dispositivos de produto se tornarem mais inteligentes e conectados, eles produzirão grandes quantidades de dados, e isso formará a base de toda uma gama de cenários de uso enriquecidos a partir dos quais os modelos de negócios baseados em serviços podem ser derivados. Esse movimento dependerá, no entanto, do apoio ao desenvolvimento de uma infraestrutura digital — dentro dos limites do produto em uso e de seus criadores — que possa ser reconfigurada em tempo real para gerar novas cadeias de valor e renda.

Por exemplo, a conectividade e os dispositivos inteligentes permitiram que a fabricante francesa de pneus Michelin transferisse parte do seu negócio da venda de pneus para a ideia de mobilidade e segurança como serviço. Através de sensores inteligentes integrados nos pneus, o desempenho e o ciclo de vida são monitorados e coordenados para assegurar a substituição quando necessário. Esse modelo de negócio nasceu de um reconhecimento claro de que os clientes valorizam a experiência e o sucesso do seu próprio negócio mais do que as simples características do produto de um conjunto de pneus. Afinal de contas, a excelência em hardware é uma necessidade nos mercados de hoje.

O problema é que as empresas ativas em produtos tradicionais como engenharia e manufatura tendem a ser extraordinariamente crentes na excelência de hardware como base para o seu bem-estar financeiro. Na maioria dos casos, os nichos de mercado que esculpiram, ocuparam e defenderam contra os concorrentes parecem-lhes garantir o seu sucesso contundente. Embora muitos tenham investido em software embutido ao longo dos anos, eles, muitas vezes, oferecem essa camada valiosa gratuitamente como algo incluído no produto. Chegar à nova mentalidade em que o principal motor de valor de um produto de hardware é o seu software e a capacidade digital vendida do modelo produto-serviço versus um produto de transação não é uma jornada mental fácil para eles, muito menos a adoção das mudanças operacionais necessárias.

A INDÚSTRIA DE SOFTWARE LIDERA O CAMINHO

A indústria de software é pioneira em passar de um modelo de negócio tradicional centrado no produto para um modelo produto-serviço ou *as-a-service*, conhecido como SaaS. Esse modelo de negócio e revolução operacional foi inicialmente liderado por startups voltadas exclusivamente para SaaS, como Salesforce.com e NetSuite, seguidas com sucesso por *players* de software tradicionais, como Adobe e Microsoft. Está claro onde está o valor. Analisamos o desempenho da indústria e, ao longo de um período de três anos, as empresas de software tradicionais tiveram um crescimento de receita de apenas cinco por cento, enquanto as empresas de serviços puros tiveram um crescimento de 27 por cento.

As empresas de software tradicionais que fizeram com sucesso a transição para prestadores de serviços são particularmente interessantes de estudar como modelos para empresas industriais que querem ir em uma direção semelhante. A Adobe, por exemplo, tinha uma participação de vendas como serviço de 19% em 2011. Após uma mudança estratégica drástica, esse valor subiu para 83% em 2016. Hoje, a empresa tem oito milhões de assinantes, acrescentando cerca de um milhão de clientes de serviços por trimestre. O mercado tem recompensado a Adobe por fazer essa transição estratégica. Nos últimos cinco anos, o valor da empresa cresceu de US$ 12 bilhões para cerca de US$ 122 bilhões (agosto de 2018), e a relação preço/rendimento de suas ações subiu de 12 para 58 no mesmo período.[1]

Mas muitas outras empresas de software tradicionais, baseadas em produtos, têm tido dificuldades para fazer essa mudança, já que seus processos tradicionais, canais de entrada no mercado e cultura organizacional resistem à mudança. As empresas que fizeram o giro de sucesso, como a Adobe, realizaram uma transformação em larga escala de todos os seus processos principais.

PRODUTO COMO SERVIÇO

O desejo de se tornar uma empresa de serviços e, assim, atrair investidores para o mercado está agora permeando todos os setores. Isso inclui o mundo industrial, onde cada vez mais empresas estão considerando oferecer gratuitamente produtos essenciais selecionados para monetizar um serviço baseado em mercadoria. Isso, pelo menos em teoria, geraria mais receita ao longo da vida útil do cliente. Aqui está uma visão geral esquemática de como diferentes empresas industriais estão enfrentando isso.

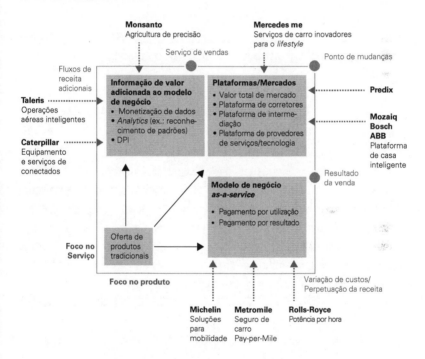

Figura 5.1 *Modelo de negócio de produto como serviço*

As fabricantes de hardware empresarial, como a HP e a Lenovo, começaram a executar modelos de negócios de dispositivos como serviço. As empresas que costumavam vender hardware para testes médicos agora estão olhando para o gerenciamento dos resultados de dados dos testes e fornecendo cuidados de saúde baseados em análises dos registros eletrônicos pessoais. A indústria automobilística, por sua vez, investiu em operações de transporte e de compartilhamento de automóveis, oferecendo veículos como um serviço para os consumidores utilizarem conforme necessário. E várias empresas de engenharia industrial começaram a usar software para se comunicar, diagnosticar e prestar serviços a motores e máquinas de controle eletrônico usados no campo, oferecendo manutenção e substituição como serviço.

VOZ DA SABEDORIA

Bill Avey, Chefe Global dos serviços de sistemas pessoais, HP Inc.

O que deu à HP o impulso para embarcar na sua estratégia de dispositivo como serviço?

Não restam muitos concorrentes de hardware que tenham conseguido navegar por esse espaço tecnológico altamente competitivo durante tanto tempo como nós. Isso só pode acontecer com uma transformação constante. O "dispositivo como serviço" é algo que estamos fazendo no espaço de impressão gerido para clientes empresariais há muito tempo, porque vimos isso como uma vantagem competitiva decisiva em um mercado em maturação. Essa é a parte principal da gênese desse modelo na HP. Nós eventualmente estendemos esse modelo para o espaço de impressão do consumidor com esquemas como o Instant Ink e um modelo de assinatura que foi muito bem recebido. E depois o estendemos também aos nossos PCs. Atualmente, estamos construindo um negócio de impressão 3D e, desde o início, ele está sendo criado como um modelo de "dispositivo como serviço" para nos dar a vantagem no mercado. Neste momento, em todo o nosso negócio, estamos encontrando formas de oferecer inovações pioneiras na indústria *as-a-service*. Esse modelo desempenha um papel importante na nossa estratégia futura.

Quando a HP transformou isso em uma estratégia declarada para toda a empresa?

Há cerca de três anos, estávamos recebendo cada vez mais demandas de nossos clientes dizendo: "Ei, HP, nós realmente gostamos do que você faz por nós na área de gerenciamento de impressão. Nós também gostamos de seus PCs e da forma como eles são projetados para combinar com os serviços. Vocês poderiam fazer no espaço do PC o que fazem nos serviços de impressão?" Eles estavam basicamente procurando um parceiro que pudesse fornecer dispositivos em combinação com todos os tipos de serviços contínuos, além do pacote de serviços e acessórios que já oferecíamos de qualquer maneira em sua demanda. Com base nessa nova demanda, começamos o que chamamos de "dispositivo como serviço" em 2016. Esses serviços abrangentes de gerenciamento de dispositivos permitem que os clientes modernizem os ambientes de TI ultrapassados de forma inteligente e eficiente. Ao gerenciar os dispositivos como serviço através de todo o ciclo de vida da tecnologia, os departamentos de TI liberam valiosos tempo e recursos para investir em iniciativas estratégicas de crescimento dentro de sua própria organização. É um ganho mútuo.

Fale mais um pouco sobre como isso funciona na prática.

Por exemplo, quando você chegar ao momento em que uma das baterias do seu PC precisa ser substituída, nós seríamos capazes de antecipar isso e proativamente enviar-lhe uma bateria. Ou, digamos, há um assistente executivo que trabalhou no departamento de vendas para o qual tínhamos inicialmente fornecido o dispositivo certo. Em seguida, esse assistente recebe uma oportunidade de desenvolvimento e muda-se para um departamento de marketing. De repente, softwares como Photoshop e Auto CAD tornam-se parte do dia a dia dessa pessoa e com a necessidade de mais armazenamento e demanda de processamento em seu dispositivo. Através da nossa ferramenta de análise, podemos definir os alarmes para dar às pessoas o que elas precisam a qualquer momento. Podemos dizer que essa pessoa tinha o dispositivo certo nos últimos quinze meses, mas há três meses tudo mudou. A máquina está nos dizendo que há algo errado, e agora podemos dizer por que e voltar e arrumá-la ativamente.

Por último, descreva o cliente típico de sua oferta de dispositivo como serviço para PCs e qual modelo de preços costuma ser escolhido.

Eu diria que o cliente médio de serviços é aquele que está adquirindo o dispositivo da HP, combinando isso com um grupo padrão de serviços de ciclo de vida do dispositivo para tê-lo em funcionamento. Esses serviços incluiriam, além da análise gerenciada de que falei, imagens do Windows, gerenciamento das configurações de BIOS corretas e *tags* de ativos físicos e eletrônicos. Ele também implicaria o desdobramento real do dispositivo, a transferência de dados do velho para o novo dispositivo e suporte especializado bem como a recuperação de ativos da máquina antiga. Tudo isso seria agrupado numa taxa mensal por pessoa. Essa taxa é composta pelos serviços, o dispositivo e o prazo, que para a maioria dos clientes é de três anos. Mas esses parâmetros variam. Para um cliente, uma cadeia de restaurantes global, temos um modelo mensal por dispositivo para as caixas registadoras. O mesmo acontece com nosso programa de subscrição de tinta para usuários domésticos. Ele basicamente permite que o consumidor que trabalha em home office faça uma assinatura mensal de um determinado número de páginas impressas.

Essas empresas estabelecidas estão despertando para o que os pioneiros do software reconheceram há muito tempo: uma forte demanda do cliente, para além do hardware e recursos de produto tradicionais, por uma experiência personalizada do cliente. Além disso, há a necessidade de inovar muito mais rapidamente e implantar novos recursos e atualizações com frequência, bem como aprender com o uso real do produto e os dados de telemetria do produto como entradas diretas para o futuro mapa de melhorias do produto. Ambos são melhor realizados em um modelo *as-a-service*.

REDEFININDO A ARQUITETURA DO PRODUTO PRINCIPAL

Como os produtos devem ser rearquitetados para transportar serviços? Vamos primeiro recapitular que o produto inteligente e conectado do futuro será responsivo, aprenderá com as interações com seu usuário para entregar resultados centrados no cliente. Esse produto pode se tornar uma plataforma para clientes e produtores para impulsionar resultados hiperpersonalizados e, mais importante, o produto é capaz de encontrar a maneira mais rápida de impulsionar resultados de alta qualidade do usuário.

Desse ponto de vista, há implicações fundamentais a serem observadas pelos fabricantes: o software de IA deve ser incorporado para tornar o hardware inteligente enquanto opera no campo. O software e os serviços habilitados digitalmente devem ser instalados com o produto e um modelo de negócio e pagamento definido.

A arquitetura do produto está se tornando orientada por software, o que precisa ser refletido na abordagem geral de engenharia de produto. Isso inclui, como a figura 5.2 indica, engenharia de software "dentro da caixa" ou *inside the box*, por exemplo, incorporando um software que execute o dispositivo e outro que execute o chip. Mas também exige uma engenharia de software "fora da caixa" ou *outside the box* que permita serviços, opere aplicações ou execute um software de plataforma que funcione independentemente do dispositivo.

Quando uma empresa pretende dar um salto qualitativo no desempenho através de seus produtos inteligentes e conectados em comparação com seu antigo produto tradicional, ela precisa projetar uma arquitetura de produto completamente nova, para a qual a figura 5.3 fornece uma visão geral abrangente.

Vamos destacar brevemente os componentes mais importantes necessários para as arquiteturas de produtos da Nova Era. O produto futuro é capaz de enviar constantemente dados de uso para ajudar a desenvolver o próximo modelo ou melhorar a experiência do cliente. O produto do futuro também permite a realização de testes e atualizações de software "pelo ar". Exige um tratamento seguro dos dados, em especial dos dados confidenciais do usuário. À medida que se torna inteligente, ele necessita de software incorporado para operar sensores, semicondutores e atuadores. Estará sempre conectado, consequentemente requer as funcionalidades de conectividade necessárias. O produto permite serviços digitais baseados em IA, análise de big data, máquina e aprendizagem profunda. Esses componentes de inteligência são impulsionados por ferramentas e bases de dados externas, que necessitam de acesso ao sistema operativo da empresa. Ele também cria uma experiência específica do cliente baseada em interfaces de usuário adaptáveis.

Engenharia de produto e plataforma "Fora da caixa"	Estratégia de produto e inovação	Roteiro de aparelhos, serviços e experiências
	UI/UX para software e plataformas	Projetando a experiência
	Software de plataforma	Software que opera independentemente do aparelho
	Software de aplicação (produto)	Software construído como parte de um produto
"Dentro da caixa"	Design industrial	Design do produto
	Embutido	Software que comanda o aparelho
	Silicon/Semi (front-end, design físico)	Software que comanda o chip
"A caixa"	Hardware/ engenharia mecânica	Design de hardware

Figura 5.2 O *novo esquema da engenharia de produtos*

Com enormes cargas de dados sendo geradas por sensores e processadores em dispositivos inteligentes, uma combinação de computação em nuvem e de ponta fornecerá o mecanismo para armazenar e gerenciar todos esses dados. Porém, mais importante ainda, ele executará análises em tempo real para obter insights e tomar decisões fundamentadas. Isso permitirá que os fabricantes de produtos mudem para ciclos de liberação e reiterações rápidos e quase contínuos, pois o verdadeiro poder da computação em nuvem é sua capacidade de transformar velocidade e agilidade

Segurança

- Identidade de dispositivo digital
- Ambiente de execução confiável
- Segurança da fundação
- Segurança de carga útil
- Detecção de intrusão física
- Modo de segurança
- Criptografia de hardware
- Execução segura e armazenamento

Teste de produto

Gestão de P&D
(Arquitetura, Processos/Metodologia, Operações de Ferramentas, DevOps, SOA)

IU Multi-Modal Hiperpersonalizada

Aplicações incorporadas e móveis	RA/RV/RM	PLN/ Interface conversacional	Assessores (assistentes digitais e cognitivos)	Loja de aplicações industriais	Controle sensorial (gesto/som/ cognitivo...)	Análise preditiva

Inteligência de Máquina/IA

Máquina/ profundidade de aprendizagem/ autoaprendizagem	Situação perceptiva (lidar/radar)	Movimento autônomo (robótica/drones/ veículos)	Visão e análise de computadores	Edge Analytics/ computação em nebina	Análise de uso	Inteligência artificial e raciocínio

Telecomunicações e Posicionamento

Curto alcance (NFC/RFID/USB)	Tecnologias de posicionamento (interior/exterior)	Infraestrutura de rede
Celular/5G (3GPP)	LPWAN (Sigfox/NB-IoT LET-CAT)	Protocolos de comunicação industrial

Plataformas OS Embutidas

Bibliotecas nativas	Tempos de execução	Aplicações de sistema	SDK
Agentes de dispositivos e sincronização de dados	Estruturas API / aplicativos	Multimídia / gráficos	Gerenciamento e provisionamento de dispositivos
Camada de abstração de hardware			

Design de Produto

Desenho industrial / mecânico	Projeto elétrico/ eletrônico/RF	Desenho industrial/CAD/ impressão 3D	Sensores/ atuadores	Plataformas Open Hardware	Simulação e emulação gêmeo digital	Fio digital

Silício

Design FPGA/ASIC	Verificação e validação	Software de apoio à diretoria	Drivers do Núcleo/ dispositivo	Gerenciamento de energia/bateria

Serviços de Suporte ao Produto

- FOTA/ Distribuição de software
- Telemetria de campo
- Provisionamento e gestão de frotas
- Licenças de código aberto
- Documentos técnicos
- Manutenção de produtos
- Imagens de fábrica
- Suporte a aplicações de campo

Figura 5.3 Arquitetura de produtos inteligentes

UM DESAFIO PARA TODA A EMPRESA

O desafio de transformar uma empresa centrada no produto num fornecedor *as-a-service* é enorme — especialmente quando se trata de servir clientes empresariais altamente exigentes. Construir as capacidades operacionais necessárias para servir os clientes B2B sem problemas à medida que você migra do velho mundo para o novo é assustador. Você precisa de uma estratégia de migração adequada e dos meios para atingir o nível de serviço e outras expectativas.

Em um mundo onde a experiência de serviço é construída em torno de um produto inteligente e conectado, a experiência do cliente torna-se duplamente importante. Os clientes que desfrutam de um serviço de produto esperam mais e dependem mais do fornecedor. Em vez de simplesmente comprar uma peça de hardware passiva, os clientes de serviços esperam adaptabilidade e interação.

E os pontos de contato de serviço apresentam muitas formas de um fornecedor satisfazer ou desapontar. Os clientes dependem de seus provedores de tecnologia tanto quanto dependem de fornecedores de terceirização para processos de negócios-chave. As consequências do fracasso para o negócio ou para a marca serão severas. Então, vamos esboçar aqui os principais pilares do sucesso, juntamente com os desafios operacionais que observamos nas empresas que estão tentando essa transição. Tudo isso é tão válido para empresas de tecnologia e software como para negócios industriais.

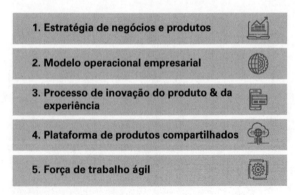

Figura 5.4 *Produto-serviço: os cinco pilares*

	Tradicional ⟶	Como Serviço
Desenvolvimento de Produto / Oferta	Foco em funcionalidade e função	Baseada na experiência do cliente
	Desenvolvimento em cascata	Desenvolvimento contínuo, ágil
	Engenharia de "*Silo*"	Mentalidade ponta a ponta, fio digital e DfX
Marketing e Vendas	Marketing de produto tradicional	Foco no marketing digital e de serviços
	Venda centrada no canal de venda, na estratégia *push*	Venda centrada no cliente, estratégia *pull*
	Preço baseado em SKU em uma única vez	Preço da anuidade baseado na utilização ou resultados
	Equipes de "*Silo*"	Marketing, vendas e times de serviço
Serviço e Suporte	Foco no "suporte" ao cliente	Foco no "sucesso" do cliente rastreamento de resultados
	Rastreamento de uso inexistente ou limitado	Adoção robusta de rastreamento & métricas
	Suporte reativo	Oferta de núcleo de suporte ao cliente proativo
Finanças	Contabilidade simples de vendas de produtos	Faturamento baseado na utilização, reconhecimento de receitas de serviços
	Baixo volume de faturação	Alto volume de faturas e complexidade
	Vendas e compensação de canal *upfront*	Remuneração baseada no valor do tempo de vida do cliente
TI	Sistemas de TI baseados em produtos	Sistemas baseados em serviços, incluindo faturamento por assinatura
	TI completamente separada da engenharia	Operações de engenharia e TI mais integradas
	Análises limitadas	Análise robusta e núcleo de big data no modelo produto-serviço

Figura 5.5 *Transformação do produto para modelo "como serviço"*

1. Desenvolver uma estratégia clara de negócios e produtos — revisada e apoiada pelo CEO, pela equipe de liderança sênior e pelo conselho. Deve incluir um plano de transição, uma vez que o negócio produto-serviço irá tipicamente reduzir as receitas a curto prazo, à medida que a empresa passa das receitas no ponto de venda do produto para as receitas mais difusas de um modelo de assinatura ou similar. Esse movimento é

acompanhado pela transição das despesas de capital para as despesas operacionais que podem ter impactos positivos no balanço dos clientes. Onde, no mundo dos produtos antigos, as empresas estavam acostumadas a gastar em rodadas individuais de investimento em projetos de produtos, no mundo dos serviços elas continuarão a gastar com seus serviços administrados permanentemente e equilibrarão isso com o fluxo permanente de renda proveniente dos rendimentos dos serviços.

2. Lembre-se que você não está oferecendo um produto e suas qualidades de hardware, mas sim o cumprimento de um resultado ou resultados na forma de um serviço. Isso requer uma transformação de praticamente todos os aspectos do modelo operacional da sua empresa, do desenvolvimento ao lançamento no mercado e às operações. Para estruturar isso, tenha em mente que, enquanto você ainda estiver entregando um produto, ele deve ser perpetuamente adaptável às necessidades de serviço/resultado dos clientes, o que deve impulsionar tudo, desde a idealização e experimentação inicial até a implementação de sistemas e processos. Isso é particularmente verdadeiro tanto para o desenvolvimento de produtos como para as operações. E o envolvimento profundo com o cliente continuará a ser necessário durante todo o ciclo de vida. Para impulsionar o uso e a adoção de serviços, muitas empresas líderes no modelo produto-serviço criaram organizações inteiramente novas de "sucesso do cliente" que trabalham com usuários individuais. Esse é um conceito completamente estranho para a maioria das empresas de produtos tradicionais, que tendem a se concentrar na venda antecipada de produtos, com o suporte pós-venda normalmente centrado em torno de serviços de reparo quando algo quebra. Finalmente, as equipes de "conveniência do cliente" centram-se na melhoria do desempenho financeiro ao longo do tempo, tanto para a empresa como para o cliente.

3. Como o design e o desenvolvimento do produto mudam quando se cria um produto como serviço? A resposta é bastante semelhante à que demos no capítulo 3: a mudança da venda de um produto para *as-a-service* requer um grande aumento de QE. Embora durante anos os melhores produtos tenham sido concebidos com um forte enfoque nas necessidades do usuário, as empresas de produtos estão subitamente sendo encarregadas de conceber serviços, o que exige uma compreensão muito mais profunda das jornadas dos usuários, a fim de criar uma experiência holística. Além disso, para serviços aliados a produtos inteligentes e conectados, o número de disciplinas relevantes aumenta. Designers de produto e engenheiros precisaram trabalhar com profissionais dos campos como IA, análise de dados, design de interface de usuário e muito mais. A outra grande mudança é o ciclo de inovação. Onde, no passado, uma empresa teria feito as suas observações de usuário pontuais, aplicando--as para projetar um produto que durasse anos, agora ela estará projetando uma experiência digital que se retroalimenta, fornecendo à empresa novos dados — novas observações de usuários — assim que começar a ser usada. Isso significa que as empresas podem e devem estar continuamente envolvidas com os seus clientes, mais detalhes sobre isso serão abordados no capítulo 8. Finalmente, em um mundo de serviços de produtos, é muito mais fácil para um cliente mudar de um fornecedor de serviços para outro. Assim, desenhar, apoiar e atualizar constantemente os serviços torna-se uma competência empresarial chave com impacto direto nas contas de lucros e perdas.

4. Crie uma plataforma de negócios e produtos para apoiar o modelo produto-serviço. A maioria das empresas de produtos tem tradicionalmente separado as atividades internas de tecnologia da informação das atividades de engenharia de produtos, mas em um mundo *as-a-service*, essas funções devem se entrelaçar. As funções empresariais onde os produtos são concebidos e eventualmente fabricados devem

estar estreitamente ligadas ao fluxo geral de dados em toda a empresa. Por exemplo, uma vez que o produto inteligente e conectado é instalado com o cliente, os dados que ele gera devem ser conectados aos sistemas corporativos para permitir o monitoramento e a ação corretiva. Além disso, as empresas precisam desenvolver plataformas de negócios que permitam aos clientes adicionar usuários, atualizar recursos ou ajustar planos de serviço de forma rápida e fácil. Poucas empresas de produtos têm essas capacidades hoje em dia.

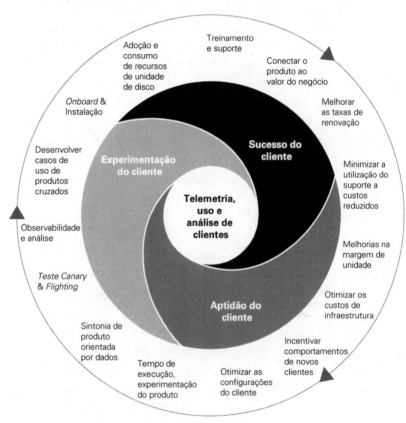

Figura 5.6 *Engajamento contínuo com o cliente*

5. A necessidade de uma melhor coordenação entre as várias funções empresariais aumenta drasticamente no mundo dos serviços. Todas as funções precisam adotar princípios ágeis ou correr o risco de serem retardadas pela função mais lenta. Lembre-se, seu produto estará mudando permanentemente enquanto estiver em uso no mercado. É reconfigurável porque é predominantemente um software. Então você precisa assumir a responsabilidade pela sua vida diária e desempenho. Para conseguir isso, seu modelo operacional deve ser capaz de acompanhar a velocidade do produto e a frequência de inovação. A mudança para abordagens ágeis de engenharia de plataformas é uma tarefa assustadora que será abordada com mais detalhes no capítulo 8. O design modular de produtos, onde os dispositivos ou serviços podem ser rapidamente reconfigurados, oferece uma abordagem adequada aqui. Caso contrário, será muito difícil alcançar a agilidade e flexibilidade exigidas. Pense no Spotify. É apenas software, mas o modelo ágil, ou tribal, da empresa só funciona devido a um design modular.

Para refletir

1 Os usuários esperam ter acesso ao produto quando necessário em vez de possuir um produto, o que leva a consumir o produto como um serviço.

2 A indústria de software provou que essa mudança pode criar um valor enorme. E está liderando o caminho para as indústrias mais centradas em hardware, como a indústria automobilística, de equipamento industrial ou A&D, por exemplo.

3 Essa transição está longe de ser fácil e exige grandes mudanças nos modelos operacionais, nos processos de inovação de produtos, nas plataformas e na cultura, bem como uma remodelação completa dos produtos.

6

TERCEIRA GRANDE MUDANÇA: DO PRODUTO À PLATAFORMA

RESUMO DO CAPÍTULO

O conceito de uma plataforma não é novidade, mas na era digital de produtos inteligentes e conectados cada empresa centrada em hardware precisa urgentemente elaborar uma estratégia de plataforma. Embora os modelos de negócio baseados em plataformas ofereçam um enorme potencial de criação de valor, nem todas as empresas de produtos tradicionais precisam ou serão capazes de fazer essa transição. Várias empresas de internet e software já criaram plataformas de produtos conectados bem-sucedidas, e muitos fabricantes de hardware tradicionais precisarão considerar se devem se conectar a essas plataformas como parceiros ou competir diretamente.

A enorme expansão da funcionalidade, injetada nos produtos, por software e inteligência artificial (IA) abre novos horizontes. Produtos inteligentes, além de se tornarem colaborativos e responsivos, podem ser transformados em plataformas. Essa mudança de mero produto passivo para produto inteligente e para plataforma inteligente representa mudanças tectônicas notáveis na fabricação de dispositivos e software.

Uma das principais questões é em que circunstâncias um produto inteligente e conectado pode e deve se tornar uma plataforma — o centro de um ecossistema que oferece oportunidades de negócios para muitos parceiros.

Um exemplo frequentemente citado é o smartphone, uma plataforma na qual desenvolvedores externos criam aplicativos, que geram lucros para eles e para a plataforma. Mas é importante salientar que esse é apenas um exemplo. O mundo das plataformas é altamente complexo e nem todas são iguais. Nem todos os produtos de hardware podem se transformar em uma plataforma, e muitas plataformas são exclusivamente baseadas em software. Portanto, há um amplo conjunto de arquétipos que devemos analisar para entender melhor como aproveitar ao máximo essa nova abordagem de negócios.

PLATAFORMAS: O NOVO MOTOR DOMINANTE DA CRIAÇÃO DE VALOR

Ao longo da última década, as gigantes da plataforma de internet — Amazon, Google, Apple, Microsoft, Alibaba, Tencent, Facebook e outros — alcançaram capitalizações de mercado nunca antes vistas. Em setembro de 2018, sete das dez maiores empresas do mundo medidas pelo valor de mercado eram empresas de plataforma de internet.

Outra onda de empresas de internet também usa um modelo de negócio centrado em plataforma, construído sobre a competência de software. Isto inclui Uber, Airbnb, Netflix, Twitter, Grab, LINE, Pinterest e Rakuten, e esse grupo também está conduzindo uma enorme criação de valor. O Airbnb recebeu estimativas de valor de mais de US$ 30 bilhões,[1] e a plataforma de *streaming* de vídeo Netflix bem acima de US$150 bilhões.[2]

A figura 6.1 mostra como a formação das empresas com maiores valores de mercado mudou drasticamente em apenas uma década. A dura realidade é que essas líderes de plataforma relativamente jovens e "nascidas digitais" estão muitas vezes ganhando valor e atenção dos investidores em detrimento de alguns negócios de fabricação de produtos históricos.

Inicialmente, as plataformas da internet representavam o maior risco para as empresas de comunicação, mídia e tecnologia de computação tradicional. Desde 2010, a cota das plataformas de internet no valor de mercado total deste conjunto de indústrias aumentou drasticamente de 9% para 30%. A maior perda de valor foi da indústria das comunicações, que declinou de 30% para 16%, e os dispositivos de hardware de computação, que diminuíram de 23% para 18% do valor total. A indústria de software tradicional manteve-se constante em 13%.[3]

AS DEZ MAIORES EMPRESAS GLOBAIS DE CAPITALIZAÇÃO DE MERCADO
(EM DEZEMBRO DE 2018)

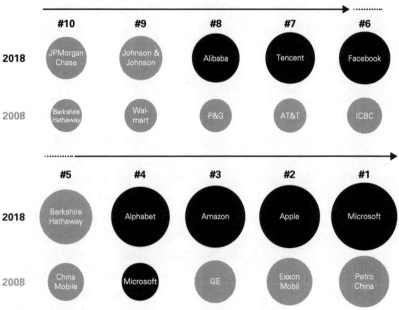

Figura 6.1 *Aumento das plataformas de internet*

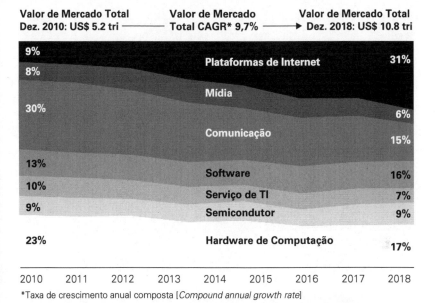

Figura 6.2 *Migração de valores em comunicação, mídia e tecnologia*

Curiosamente, a indústria de semicondutores se saiu muito melhor neste período do que outras empresas de produtos — com a participação do valor aumentando como é ilustrado na figura 6.2 — cujos segmentos valorizam as mudanças nos setores relacionados à tecnologia da informação. As empresas fabricantes de semicondutores, chips e processadores, estão se beneficiando muito com a ascensão da Internet das Coisas (IoT) à medida que mais e mais dispositivos são conectados e cada um se torna mais inteligente. Cada vez mais chips poderosos são necessários globalmente para suportar essa interação. Além disso, está acontecendo uma inovação digital fundamental de semicondutores em áreas como IA, blockchain e realidade aumentada, o que constitui um bom augúrio para o sucesso a longo prazo dessa indústria.

Vejamos agora o impacto nas empresas de bens industriais e de consumo. Desde 2010, nossa pesquisa mostra que a participação das plataformas de internet no valor total do mercado em relação a esses setores aumentou ainda mais drasticamente de 12% para 38%. Durante o mesmo período, a cota de valor das empresas centradas em hardware, como os fabricantes de equipamento industrial, diminuiu para menos da metade; e a cota dos fabricantes de equipamento pesado e dos produtores de automóveis e bens de consumo duradouros também diminuiu substancialmente.

O risco muito real para os fabricantes de produtos tradicionais em vários setores da indústria é que eles serão espremidos entre o valor crescente das empresas de plataformas e o valor crescente das empresas de semicondutores, uma vez que ambas as indústrias continuam a impulsionar a inovação fundamental. Há uma analogia direta com a indústria de computadores pessoais (PC), que evoluiu a ponto de a grande maioria de seus lucros ser controlada por duas empresas, uma de software chamada Microsoft e outra de semicondutores chamada Intel.

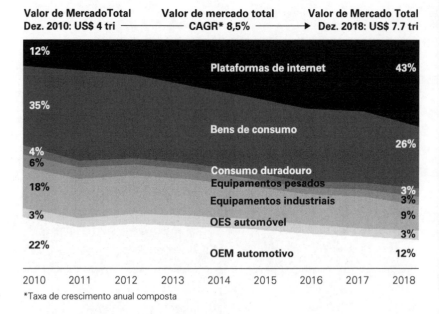

Figura 6.3 *Migração de valores nas indústrias transformadoras tradicionais*

A única empresa de hardwares na nossa lista global das dez com maior valor de mercado é a Apple. Mas essa fabricante de dispositivos digitais de consumo de alto nível, como smartphones, tablets, assistentes de voz, laptops e desktops, abriu caminho na criação de plataformas em torno de produtos, tornando-se realmente híbrida: uma empresa de produto e uma plataforma. Ela também desenvolve a maior parte dos próprios semicondutores de base, trata-se, sem dúvida, de uma empresa de produto, mais plataforma, mais semicondutores. Vamos explorar como a Apple alcançou sua posição mais adiante neste capítulo.

O hardware da Apple representa a engenharia da mais alta qualidade e avanço, diferenciando-a dos dispositivos mais comuns, por exemplo, no mercado de smartphones. Isso importa porque a alta qualidade ajuda a Apple a continuar sendo líder em vendas de produtos deste tipo, o que, por sua vez, permite-a atingir e manter um status de plataforma que os rivais acham difícil de interromper. Assim, enquanto os componentes de software e inteligência digital fornecem o peso de valor crucial em produtos inteligentes e conectados, a engenharia de hardware de alta qualidade e alto desempenho ainda é crítica. Ela deve ser uma diretriz para todos os fabricantes de hardware que enfrentam o desafio de transformar seus produtos em plataformas.

A fabricante de automóveis Tesla pode servir como um bom modelo aqui, onde os veículos, como os smartphones de alta qualidade da Apple, são projetados para funcionar como plataformas. Um executivo da unidade de engenharia de sistemas conectados da Tesla disse:

Temos de pensar nestes veículos como plataformas de sensores que experimentam e registram a vida na estrada à sua volta através de câmaras, sensores ultrassônicos e radares. Esses dados podem ser usados para informar o desenvolvimento das capacidades do assistente de condução e do piloto automático ou para desenvolver treinos de condução.[4]

MUITOS TIPOS DE PLATAFORMA, NEM TODAS SÃO IGUAIS

Simplificando, enquanto um produto é algo que se vende, uma plataforma é uma infraestrutura que permite interações entre vários atores.

Todas as plataformas bem-sucedidas criam o que são chamados efeitos de rede, onde o valor da plataforma aumenta à medida que o número de usuários e a utilização aumentam. Os economistas chamam isso de "economias de escala do lado da procura", que é muito diferente das tradicionais "economias de escala do lado da oferta" que regem a maioria das empresas de produtos baseados em hardware.

Na versão do lado da oferta, as empresas se concentram em construir escala em áreas como fabricação, cadeia de suprimentos, suprimentos e distribuição de vendas. Quando se tem a infraestrutura, é mais barato, digamos, produzir um milhão de bicicletas do que apenas uma. Novamente, o valor também é aumentado pelo número de usuários, mas aqui os usuários não estão conectados em rede, eles só interagem com a empresa vendedora e é um caso isolado: eles compram apenas uma bicicleta cada.

Por outro lado, as empresas de plataforma baseadas em rede se concentram muito mais no aumento do número de usuários e no uso da plataforma. Este modelo requer frequentemente grandes investimentos iniciais para construir as capacidades e a base de utilizadores até se atingir um ponto de inflexão em que o valor cumulativo dos serviços fornecidos pela plataforma seja superior ao custo do seu desenvolvimento e funcionamento. Uma vez que a plataforma passa com sucesso por esse ponto, o potencial de criação de valor é enorme.

As plataformas iniciais baseadas em rede foram sistemas físicos como estradas, utilitários e ferrovias, seguidos de telefones e então a internet. Agora, existem empresas de plataformas ativas em transações, dados, comunicação social, desenvolvimento e potencialmente em IA.

A figura 6.4 classifica os cinco principais tipos de plataforma que podemos identificar hoje na prática de negócios.

NOVE COMPONENTES-CHAVE DE UMA PLATAFORMA DE SUCESSO

Embora a combinação de fatores de sucesso varie de acordo com o tipo de plataforma, as características comuns das bem-sucedidas normalmente incluem os seguintes aspectos:

Modelo de negócio	Breve descrição
Plataformas de mercado	Correspondência de orquestração	Facilitar a compra e venda de bens e serviços entre vendedores, distribuidores e clientes finais.
Exemplos	Comércio eletrônico: Amazon, Alibaba, eBay; Hospitalidade: Booking.com, Trivago, Travelocity, Hotels.com, Kayak; Conteúdo sob demanda: Netflix, HBO Now, Spotify; Pagamento: PayPal, Apple Pay, Amazon Pay, Google Wallet	
Plataformas sociais e de colaboração	Colaboração	Possibilitar o desenvolvimento de conexões, melhorar as comunicações, acelerar a rede e compartilhar dados entre seus usuários.
Exemplos	Mídias Sociais: Facebook, Twitter, Pinterest, Instagram, LinkedIn Instant; Mensagens: WhatsApp, Skype, LINE, WeChat; Comunidades empresariais: Skype para Empresas	
Plataformas de compartilhamento	Combinação	Potencializar a economia e os dados compartilhados.
Exemplos	Dados compartilhados: Waze, Flixster, Yelp!, Zillow; Economia compartilhada: Crowdfunding (Kickstarter, Indiegogo); Aluguel de lugares (Airbnb, Couchsurfing); Carona/carro Compartilhado (Uber, Lyft, Zipcar, DriveNow, Car2go, Blablacar)	
Plataformas IoT	Criação e orquestração	Reúne informações de sensores, dispositivos, redes e software que trabalham juntos para desbloquear o valor nos dados.
Exemplos	B2B: plataforma Watson IoT da IBM, GE Predix, Schneider Electric EcoStruxure, Siemens MindSphere, Philips Interact IoT; B2C: Plataforma Haier U+, Apple HomeKit, Google Smart Home Platform	
Plataformas para desenvolvedores	Criação	Uma infraestrutura ou conjunto de tecnologias que conecta usuários e desenvolvedores finais. A plataforma serve de base para o desenvolvimento de outras aplicações, produtos ou processos.
Exemplos	Plataformas de nuvem: AWS; Google Cloud Platform, Microsoft Azure; Sistemas operacionais: Móvel (Apple iOS, Google Android, BlackBerry OS, Windows Mobile), Desktop (Windows, Mac OS, Linux); Navegadores: Google Chrome, Microsoft Edge, Mozilla Firefox	

Figura 6.4 *Os cinco principais tipos de plataforma*

Figura 6.5 *Componentes-chave para uma plataforma bem-sucedida*

1. **Proposta de valor baseada em efeitos de rede.** O valor de uma plataforma aumenta com o número de usuários e a frequência de utilização. Isso cria um efeito circular e autofortalecimento. Como a maioria das plataformas tem dois lados — por exemplo, compradores e vendedores ou usuários e desenvolvedores — é fundamental desenvolver uma proposta de valor convincente para cada stakeholder. Um bom exemplo é o Waze. Lançado em 2007, ele é uma plataforma de tráfego e navegação que utiliza dados *crowdsourcing* compartilhados pelos usuários para beneficiar a comunidade Waze e melhorar a qualidade de condução. Hoje, tornou-se um aplicativo de massa com cem milhões de usuários mensais ativos em 185 países.[5]

2. **Experiência do usuário convincente.** No centro de todas as plataformas líderes de hoje está uma experiência fácil de entender e fácil de usar. Pense na simplicidade de usar o sistema de busca do Google, pedir um carro no Uber (ou no Didi na China) ou comprar um aplicativo na App Store ou no Google Play.

3. **Ecossistema forte.** Os principais fornecedores de plataformas têm milhares ou mesmo milhões de desenvolvedores, parceiros de inovação, integradores de sistemas e parceiros de serviços que dão suporte a suas plataformas. Isso requer um forte apoio ao ecossistema, incluindo conjuntos de desenvolvimento de soluções (SDKs, *software development kit*), interfaces de programas de aplicativos (APIs, *application program interfaces*) e suporte ao desenvolvedor, bem como atividades de desenvolvimento do ecossistema. No caso de negócios industriais, os parceiros de plataforma podem até incluir outros fabricantes de produtos ou prestadores de serviços terceirizados. Vamos falar de alguns exemplos logo mais. Em um ecossistema saudável, todos os participantes coexistem e compartilham valor continuamente. As plataformas oferecem vários mecanismos transparentes de partilha de valor para os parceiros, mas a decisão sobre se a plataforma é concebida como uma plataforma aberta de cocriação amplamente integrada ou mais como uma plataforma fechada com um controle mais rigoroso por parte do orquestrador tem de ser tomada pelo iniciador da plataforma. Criar uma plataforma vencedora é um desafio muito difícil. Você precisa se concentrar no valor do usuário e desenvolvê-la o mais rápido possível. "Use o que puder para impulsionar a adoção entre os usuários potenciais da plataforma para que você tenha o suporte para um ecossistema", diz Steve Myers, CEO da Mindtribe.

VOZ DA SABEDORIA

Professor Michael G. Jacobides, sir Donald Gordon Chair for Entrepreneurship & Innovation, London Business School

Como você avalia a relação entre ecossistemas e plataformas no contexto de produtos inteligentes e conectados?

Ao que parece, as plataformas, como os sistemas operacionais de smartphones ou uma banda larga padrão de telefonia móvel, são desenvolvidas com mais frequência do que os ecossistemas. Por vezes, as plataformas não reproduzem ecossistemas, uma vez que não têm concomitância entre os seus membros. Para mim, o que define a diferença entre uma plataforma e um ecossistema é que em um ecossistema você se preocupa com o desenvolvimento de coisas que existem no resto do sistema, enquanto em plataformas, não.

A esse respeito, os ecossistemas criam algumas relações mais específicas e não genéricas, o que significa essencialmente que temos um sistema ligeiramente mais fechado que se compara a outros sistemas fechados.

Isso significa que as plataformas são menos relevantes estrategicamente para produtos inteligentes e conectados?

Não, ainda acho que as plataformas são importantes. O fato delas serem baseadas em links muito mais frouxos pode acabar fazendo com que se tornem mais genéricas. Possivelmente, a regulamentação vai empurrá-las para se tornarem até mesmo padronizadas. Se elas se tornarem padrão para todos os usuários — um exemplo é o padrão *wireless* 5G — eu não acho que essas plataformas terão mais relevância estratégica e econômica. Mas seja como for. Acho que produtos inteligentes requerem interconexões para funcionar. As interconexões serão genéricas e fornecidas por plataformas ou serão mais específicas, o que significa que se conectarão de forma mais transparente com outros provedores que as integram e afetam o valor corporativo ou a qualidade de vida dos clientes. Isso, creio eu, terá um maior impacto comercial. Há uma ligação clara na minha mente entre o produto inteligente, a plataforma e a dinâmica dos ecossistemas, bem como as questões estratégicas que as empresas têm de enfrentar quando competem com outras plataformas e com os ecossistemas.

4. **Clareza do modelo de negócio.** A forma como o proprietário de uma plataforma ganha dinheiro é muitas vezes separada da utilização direta da própria plataforma e, por vezes, quase completamente divorciada da mesma. Por exemplo, a Google e o Facebook não cobram dos consumidores a utilização da sua plataforma, mas ganham dinheiro principalmente com os anunciantes que segmentam os anúncios com base nas pesquisas dos usuários. Outras fontes de receita podem incluir taxas de transação, taxas de uso ou direitos de licenciamento. É interessante notar que os maiores desenvolvedores de plataforma hoje em dia têm todos modelos e combinações de negócios muito diferentes. Não existe uma fórmula vencedora única, mas a clareza do modelo de negócio é essencial. Consulte a figura 6.6 para entender as divisões de negócios entre os líderes de plataforma da internet.

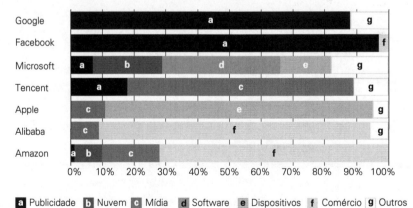

Figura 6.6 *Os titãs da plataforma têm diversos modelos de negócios*

5. **Dados e conteúdos diferenciados.** Para modelos de plataforma baseados em dados, é essencial criar ou agregar conjuntos de dados proprietários. Eles podem ser gerados pelo usuário no caso de sites de avaliação de consumidores como o Yelp!, dados públicos agregados no caso de sites imobiliários como o Zillow ou dados de uso como o caso da ComScore.

6. **Mercados.** Embora nem todas as plataformas contenham funções de mercado, as que o fazem devem atingir o ponto de ruptura de massa crítica tanto dos compradores como dos vendedores. Mas o termo "mercado" também se aplica aqui em um sentido mais amplo, como uma plataforma de ligação entre pessoas e empresas em um ambiente B2B. Uma vez estabelecido esse mercado em um determinado segmento de cliente ou indústria, ele cria grandes efeitos de rede. Basta pensar no poder da App Store ou do Google Play. Existem dezenas de fabricantes de smartphones hoje, mas basicamente apenas esses dois mercados de aplicativos.

7. **Escalável.** Capacidade de escalar para milhões e até mesmo bilhões de usuários globalmente. Isso só pode ser feito com uma infraestrutura de última geração, normalmente baseada na nuvem e aberta. Poucas empresas de produtos tradicionais estão adotando esse modelo de infraestrutura até agora.

8. **Confiança e segurança digital.** Esta questão está se tornando cada vez mais importante, dadas as recentes e muito importantes violações de segurança e abusos de informações privadas que prejudicam vários dos gigantes da plataforma da internet. Após a violação de dados da Equifax, seu CEO, CIO e CSO perderam seus empregos, e a empresa continua a sofrer o impacto financeiro.[6] Os dados pessoais de 145 milhões de clientes do eBay foram roubados.[7] O Yahoo teve que pagar US$ 35 milhões para liquidar os encargos por não divulgar adequadamente a violação de dados de 2014 que afetou 500 milhões de usuários.[8] Todos os líderes estão trabalhando duro para construir recursos de segurança

muito mais fortes em suas plataformas e, assim, maximizar a confiança do usuário.

9. **Ágil com melhorias constantes e iterativas.** As empresas de plataforma lançam novas funcionalidades diariamente ou semanalmente. Embora as plataformas sejam normalmente construídas para permitir uma interação central no início, os vencedores adicionam mais recursos muito rapidamente à medida que evoluem. A maioria desses recursos é descoberta à medida que a plataforma é consumida de formas não originalmente pretendidas. As empresas de produtos tradicionais têm ciclos de desenvolvimento de produtos normalmente medidos em meses e até anos, e em geral focam apenas na melhoria do produto principal. A velocidade da inovação é uma grande arma competitiva, e a maioria das empresas de produtos está perdendo essa batalha. Um exemplo simples é Tesla versus carros tradicionais. A Tesla se vê como uma empresa de plataforma e regularmente publica atualizações de software que fundamentalmente aprimoram seus carros. Um dos nossos entrevistados disse, "O mesmo carro Tesla que um cliente adquiriu em 2013 é hoje um carro muito melhor do que quando foi comprado, devido a atualizações permanentes do software".[9]

O efeito de rede é a característica decisiva das plataformas vencedoras. Ele cria um impulso circular e autopropulsor quando os provedores e usuários geram valor de rede mútuo entre si, resultando em benefícios dos dois lados. Esses lados realizam muito do trabalho necessário para a plataforma e fazem as fortunas da empresa por trás dela crescerem. É um forte contraste com as cadeias de valor lineares das empresas de produtos tradicionais, que exigem um investimento constante em marketing e vendas para impulsionar o crescimento de seus produtos em um mercado cheio de opções. E isso tem ramificações no *branding*, pois é preciso decidir quais de seus orçamentos, se é que há algum, serão dedicados a quais canais dentro de uma plataforma.

O IMPERATIVO DAS PLATAFORMAS PARA FABRICANTES DE PRODUTOS

Como os pioneiros da plataforma ágil continuam a crescer rapidamente, muitas empresas de produtos tradicionais têm sido lentas em perceber sua importância e desenvolver uma estratégia de plataforma clara e convincente. Mas você não precisa apenas de uma boa estratégia — e de gestão de apoio — precisa dos meios para implementá-la. Mesmo aqueles com uma visão clara têm sofrido dificuldades para desenvolver as habilidades e capacidades necessárias, e executar no ritmo exigido para competir na era digital. Perder essa mudança geracional ou errar pode resultar em uma longa estagnação ou decadência.

VOZ DA SABEDORIA   James E. Heppelmann, CEO, PTC

As empresas industriais não poderiam desenvolver elas próprias essas plataformas de software?

Os fabricantes podem muito bem ter pensado inicialmente em desenvolver essa tecnologia. Mas acho que, dada a velocidade com que tudo está se movendo e todos os novos casos de uso que estão surgindo, as pessoas percebem que isso seria um tremendo esforço para beneficiar apenas um usuário final. Também pensamos que uma plataforma IoT para o produto inteligente e conectado é o caso clássico do problema da "cauda longa". O Twitter é um aplicativo usado por milhões de pessoas. Se alguém está tentando fazer produtos inteligentes e conectados, eles começam com um aplicativo para monitorar a frota. Logo, precisam de outro aplicativo para tentar fazer análises e prever tempos de inatividade e, em seguida, podem precisar de outro aplicativo que informe os gerentes de vendas e contas, e ainda outro aplicativo pode informá-los sobre o que pode acontecer no lado do cliente. Então, falamos sobre uma série de aplicações que podem ser usadas por audiências muito estreitas, mas que criariam um valor tremendo. A meu ver, uma plataforma universalmente adaptável é a resposta certa para isso. E os clientes industriais parecem ter levado isso em consideração, afinal, não somos os únicos no mercado de plataformas IoT.

Para aumentar ainda mais o senso de urgência, muitos dos novos líderes digitais que começaram como plataformas puramente baseadas em internet ou software estão cada vez mais se direcionando para o negócio de hardware, aproveitando ao máximo as oportunidades que eles veem as empresas tradicionais ignorando. Google, Amazon, Facebook e Microsoft têm agora divisões de produtos significativas. Mesmo algumas empresas de semicondutores como a Intel estão subindo na cadeia de valor para oferecer designs de referência completos e, em alguns casos, produtos de marca. Essas líderes de plataforma da internet também se moveram, ou estão se movendo ativamente, para setores mais tradicionais, graças aos abundantes recursos financeiros que acumularam em seus negócios de plataforma. Pense nas inúmeras empresas de tecnologia envolvidas em projetos de veículos autônomos, tentando abocanhar uma fatia do mercado dos fabricantes de automóveis. Seus modelos operacionais avançados, vasta base de clientes e baixos custos marginais de expansão significam que esses rivais podem rapidamente se estabelecer, mudar as regras do jogo e minar as empresas tradicionais

Este tipo de ambiente disruptivo é também uma oportunidade para os novos participantes. Pense em como empresas como a NIO, Byton e até mesmo a Dyson estão entrando no setor automotivo.[10] Até mesmo os antigos fornecedores podem começar a ficar na expectativa dos seus clientes a longo prazo, como é o caso da especialista em interiores de automóveis Faurecia.

Um executivo da Tesla, da unidade de engenharia de sistemas conectados da montadora, disse-nos: "Os produtos inteligentes e conectados têm todo o caráter de plataforma, na minha opinião. Em muitos casos, não constituem uma plataforma única, mas uma carteira de plataformas."[11] Embora uma estratégia de plataforma seja essencial para as empresas de produtos, nem todas podem ou devem desenvolver diretamente formulários de plataforma. Muitas escolherão fazer parcerias com líderes de plataforma novos ou existentes.

Os vencedores irão dominar o uso estratégico de tecnologias digitais para construir modelos de negócios de plataforma bem-sucedidos. Os perdedores vão perder uma mina de ouro. Espera-se que as interações impulsionadas por plataformas criem aproximadamente dois terços do valor de US$ 100 trilhões em jogo com a digitalização até 2025.[12]

OS FABRICANTES DE PRODUTOS ENCONTRANDO O CAMINHO

Vamos voltar à Apple como o modelo líder para as empresas de hardware tradicionais que pensam em entrar em plataformas. Uma antiga mera fabricante de hardware de computador, ela fez a transição para se tornar uma empresa de plataforma construída em torno de produtos inteligentes e conectados.

Na verdade, a Apple hoje não tem uma, mas várias plataformas de sucesso. Sua App Store é um mercado que conecta usuários com desenvolvedores de aplicativos; a Apple Pay é uma plataforma de pagamento que conecta comerciantes com consumidores; e Apple Maps é uma plataforma baseada que agrega dados geoespaciais globais maciços para uso do consumidor. Na verdade, o iOS — o sistema operacional da Apple — também é uma plataforma de desenvolvimento que os desenvolvedores usam para criar aplicativos móveis.

O sucesso da plataforma da App Store é especialmente fenomenal. Lançada em 2008, ela agora inclui um ecossistema de mais de 20 milhões de desenvolvedores registrados[13] que criaram 2,2 milhões de aplicativos.[14] Esses aplicativos, cada um gerando valor para seus criadores e para a Apple, foram baixados mais de 140 bilhões de vezes.[15] Com base na divisão 70/30 da Apple com desenvolvedores, a App Store já gerou US$ 38 bilhões para a empresa.[16] Note que a empresa continua a gerar a maioria das suas receitas e lucros com a venda de hardware: iPhones, iPads e computadores Mac.

Na sequência da liderança da Apple, uma série de empresas industriais históricas já deram passos significativos em modelos de negócios semelhantes. Seguem seis exemplos proeminentes.

A **Ford**, num esforço conjunto com a Autonomic, está construindo a Transport Mobility Cloud, uma nova plataforma aberta que liga e coordena serviços de mobilidade como carros, redes de bicicletas compartilhadas, ônibus, trens e serviços de transporte em tempo real dentro de uma cidade.

A **GE Predix** é uma plataforma de Internet das Coisas Industrial (IIoT, do inglês *industrial internet of things*) uma plataforma como serviço, para recolhimento, armazenamento e análise de dados relativos a máquinas e equipamentos industriais. A GE pretende torná-la a norma industrial para ligar máquinas e equipamento, semelhante ao iOS da Apple ou ao Android da Google. A plataforma Predix fornece uma biblioteca de análise de nível industrial e estrutura para criar diagnósticos de autoaprendizagem personalizadas para gêmeos digitais e aplicativos, e outros fabricantes estão interessados em seguir o mesmo caminho. Quando aplicada a fluxos de dados IoT, a análise baseada em nuvem e em bordas pode detectar anomalias, controles prescritivos diretos, alertas preditivos de manutenção de sinal e muito mais.

A **Schneider EcoStruxure Power** é uma arquitetura aberta, habilitada para IoT e interoperável para clientes que usam equipamentos de baixa e média tensão. Ela aproveita a tecnologia avançada em IoT, mobilidade, sensores, computação em nuvem e segurança cibernética e já foi implantada em mais de 480 mil instalações, com o suporte de mais de 20 mil integradores de sistemas, conectando mais de 1,5 milhão de ativos.[17]

A **John Deere** desenvolveu o MyJohnDeere, uma plataforma de informação aberta que fornece aos produtores agrícolas informações críticas, tais como dados de produção ou de operações agrícolas. Os dados são recolhidos através de sensores de máquinas, operadores e revendedores ligados ao equipamento da John Deere e são partilhados entre os mesmos utilizadores.

A **Faurecia**, com base na experiência da Parrot Automotive e da Accenture, está desenvolvendo uma plataforma aberta para gerir todas as funções da cabine do automóvel através da análise de dados, IA, telemática e serviços em nuvem. A empresa já recebeu 1,5 milhões de euros em encomendas de clientes para as suas novas tecnologias da Smart Life on

Board. Até 2025, estas vendas atingirão 4,2 bilhões de euros, mostrando um crescimento médio anual entre 2020 e 2025 de 33 por cento.[18]

A **Haier**, gigante chinesa de eletrodomésticos, criou a Cosmoplat, uma plataforma de mercado aberto que permite aos consumidores encomendar máquinas de lavar roupa, lava-louças ou geladeiras de acordo com suas especificações individualizadas diretamente de uma densa rede de produtores de hardware. O papel da Haier aqui muda de desenvolvedora de produtos e fabricante para orquestradora de ecossistemas, curadoria, conexão, coordenação, integração e gerenciamento de diferentes stakeholders.

Esses exemplos demonstram a viabilidade da mudança de produto tradicional para o modelo produto mais plataforma. É, sem dúvida, mais difícil quando se é um fabricante com 150 anos de desenvolvimento sob seu controle, não um jovem disruptor conduzido por software. Porém, é possível ser feito, e seu produto inteligente e conectado deve ter uma característica central em sua abordagem de plataforma.

GIGANTES DA PLATAFORMA DE INTERNET: AMIGO E INIMIGO?

O pesquisador de mercado IDC previu que mais de cinquenta por cento das grandes empresas — e mais de oitenta por cento das empresas com estratégias avançadas de transformação digital — teriam criado ou feito parcerias com plataformas de alguma forma até o final de 2018.[19] É importante que as empresas de produtos tradicionais tratem as plataformas, especialmente as fornecidas pelos gigantes da internet, como potenciais parceiros confiáveis, mas também como concorrentes pragmáticos. Em alguns casos, eles irão competir fortemente ou até mesmo tentar interromper o seu negócio. Em outros, atuarão como parceiros ou facilitadores. Você pode simplesmente utilizar a Apple App Store ou o Google Play como um canal para distribuir software de aplicações para o seu próprio produto de hardware, em benefício da sua empresa.

Nossa visão é que todas as empresas baseadas em produtos precisam ter uma estratégia clara de amizade ou inimizade quando se trata de definir sua relação com os titãs da plataforma de internet e outros rivais. Você precisa descobrir se deve construir uma plataforma ou, se não, onde e quando comprar ou fazer parceria com uma.

Para muitas empresas de produtos, a escolha do parceiro será a resposta lógica, pois seria virtualmente impossível alcançar os líderes tecnologicamente ou igualar os seus investimentos, que já são astronômicos e estão aumentando. A maior investidora de P&D do mundo agora é a Amazon. Alphabet, pai do Google, é o segundo, e a Microsoft é a quinta, como mostra a figura 6.7. De fato, sete das dez maiores investidoras em P&D do mundo agora são plataformas de internet ou líderes de alta tecnologia. Essas empresas estão investindo maciçamente, tanto para as necessidades atuais como para os futuros campos de batalha, incluindo veículos autônomos, realidade aumentada, mapeamento e dados geoespaciais, IA e assistentes de voz e plataformas de pagamento.

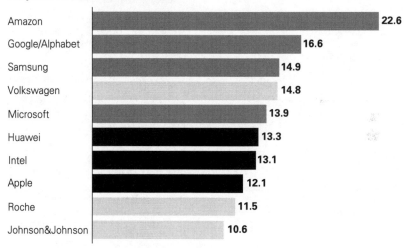

fonte Baseado em: Fox, J. Amazon, the Biggest r&d Spender, Does Not Believe in r&d, Bloomberg, 12 abr. 2018. Disponível em: https://www.bloomberg.com/opinion/articles/2018-04-12/amazon-doesn-t-believe-in-research-and-development-spending. Acesso em: 6 dez. 2018.

Figura 6.7 *As 10 líderes globais em gastos com pesquisa e desenvolvimento*

	Potencial para Fabricantes de Produtos	Fundamentação
Plataformas de mercado	Médio	Mercados de consumo bem estabelecidos, com capacidade limitada para novos operadores.
Exemplos COSMOPlat desenvolvido pela Haier Amazon Pay Apple Pay Plataformas blockchain eBL		As empresas de produtos podem alavancar sua base de clientes para criar micromercados, particularmente no mundo B2B.
Plataformas sociais e de colaboração	Médio	Área social com potencial limitado. Oportunidade de criar segmentos específicos no setor industrial ou com clientes "microcomunidades".
Exemplos MyJohnDeere		Nota: Pode ser muito útil para reforçar a diferenciação do produto, mas é difícil rentabilizar dada a menor base de utilizadores.
Plataformas de Compartilhamento	Alto	Mercado global mais fragmentado, com maiores oportunidades para novos operadores.
Exemplos GM Maven Ford Mobility		Procure aproveitar os dados da base instalada para criar plataformas de dados e/ou criar consórcios da indústria para criar plataformas de dados, incluindo a utilização de blockchain.
Plataformas IoT	Alto	Alavancar a potência da base instalada de produtos.
Exemplos GE Predix Philips Interact cat Connect Plataformas Smart Home		
Plataformas de desenvolvedores	Baixo	É muito difícil criar uma plataforma de desenvolvimento nova e ampla, mas é possível criar uma "subplataforma" que é construída sobre os líderes atuais para permitir que desenvolvedores externos acessem e personalizem produtos.
Exemplos Signify (Philips) Hue construído em AWS Robôs Fanuc Faurecia CIP		

Figura 6.8 *Oportunidades de concorrência por tipo de plataforma*

Portanto, a questão de saber se devemos ou não competir ou ser parceiros deve ser levada muito a sério e, na nossa opinião, não pode ser respondida de forma abstrata. Os atores do setor de produtos têm de considerar os tipos específicos de plataformas em que investir. Dê outra olhada em nossa tabela de tipos de plataforma na figura 6.8 para obter mais informações detalhadas sobre as possibilidades para empresas já estabelecidas.

Diferentes empresas se posicionaram de forma distinta na decisão de "amigo ou inimigo". As empresas do setor automobilístico, como a Volkswagen ou a BMW, investem muito em tecnologia de dados e centros de processamento de dados e até em projetos de computação quântica. A gigante de tecnologia alemã Bosch desafiou a Google, investindo maciçamente em tecnologia de dados em torno de soluções inteligentes para a casa. Através de uma nova subsidiária de *smart home*, a Bosch irá lidar diretamente com seu consumidor final pela primeira vez.

Outras empresas seguem o caminho do "amigo" e tornam-se aliadas dos grandes gigantes da internet. A Volvo tem sido pioneira no casamento entre tecnologia digital e automóveis. A empresa recorreu a fornecedores externos como a Ericsson, um fabricante sueco de equipamento de telecomunicações, para obter a tecnologia de informática. A empresa anunciou que irá instalar o sistema operacional Android do Google em carros novos a partir do início de 2019 e coopera com a Uber para desenvolver carros autônomos.

Finalmente, note que a adoção de modelos de plataforma não significa desistir dos modelos de negócio baseados em produtos existentes. De fato, as linhas de negócios existentes muitas vezes fornecerão a força fundamental da nova plataforma — e, em muitos casos, o financiamento para estabelecê-la. Na sua essência, a Signify (antiga Philips Lighting) ainda está no ramo de fabricação de iluminação; a HP ainda fabricará impressoras; a Boeing, aviões; a Michelin, pneus; e a Mercedes, carros. Mas o modelo de negócio da plataforma oferece a essas empresas a oportunidade de alavancar seus produtos na era digital de maneiras inovadoras e altamente geradoras de valor.

Para refletir

1 Os modelos de negócio das plataformas estão criando um enorme valor de mercado.

2 Todas as empresas de produtos devem ter uma estratégia de plataforma e determinar se devem construir a sua própria plataforma ou se aliar a um parceiro, bem como o tipo de modelo de plataforma(s) de que devem participar. Ignorar não é uma opção.

3 Muitas empresas de produtos escolherão fazer parcerias com os gigantes da internet de hoje, que são líderes de plataforma, mas todas precisam entender o risco versus recompensa de suas escolhas.

7

QUARTA GRANDE MUDANÇA: DA MECATRÔNICA À INTELIGÊNCIA ARTIFICIAL (IA)

RESUMO DO CAPÍTULO

Este capítulo destaca a enorme importância da IA na aceleração da tendência para produtos inteligentes e conectados. Os produtos, nascidos da engenharia mecânica, já são significativamente dominados por software e em breve serão transformados pela IA. Habilitar um produto de software ainda não significa torná-lo inteligente no sentido de um pensamento e tomada de decisão verdadeiramente autônomos. Apenas a IA pode fazer isso, e sua ampla introdução nos produtos representa um salto quântico nas abordagens de inovação, adaptabilidade e capacidade de resposta dos produtos. Nas páginas seguintes, nós martelamos essas diferenças cruciais e esboçamos o que a IA pode significar para produtos conectados ao entregar serviços.

A ascensão das tecnologias de software e IA ativada por softwares representam uma mudança para as empresas de produtos pelo menos tão significativa quanto a mudança da energia a vapor para a elétrica. Até mesmo os computadores modernos viram alguns elementos mecânicos serem substituídos por hardware habilitados com software em muito pouco tempo. Esse é o caso da tecnologia de disco rígido, que deu lugar à tecnologia de armazenamento *flash* livre de mecanismos e agora ao armazenamento na nuvem como serviço.

Atualmente, a mudança está afetando todos os tipos de produtos industriais tradicionais. Durante um século, os automóveis consistiram numa mistura de motores de combustão e várias outras peças de engenharia combinadas com quantidades crescentes de eletrônica e microeletrônica. Hoje em dia, o software passou a dominar as peças automotivas. Linhas de programa codificadas executam a ignição do motor, supervisionam a segurança do veículo, proporcionam entretenimento aos passageiros e assumem a navegação.

Os principais provedores de produtos e serviços da atualidade criaram recursos digitais e de software significativos, e aqueles que não o fizeram estão sob ameaça de interrupção. Os provedores de entretenimento de crescimento mais rápido são plataformas de internet baseadas em software: Netflix, Spotify, Apple iTunes. O setor de recursos naturais tornou-se um grande fornecedor de software de visualização de dados. Os varejistas e as empresas de logística transformaram-se essencialmente em *backbones* de software, orientando frotas de caminhões e lojas. A disrupção nas telecomunicações se deu com alternativas desse tipo, como Skype ou Zoom. As áreas de recrutamento, publicidade e finanças estão atingindo níveis cada vez mais profundos de saturação de software.

Em termos mais gerais, o que aconteceu foi o seguinte: ao longo de décadas, tanto em produtos de hardware como em métodos de manufatura, as tecnologias eletrônicas, microeletrônicas e digitais adquiriram uma importância crescente, criando as bases para o aumento dos níveis de software. Isto, por sua vez, criou uma base para a inteligência artificial, ou IA.

IA: UM SALTO QUALITATIVO PARA AS EMPRESAS DE PRODUTOS

Mesmo comparando com todos os outros avanços de hipervelocidade da era dos produtos de software no mundo das mercadorias, acreditamos que a IA representa um salto quântico. A tecnologia IA amadurecida significa níveis extremamente avançados de inteligência de software, permitindo que os produtos tenham uma vida autônoma. Isso já está em curso e está mudando a forma como os produtos são concebidos pelos seus criadores, como são construídos, como os utilizadores interagem com eles, que traços de caráter são possíveis em um produto e até mesmo a definição fundamental do que é um produto.

Há muita confusão entre os executivos sobre o que é ou não inteligência artificial, então vamos tomar um momento para explicar o básico. Primeiro e mais importante, IA não é uma tecnologia única, mas uma coleção delas, algumas das quais existem há décadas e algumas das quais surgiram muito recentemente.

Mais precisamente, é uma combinação de sistemas, ferramentas e metodologias de tecnologia da informação, tais como prospecção de dados, reconhecimento de padrões, reconhecimento visual e processamento de linguagem natural, que permite às máquinas detectar, compreender, agir e aprender sozinhas ou com um mínimo de interferência humana. A capacidade de um produto movido a IA aprender, adaptar-se e melhorar autonomamente a um custo cada vez mais baixo é um desenvolvimento que muda o cenário.

A figura 7.1 lista as tecnologias de IA fundamentais, agrupadas em torno de sua capacidade de suportar as principais funções do produto.

Como você pode ver, existem quatro capacidades de inteligência artificial humanoide que as pessoas podem agora incorporar aos produtos.

Primeiro, a IA permite que os produtos tenham percepção. Eles agora podem perceber ativamente o mundo através do processamento de texto, imagens, sons e fala. O reconhecimento vocal e facial já é amplamente utilizado nesses sistemas, imitando a audição e a visão humanas para recolher informações ambientais para interpretação. Esses novos recursos complementam sistemas de tecnologia de sensores mais antigos, coletando dados físicos vitais para as operações de produtos inteligentes.

A segunda, talvez mais importante, capacidade é que a IA pode tornar os produtos compreensíveis de uma forma humanoide. O processamento da linguagem natural, a tecnologia de inferência e a representação do conhecimento permitem aos sistemas analisar e compreender semanticamente a informação colhida do exterior, adicionando significado e conhecimentos. Isso forma a base para a tomada de decisões autônomas.

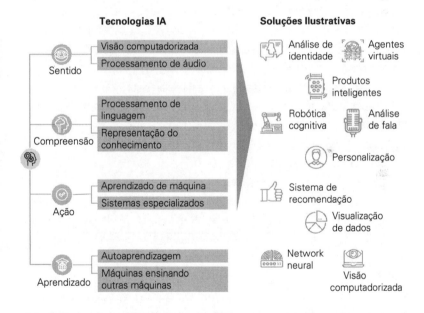

Figura 7.1 *Tecnologias fundamentais da IA*

Em terceiro lugar, o produto pode cada vez mais agir e tomar decisões. Um bom exemplo disso é um carro autônomo e autodidata.

Finalmente, talvez ainda mais crucial, os sistemas de IA podem aprender. Seus estoques de conhecimento incessantemente crescentes canalizam sua compreensão em intervenções calculadas e racionais no mundo ao redor. Enquanto hoje os motores de IA precisam de treinamento conduzido por humanos, cada vez mais os produtos serão capazes de autoaprendizagem e autocorreção.

Esses traços fundamentais abrem horizontes inteiramente novos. Produtos habilitados para IA podem agora, de repente, fornecer resultados hiperpersonalizados para usuários em níveis inéditos de velocidade, precisão e conveniência.

As diferentes tecnologias de IA são frequentemente combinadas para criar soluções de usuário atraentes, como agentes virtuais ou assistentes de voz como a Alexa da Amazon ou a Cortana da Microsoft.

Tais assistentes requerem tecnologia de processamento de linguagem natural (PLN) para entender ou compreender o discurso humano. Isso é combinado com o aprendizado de máquina (ML, *Machine Learning*) para analisar questões humanas e, em seguida, dar respostas adequadas. Todos no cenário — e muitos além dele — sabem sobre a impressionante apresentação recente da Google de seu algoritmo IA, o Duplex. Ele ligou para um verdadeiro restaurante e, sem esforço, conversou com uma garçonete, discutindo opções de reserva de mesa em uma linguagem humana fluida.

A figura 7.2 mostra um esquema do funcionamento de tais sistemas assistentes. De acordo com Danny Lange, ex-chefe de aprendizado de máquina da Uber, a IA finalmente saiu do laboratório de pesquisa e está rapidamente se tornando a pedra angular da disrupção dos negócios.[1] No mundo do hardware inteligente, ela transforma principalmente a interface e a interação do usuário com o produto, possibilitando serviços de alto valor em torno do produto. Hoje, essa inteligência já está implantada em vários graus em muitas indústrias de hardware e seu papel na vida diária de consumidores e usuários comerciais crescerá rapidamente. Teremos uma rápida e caleidoscópica visão geral de como IA já está sendo usada diariamente, tanto na fabricação como nos produtos:

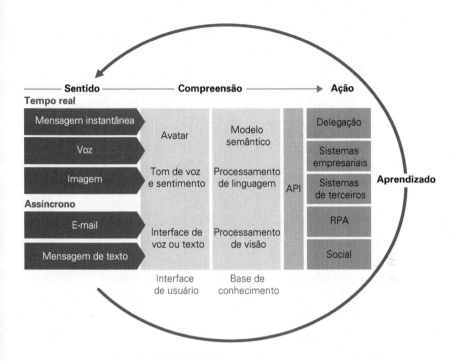

Figura 7.2 *Componentes tecnológicos de um assistente virtual do cliente*

1. As linhas de montagem industrial podem ser reconfiguradas através de IA. Engenheiros do Instituto Fraunhofer de Fluxo de Materiais e Logística (IML, *Institute of Material Flow and Logistics*) têm testado sensores incorporados para criar linhas de montagem autoadaptáveis em fábricas de automóveis. Essencialmente, a própria linha pode modificar as etapas de seu processo para atender às demandas de vários recursos e complementos para carros altamente personalizados. Assim, em vez de engenheiros projetando uma linha de montagem para fazer uma série de modelos de carros de cada vez, essas linhas podem se adaptar conforme necessário para um lote de um.[2]
2. Os braços robóticos comandados por IA são usados em fábricas para aplicar cola quente em *widgets*, instalar para-brisas e suavizar bordas de metal dentadas, entre outras tarefas. Além disso,

tradicionalmente, quando o trabalho de um robô mudava, os engenheiros tinham de reprogramá-los. Em contraste, os novos braços robóticos desenvolvidos pela especialista em robôs Fanuc, do Japão, em parceria com a fabricante de software japonesa Preferred Networks, adaptam-se por conta própria. Para fazer isso, eles usam uma técnica IA chamada aprendizagem por reforço profundo (*deep reinforcement learning*), na qual o robô recebe uma imagem do resultado bem-sucedido e então usa tentativa e erro para descobrir a própria solução. De acordo com Shohei Hido, VP de pesquisa da Preferred Networks, o braço leva oito horas para se tornar pelo menos noventa por cento preciso em uma nova tarefa — praticamente o mesmo tempo e precisão alcançados através da programação. Com o braço agora autodidata, o perito humano está livre para realizar outras tarefas complexas, especialmente aquelas que requerem julgamento humano. Além disso, quando um robô aprende uma tarefa, ele pode compartilhar seu conhecimento com outros robôs na rede. Oito braços trabalhando juntos por uma hora podem aprender tanto quanto um trabalhando sozinho por oito horas. Hido, que chama esse processo de "aprendizagem distribuída", afirmou, "Você pode imaginar centenas de robôs de fábrica compartilhando informação". Os fabricantes de automóveis utilizam essa abordagem para educar os algoritmos que se destinam a conduzir os veículos de forma autônoma.[3]

3. Um exemplo na área médica: agora que tantos dados sobre os genomas individuais dos pacientes e sua capacidade de resposta a vários compostos químicos já estão disponíveis, simplesmente não faz sentido implementar um "tamanho único" para todos os tratamentos. A IA permite a era da "medicina personalizada" baseada em testes genéticos. No passado, era praticamente impossível analisar e gerir todas as combinações de tratamento possíveis para cada paciente. Hoje em dia, os sistemas inteligentes estão tomando conta do trabalho. Daqui a décadas, talvez até antes, parecerá absurdo que os médicos

prescrevessem o mesmo tratamento a uma vasta gama de pacientes. O tratamento de todos será personalizado. Nesta linha, a empresa de análise GNS tem esquadrinhado enormes conjuntos de dados para combinar drogas específicas e intervenções não medicamentosas para pacientes individuais. A empresa pode assim melhorar os resultados e reduzir os custos para economizar centenas de bilhões de dólares, de acordo com o cofundador Colin Hill. Tratamentos individualizados podem resolver um problema especialmente crítico em ensaios clínicos: mais de oitenta por cento falham devido a algum tipo de incompatibilidade entre paciente e medicamento.[4]

4. O setor automobilístico e os seus fornecedores estão trabalhando em tecnologias de IA que desempenham funções elaboradas nos veículos. Os sensores a bordo captam uma grande variedade de dados sobre o condutor e as condições de condução. A IA pode, por exemplo, fornecer dados quadrados sobre o seu comportamento de condução individual, níveis de cansaço e hábitos de utilização com dados situacionais medidos *ad hoc*, tais como parâmetros meteorológicos ou de tráfego. Carros habilitados com IA podem então reconfigurar toda a sua personalidade alterando o design da interface do usuário para ativar ou desativar certos recursos.

TRÊS FATORES QUE PERMITEM A ASCENSÃO DA IA

Três realizações permitiram que a IA se tornasse central para o futuro dos produtos inteligentes e conectados: 1) aumento da capacidade de computação e de armazenamento de dados, tanto no dispositivo como na nuvem; 2) análise de big data; 3) aumento das ferramentas humanas e mecânicas e de uma força de trabalho capaz de se conectar à tecnologia para resolver problemas empresariais.

A nuvem e o armazenamento de dados estão agora disponíveis em quantidades quase ilimitadas e já não constituem qualquer obstáculo à rápida difusão da tecnologia IA rica em dados. Estima-se que a computação em nuvem pública atinja o valor de US$ 302 bilhões até 2021 em todo o mundo, e a capacidade de armazenamento de dados também se tornou quase onipresente.[5] De acordo com a IDC, estima-se que a receita mundial de serviços de nuvem de TI cresça de US$ 103 bilhões em 2016 para US$ 277 bilhões em 2021, enquanto o mercado de armazenamento em nuvem é projetado para testemunhar uma taxa de crescimento anual composta de 29% para atingir um tamanho total de mercado de US$ 92,5 bilhões em 2022, acima dos US$ 25,2 bilhões em 2017.[6]

A segunda tendência, a análise de big data, agora está funcionando em escalas industriais na rasteira de processadores e tecnologias de armazenamento cada vez mais poderosos. O volume global de dados crescerá dez vezes até 2025 e atingirá 163 zettabytes à medida que mais dispositivos forem sendo conectados.[7]

A IA se alimenta de praticamente todos os dados, sejam imagens, textos ou áudios, bem como dados estruturados e não estruturados. Alguns estudiosos consideram, portanto, que os dados para a IA são equivalentes à alimentação para os seres humanos. A gestão de dados em massa e a velocidade de computação turbo criam um mundo no qual há simplesmente muito mais oportunidades para essa inteligência responder e aprender e, assim, entregar resultados cada vez mais personalizados.

Paradigmas de longa data da teoria econômica estão começando a mudar sob a rápida disseminação desse sistema. Tradicionalmente, a mão de obra, o capital, a terra, a propriedade intelectual e os ativos físicos são considerados os cinco principais fatores de produção econômica. Por vezes referida como a "terceira força de trabalho", a IA é realmente um híbrido entre trabalho humano e bens de capital, mas é vista por muitos economistas como um sexto fator de produção econômica devido ao seu enorme potencial de ganhos de eficiência e produtividade. Acreditamos que a criação de novas soluções humanas e mecânicas que liguem as tecnologias às pessoas que executam tarefas ou processos específicos é o terceiro fator que impulsiona a sua rápida adoção.

A figura 7.3 ilustra como a IA pode acelerar significativamente o crescimento, a lucratividade e a sustentabilidade nas empresas ao longo do tempo.

A ASCENDÊNCIA IRREFREÁVEL DA VOZ

A funcionalidade do assistente de voz é uma das tecnologias mais importantes para as empresas de produtos. Para muitos produtos, a voz é a próxima interface lógica de usuário que substitui o teclado ou a tela sensível ao toque como a base principal para a interação entre o usuário e o dispositivo. Alguns analistas estimam que, até 2020, haverá mais de 1,6 bilhões de usuários de tecnologia de assistentes vocais em todo o mundo.[8]

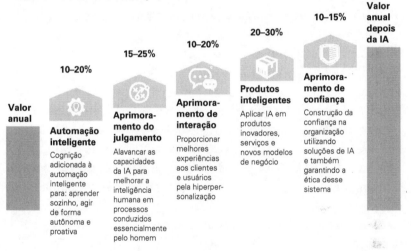

A Figura 7.3 *A IA pode ajudar a restaurar e acelerar a lucratividade*

Nos últimos cinco anos, o uso já se generalizou, começando pelos smartphones e depois nos alto-falantes inteligentes para a casa, como o Echo, da Amazon, e o Google Home. A aceitação do consumidor tem sido enorme, desencadeando um frenesi por IA em toda a indústria, uma corrida para incorporar a tecnologia em uma gama de dispositivos, de carros a eletrodomésticos.

O primeiro assistente de voz incorporado em um produto comercial foi a Siri, lançado no iPhone 4S da Apple em outubro de 2011.[9] A

Google seguiu vários anos depois com o Google Assistant, que se tornou amplamente disponível para telefones Android em 2017.[10]

O alto-falante inteligente só apareceu pela primeira vez em 2015 com o lançamento do Echo, da Amazon.[11] Porém, depois de três anos ele já era uma das grandes histórias de sucesso do mundo da eletrônica de consumo. O Google Home surgiu um ano depois,[12] seguido pelo HomePod da Apple em 2018.[13] Em poucos anos passou de uma categoria inexistente para um mercado que explodiu e com a expectativa de atingir vendas de 56 milhões de unidades globalmente em alguns anos.[14] Esses assistentes melhoraram significativamente a capacidade dessas empresas de promover o engajamento do cliente. A capitalização de mercado da Amazon e da Google subiu em espiral após o lançamento de seus respectivos dispositivos domésticos de IA.

Um fator que impulsiona o rápido crescimento desta categoria de produtos é a dramática expansão do suporte global de idiomas. No final de 2018, o Google Assistente compreendia trinta idiomas, cobrindo 95% da população mundial de usuários de smartphones.[15] A qualidade e precisão dos serviços de assistência também estão melhorando à velocidade da luz, os principais assistentes hoje em dia são capazes de compreender mais de 95% das palavras globalmente, enquanto a precisão na resposta a perguntas já ultrapassou os 80%.[16]

Nesse ponto, a tecnologia é, sem dúvida, madura o suficiente para impulsionar altos níveis de satisfação e adoção do cliente. A pesquisa Accenture Digital Consumer com 21 mil clientes em 19 países em 2018 mostrou um forte interesse na utilização e na satisfação com os "assistentes de voz digitais independentes". Segundo ela, 94% de todos os consumidores estão satisfeitos ou muito satisfeitos com seus dispositivos de assistente de voz — uma classificação incrível para essa nova categoria.[17]

Com base nesse sucesso, uma grande variedade de fabricantes de produtos estão agora procurando incorporar essa tecnologia em seus dispositivos. Os primeiros exemplos na área do consumo são os sistemas de som da Sonos, o Windows 10 da Microsoft e as câmeras da especialista em tecnologia doméstica Nest. De fato, a Amazon e a Google estão envolvidas em uma corrida para incorporar sua tecnologia de IA ao maior número possível de dispositivos de terceiros.

Observando um assistente digital doméstico executando suas tarefas, dá para se ter uma ideia de como essa tecnologia avançou e do que vem por aí. Ela toca música, fornece informações, notícias e resultados esportivos. O alto-falante lê o boletim meteorológico e controla a sua casa inteligente alterando as luzes quando você muda de humor. Ele é atualizado através da nuvem automaticamente e aprende incessantemente o que está sendo dito ou perguntado. Quanto mais você usa o dispositivo, mais a tecnologia se adapta aos seus padrões de fala, vocabulário e preferências pessoais. As próximas gerações dessas plataformas serão ainda mais impressionantes, pois serão capazes de compreender e se comunicar em formatos de frases complexas. Além disso, conseguirão detectar emoções e humores e responder em conformidade. Em suma, esses sistemas se tornarão cada vez mais semelhantes aos humanos.

A figura 7.4 mostra como a base do usuário destes assistentes irá subir nos próximos anos.

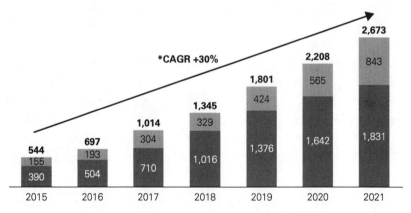

■ Número de usuários **consumidores** ativos de assistentes digitais virtuais (em milhões)
▦ Número de usuários **empresariais** ativos de assistentes digitais virtuais (em milhões)
*CAGR - taxa de crescimento anual composta, em inglês: *compound annual growth rate*
fonte © Accenture baseado em Statista

Figura 7.4 *Crescimento de assistentes virtuais*

O mundo do consumidor está mostrando o caminho a ser seguido para os fabricantes de produtos industriais e outros. Na esfera industrial, OEMs como a Tesla, BMW e Jaguar Land Rover, e fornecedores de nível 1 como a Faurecia embutiram a Alexa, da Amazon, e outros assistentes inteligentes em seus automóveis. Se outros fabricantes de produtos tradicionais puderem incorporar a IA de forma semelhante, eles aumentarão drasticamente seu crescimento de primeira linha. A ideia é criar produtos conectados inteligentes e serviços complementares que melhorem continuamente as experiências dos clientes. Na seção Produtos em ação deste livro, você encontrará mais exemplos, análises e resultados de aprendizagem em torno desse importante tópico.

Um exemplo de uma nova experiência do cliente é um assistente inteligente doméstico que desenvolve receitas com base nos ingredientes disponíveis na cozinha, na despensa ou na geladeira em qualquer momento. Ele automaticamente encomenda e paga itens da despensa que estão esgotados e atualiza a família sobre o estágio dos preparativos para o jantar. Essa tecnologia tem o potencial de mudar os hábitos e o tempo das refeições para sempre. Não há razão para que a IA não consiga transformar outros aspectos da vida das pessoas de forma semelhante, em casa, no carro, no trabalho.

No entanto, as empresas industriais também devem encarar todos esses desenvolvimentos no setor do consumo como um aviso. Com o tempo, a IA deixará de ser vista simplesmente como uma ferramenta tecnológica. Assim como Alexa está se tornando a face da Amazon, há um risco dessas marcas de IA virem a eclipsar as identidades de marca de fabricantes de produtos que buscam explorar sua tecnologia.

IA EM CADA PRODUTO

O controle de voz através de assistentes digitais habilitados para IA é apenas o início de uma tendência irrefreável para dispositivos mais inteligentes e autônomos. Além da melhoria da tecnologia na área da voz, existem avanços empolgantes na área de vídeo, imagem e som. Por exemplo, uma campainha de vídeo Nest pode agora usar um software de reconhecimento facial para identificar quem está na porta e depois destrancá-la ou não. E, no mercado emergente de carros autônomos, os fabricantes combinam uma grande variedade de tecnologias de câmera IA e ultrassom para projetar pilotos automáticos que dirigem sozinhos. Esses casos de uso indicam como essa inteligência está se tornando o coração dos serviços digitais em torno de produtos inteligentes.

As tendências no sentido de uma maior inteligência de produtos irão muito provavelmente seguir a via dos semicondutores. A famosa Lei de Moore prevê que essa categoria de dispositivos irá progredir da seguinte forma: poder de processamento cada vez maior através de chips cada vez mais baratos. Como já dissemos em outra parte deste livro, o poder de processamento de um dispositivo conectado médio hoje supera e muito o de um supercomputador há vinte anos. Os mais novos chips de fabricantes como Nvidia, Intel e Qualcomm são supercomputadores de IA incorporados em nível essencial para produtos IoT que oferecem um *teraflop* de poder de processamento em um módulo do tamanho de um cartão de crédito.

Revisitando nossa estrutura de Quociente de Inteligência (QI), cada gerente de produto no mundo deve perguntar-se criticamente: "Como o meu produto deve se tornar inteligente?" A resposta é "isso depende", mas a tendência geral para o aumento da inteligência é muito clara. Em alguns casos, um QI básico do produto conectado será suficiente. Mas acreditamos que a maioria dos produtos passará para o que chamamos de "produto inteligente" com tecnologias significativas e uma classificação de QI mais alta. Um subconjunto menor, mas crescente, passará para um modo totalmente autônomo, em que o produto adota o papel de um tomador de decisão autossuficiente, por exemplo, quando um dispositivo médico implantado mede os níveis de açúcar no sangue, faz os próprios cálculos e depois administra a dose certa de insulina.[18] "A maioria dos dispositivos se tornará mais inteligente. Mas também veremos dispositivos bastante básicos e de baixo custo, cuja inteligência está localizada na nuvem, e também modelos *hub and spoke* com dispositivos inteligentes e baratos ligados a um dispositivo mais poderoso nas proximidades", diz Marco Argenti, vice-presidente de tecnologia da Amazon Web Services.[19]

É claro que esse último exemplo — tecnologia robótica autocontrolada trabalhando com a própria "mente" independente e tomando decisões autônomas — oferece maior potencial de valor e exclusividade de mercado para seus criadores e usuários, em comparação com produtos menos desenvolvidos cognitivamente que operam no mesmo espaço. A diferença está entre o mero serviço — informar quando uma dose de insulina é necessária — e o resultado plenamente realizado de uma saúde mantida de forma constante.

É justo dizer que as modernas tecnologias IA representam um salto quântico não visto desde os dias das revoluções de hardware de computador na segunda metade do século passado. Será provavelmente a tecnologia de ponta do século XXI e constituirá um meio essencial para que os setores de produção de todos os tipos voltem a enveredar por uma via de expansão duradoura. É importante que os fabricantes de produtos compreendam isso e decidam qual caminho querem seguir.

Dada a acessibilidade das várias combinações de tecnologias que a IA permite, é apenas uma questão de tempo até que ela se torne onipresente. No final, todos os produtos industriais serão reinventados e passarão, tanto quanto possível, para a autonomia, desde equipamento médico a bombas hidráulicas, passando por máquinas industriais, equipamento de construção e automóveis. A inteligência recém-conquistada permitirá que esses produtos comuniquem, se adaptem ao contexto e troquem dados através de plataformas de software em toda a cadeia de valor industrial. O resultado será uma reinvenção digital completa das gamas de produtos B2B e B2C que hoje conhecemos.

Aqueles que forem pioneiros em suas categorias terão uma vantagem lucrativa à medida que seus produtos explorarem novos mercados digitais ricos em valor. Os fabricantes de qualquer hardware devem, por conseguinte, procurar impedir que concorrentes como startups e empresas de software abocanhem sua fatia do mercado.

OS PIONEIROS DA IA

Nossa pesquisa mostrou que uma clara maioria, perto de 70%, das empresas de manufatura vê a IA como um facilitador chave de sua agenda de inovação e crescimento de produtos nos próximos anos. De fato, 73% dos inquiridos consideram que a IA penetra ou transforma inevitavelmente todos os produtos e serviços industriais. Esse valor sobe para 91% na China e 96% nos Estados Unidos, enquanto permanece surpreendentemente baixo em 51% na Alemanha. Mais da metade afirma que pelo menos 30% da sua carteira de produtos e serviços estará habilitada para a IA até 2021 e 25% pretende ter metade dessa habilitação até esta data.[20]

É muito importante notar que quase todos os inquiridos — 98% — já começaram a integrar a IA nos seus produtos de uma forma ou de outra, embora principalmente em combinação com outras tecnologias, e não como um componente de produto único. E, como o gráfico abaixo indica, os fabricantes de software entendem claramente que, ao combinar IA com outras tecnologias digitais — especialmente computação móvel e análise de big data — eles podem gerar eficiências operacionais mais altas e experiências de clientes mais diferenciadas.

Então, a crença não é a questão — ainda assim, muitas empresas industriais ainda parecem lutar para realizar seus sonhos de IA. Embora a maioria saiba que precisa mudar, apenas 24% reconhece que a reinvenção digital impulsiona ou enfraquece seu crescimento. Mais de 75% ainda adota uma abordagem desestruturada e dispersa para a tarefa, lançando recursos de todas as partes da organização. A maioria, além disso, está alavancando apenas seu ecossistema imediato, em vez de uma rede expandida de startups, fornecedores, clientes e instituições acadêmicas externas que poderiam complementar e fortalecer suas capacidades existentes. Como resultado, a qualidade dos dados e a segurança cibernética estão entre os grandes desafios, como pode ser visto na figura 7.6.[21]

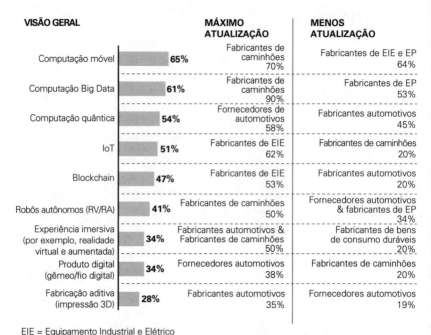

EIE = Equipamento Industrial e Elétrico
EP = Equipamento Pesado

Figura 7.5 *Combinação de tecnologias digitais com IA para gerar experiências diferenciadas para os clientes*

Quando se trata de transformar convicção em uma visão comercialmente viável, apenas 16% dos entrevistados se qualificam, conforme detalhado na figura 7.8. Em muitos casos, é o CEO que insere a lógica de participação orientada por dados, autorizando as principais equipes a começar a desenvolver o investimento e as estratégias do ecossistema para adquirir, processar e proteger os dados necessários para gerar o máximo valor da IA. Estes visionários industriais podem ver o panorama geral: 82% classificam a lealdade dos clientes como fortalecida e com insights mais profundos sobre o uso de produtos e serviços como fatores-chave de geração de valor. E a mesma proporção diz que quanto maior a segurança, soluções e serviços mais inteligentes serão os resultados críticos para seus clientes.

Figura 7.6 *Principais desafios para os fabricantes industriais ao incorporar a tecnologia IA e digital em seus produtos e serviços*

Portanto, nenhum fabricante de produtos é um arquiteto e praticante perfeito de uma estratégia de mercado orientada por IA que aproveite ao máximo os produtos inteligentes e conectados. Porém, algumas empresas já estão bastante avançadas em sua jornada.

Como já observamos, neste momento, produtos e serviços que usam IA para integrar perfeitamente os dispositivos na vida dos usuários — e deleitá-los com experiências verdadeiramente personalizadas — são mais evidentes nos setores de consumo. Os grandes disruptores tecnológicos do Vale do Silício estabeleceram o padrão, mas há exemplos de vanguarda impressionantes que também podem ser encontrados nos setores industriais.

Como a 3M, gigante intersetorial norte-americano que fabrica mais de 55 mil produtos para um amplo espectro de usuários empresariais e consumidores. O sistema Encompass 360 da empresa implementa codificação assistida por computador e documentação clínica para o setor de saúde e é alimentado por processamento de linguagem natural. Essa ferramenta automatiza o processo de extração de informações e conceitos clínicos a partir de dados não estruturados, como o texto livremente formulado em relatórios eletrônicos clínicos e de saúde. Essa informação, que constitui 80% dos dados de uma organização de saúde, muitas vezes fica inexplorada. Os hospitais que utilizam o 360 Encompass têm visto suas receitas líquidas aumentarem em média 19%.[22]

Figura 7.7 *De acreditar a executar: um longo caminho a percorrer*

Ou considere a fabricante de equipamentos industriais e de mineração Caterpillar. Um aumento acentuado em seu valor de mercado acompanhou a implantação do CatConnect, seu serviço de produtividade baseado em equipamentos inteligentes e construído com base na tecnologia IA, fornecendo informações e insights sobre o uso de equipamentos pesados. Entre outros parâmetros, ele monitoriza a localização, o consumo de combustível e os padrões de utilização, mas também oferece monitoramento dos pneus para gestão da manutenção e relatórios externos de segurança.

Outro exemplo é o grupo de engenharia alemão Bosch. Através da sua startup, a Deepfield Robotics, a Bosch lançou um robô agrícola autônomo com motor IA, o Bonirob. Ele pode examinar os campos de cultivo usando a navegação por satélite e usar o aprendizado de máquina para ensinar, a outro robô, a forma das folhas de espécies de plantas invasoras a serem eliminadas.[23]

Da mesma forma, os robôs da empresa de engenharia especializada Blue River Technology combinam visão computacional e aprendizado de máquina com seu sistema robótico, LettuceBot, para aplicar fertilizantes de planta em planta onde for necessário e erradicar ervas daninhas.[24]

Figura 7.8 *Visionários focam na relevância do cliente e na criação de valor para o cliente*

A IA tem simplesmente um potencial ilimitado para casos de implantação. Por exemplo no uso de água em edifícios comerciais, onde a canalização e falhas no sistema de água continuam sendo um grande mistério. Há ainda poucos dados disponíveis, inclusive sobre o básico, como pressão, temperatura ou fluxo de água — mesmo em sistemas de canalização modernos. Vazamentos são, portanto, extremamente difíceis de localizar, mas estima-se que representem uma percentagem significativa do consumo de água. Assim, a fabricante de produtos de canalização Symmons, baseada nos Estados Unidos, apresentada em um estudo de caso no capítulo 12 deste livro, está prestes a desenvolver novos negócios e linhas de produtos em torno de componentes de canalização inteligentes e conectados.

Ou pense na conhecida empresa global de bens de consumo que decidiu transformar seu negócio de venda de café na Índia, tornando todas as suas máquinas de café inteligentes e conectadas. A IA os permitiu melhorar a experiência do cliente, a personalização, o tempo de atividade e o reconhecimento da marca. Eles modernizaram todas as suas 13 mil máquinas em toda a Índia a um custo marginal, levando seus negócios de venda automática para outro patamar, reinventando seus produtos.

As empresas de produtos que executam com sucesso sua comunicação de inteligência artificial exibem alguns atributos exclusivos: elas constroem modelos de negócios com uma perspectiva de vida longa; visam gerar valor abaixo e acima da linha para seus clientes; e fazem isso se direcionando para uma combinação de tecnologias de inteligência artificial mais adequada às metas do cliente e construindo as habilidades digitais necessárias e o ecossistema subjacente.

Essas empresas sabem que produtos e serviços ultrainteligentes são o futuro da indústria. O momento de se juntar a eles na jornada para a reinvenção digital é agora.

HORA DE SE TORNAR ARTIFICIALMENTE INTELIGENTE

Como esperamos ter convencido você, um tsunami de produtos mais inteligentes, mais conectados e mais habilitados para IA está chegando.

Esta potência irá acelerar e ficará mais forte nos próximos 5 a 10 anos. Vimos que há uma demanda muito forte por parte dos usuários e aceitação dessas tecnologias, então os fabricantes não têm escolha a não ser redesenhar seus produtos para incorporar a IA. O aumento da utilização dessa tecnologia acabará por conduzir a um aumento da análise e da validação do comportamento da inteligência. No campo dos carros autônomos, observar como os pilotos automáticos se comportam pode instruir os engenheiros sobre novas funcionalidades de hardware ou software.

Porém, quem irá se beneficiar mais com a revolução da IA? Os fabricantes tradicionais de produtos ou os fornecedores das plataformas de IA e de semicondutores subjacentes? As líderes de mercado em chips de IA são a Nvidia, que em julho de 2018 tinha um valor de mercado de US$ 150 bilhões, e a Intel, com um valor de mercado de US$ 240 bilhões. As principais fabricantes de assistentes de voz são a Amazon e a Google, que têm ambas uma capitalização de mercado de cerca de US$ 900 bilhões. Essa situação contrasta fortemente com muitas das empresas de produtos mais tradicionais, cujas valorizações de mercado estagnaram. Está na hora de elas recuperarem.[25]

Para refletir

1 As tecnologias da IA serão rapidamente adotadas na maioria dos produtos, tornando-os cada vez mais inteligentes e com capacidades de percepção, compreensão, ação e aprendizagem.

2 A maioria das empresas encontra-se ainda em uma fase muito inicial de incorporação das tecnologias de IA nos seus produtos. Embora cerca de 70% das empresas industriais acreditem que essa tecnologia irá transformar seus produtos e serviços, apenas 16% articulou uma visão clara para sua implementação.

3 As empresas precisam de um maior senso de urgência para criar recursos de IA e incorporá-los em seus roteiros de produtos e experiências.

8
QUINTA GRANDE MUDANÇA: DA ENGENHARIA LINEAR À ENGENHARIA ÁGIL NA NOVA ERA

RESUMO DO CAPÍTULO

O advento de produtos inteligentes e conectados implica grandes mudanças nos processos internos das organizações empresariais, particularmente na função de inovação e engenharia de produtos. Este capítulo começa descrevendo as novas capacidades de P&D que serão necessárias, continua explicando o conceito de nova engenharia, discute as implicações para o marketing e gestão de marcas e introduz as ramificações para as cadeias de abastecimento e gestão de ecossistemas. Por fim, discutimos o conceito de um fio digital e como ele é crucial para o futuro.

A necessidade de criar produtos inteligentes e conectados que ofereçam a experiência do usuário mais forte e mais responsiva possível tem grandes ramificações na forma como os fabricantes de produtos são organizados. A forma como os produtos são idealizados, conceituados, fabricados e eventualmente administrados por fabricantes e usuários deve alterar-se drasticamente.

A escala da mudança não pode ser subestimada. Praticamente todos os processos de negócios, estruturas organizacionais e códigos de cultura serão progressiva e totalmente transformados.

Como uma característica fundamental do futuro, os dados gerados pelo produto sobre padrões de uso, condições físicas e demandas dos usuários irão permear organizações o tempo todo como a maior fonte de valor. As organizações empresariais só serão capazes de lidar com isso de forma eficaz se desistirem de estruturas internas, processos e hierarquias estritamente lineares ao longo de suas cadeias de valor. Em vez disso, as empresas precisarão de informações e ciclos de dados conectando diferentes funções, bem como muito mais agilidade e tempos de resposta cada vez mais curtos. Essa será a única maneira de as empresas extraírem insights significativos e, portanto, valor dos enormes fluxos de dados em ritmo acelerado.

Produtos de ontem:	Produtos de amanhã:
P&D — previsível e incremental	P&D — tecnologias e soluções não comprovadas, transferência de fontes de valor (do produto para os serviços e para os resultados) ... aumento dos orçamentos de P&D (2 a 3 vezes por OEMs)
Inovação — incremental, evolutiva em termos de tecnologia, capacidades	Inovação — transformadora (disciplinas, abordagens, orçamentos...) especialmente renovando capacidades como as tecnologias digitais que permeiam o produto
Aproximação — linear, medida em anos	Aproximação — ágil, em múltiplas velocidades — P&D para o padrão versus a Nova Era, P&D para hardware versus software versus experiência
Limitado à empresa	Aberto para o exterior — ecossistema para inovação de acesso a novas capacidades

Figura 8.1 *Abordagem de engenharia para o produto de amanhã*

O CAMINHO DA LINEARIDADE PARA "EXPERIMENTO E ESCALA"

Vamos nos lembrar rapidamente de onde a maioria das empresas de produtos está vindo. Tradicionalmente, o desenvolvimento exigia que os engenheiros mecânicos criassem variantes físicas a um custo financeiro significativo. As inovações frequentemente eram baseadas em percepções do usuário, geralmente derivadas de grupos focais ou da observação de usuários no mercado. As novas características resultantes teriam um prazo de validade de vários anos. Novos dispositivos seriam colocados em produção com a entrega de um protótipo de produto físico mais o projeto com as instruções de manufatura para os responsáveis pela fabricação, que então organizaram linhas de montagem para a produção.

Agora, para ver para onde as empresas de produtos estão indo, vamos começar com a inovação e a engenharia, que, para produtos inteligentes e conectados, são um jogo muito diferente. Essa é uma das mudanças mais importantes que as empresas devem ter em conta, uma vez que tem implicações para todo o processo de fabricação e praticamente todas as outras funções empresariais e, de um modo mais geral, para toda a empresa.

Em muitos setores de manufatura, o software já está eclipsando o hardware. Isso injeta imediatamente velocidade e agilidade no desenvolvimento, permitindo a criação de variantes de dispositivos instantaneamente e a um custo muito baixo. Os perfis dos produtos podem ser alterados, até mesmo de forma autônoma, através da recodificação do seu software a qualquer momento, muitas vezes remotamente. Mas se não for gerenciado adequadamente, esse software adicional pode realmente aumentar os custos se resultar em uma gama mais ampla de variantes de produtos com diferentes versões de software ou derivados, a qualquer momento. Isso aumenta significativamente a necessidade de testes da base instalada e verificações de compatibilidade.

Por exemplo, John Deere, o fabricante de máquinas agrícolas, agora produz motores em que é o software e não o hardware que fornece a potência, permitindo que motores de diferentes forças sejam produzidos e enviados muito mais rápida e facilmente.[1] Para eletrodomésticos como máquinas de lavar roupa e louça, os usuários agora comumente fazem download de software que, digamos, adiciona mais programas ou adapta as máquinas às qualidades locais da água.

O constante ciclo de dados alimentado pela base de produtos instalada proporciona aos engenheiros de desenvolvimento preciosos insights. Muitos deles, como vimos, podem ser aproveitados para produtos existentes através de atualizações de software, proporcionando uma experiência do usuário instantaneamente melhorada.

Mas o *loop* de dados também abre espaço para a experimentação mais livre, sem objetivo imediato, de melhoria do produto. Engenheiros podem criar categorias de produtos completamente novas que não poderiam ter existido até cinco anos atrás, como o assistente doméstico inteligente do Echo habilitado para IA da Amazon. Ou podem criar serviços digitais que complementem o produto, como a função "encontrar meus fones" da fabricante de equipamento de áudio Bose.

Para aproveitar ao máximo as oportunidades, processos e equipes devem se tornar o mais ágeis possível. Para que isso aconteça, é necessária uma grande mudança cultural e melhorias significativas nas capacidades com as quais muitas empresas lutam. A figura 8.2 ilustra a magnitude dessa transição. Ela contrasta as abordagens lineares antigas com as chamadas organizações exponenciais (ExO, *Exponential Organization*), empresas que têm sistematicamente implementado tecnologias de aceleração para o seu avanço.

Junto à pesquisa e ao desenvolvimento mais convencionais, deve existir uma cultura de "experiência e escala". Nesse contexto, é necessária uma nova forma de circuito de desenvolvimento. Processos de ideação e maneiras de conceituar e adaptar produtos inteligentes em edições sequenciadas em ritmo acelerado serão a norma, e a inovação será sustentada por rápidos ciclos de tentativa e erro, bem como por uma cultura pioneira de "fracassar e continuar andando". As equipes de investigação e desenvolvimento terão de integrar novas tecnologias digitais imaturas nos seus produtos, o que muitas vezes significa superar um obstáculo mental, uma vez que as novas tecnologias trazem novas incertezas ao processo e ao produto.

Características da organização linear	Características ExO
De cima para baixo e hierárquica na sua organização	Autonomia, tecnologias sociais
Impulsionada pelo resultado financeiro	Propósito transformador massivo
Pensamento linear e sequencial	Experimentação, autonomia, agilidade como norma
Inovação principalmente interna	Equipe sob demanda, ativos alavancados, interfaces (inovação nas bordas)
Planejamento estratégico sendo, em grande parte, uma extrapolação do passado	Propósito transformador massivo, experimentação
Intolerante ao risco	Experimentação
Inflexibilidade no processo	Experimentação, autonomia, agilidade como norma
Grande número de FTEs	Algoritmos, comunidade e multidão, equipe sob demanda
Controla/detém os seus próprios ativos	Ativos alavancados
Forte investimento na manutenção do status quo	Finalidade transformadora

Figura 8.2 *Características das organizações lineares e exponenciais (ExO)*

Uma barreira comum aqui é que os novos produtos inteligentes e conectados requerem uma gama muito mais ampla de conjuntos de habilidades do que os produtos convencionais. Além dos engenheiros mecânicos e industriais, há uma grande necessidade de designers e engenheiros de softwares, de experiência, de conectividade e IoT, especialistas em segurança cibernética, especialistas em IA e assim por diante. Em muitas empresas, essas qualificações apontadas não estão suficientemente disponíveis dentro da organização ou podem estar dispersas por várias funções, não estando conscientes umas das outras. Muitas vezes, essas habilidades nem existem nas organizações.

Além disso, o tipo de colaboração interfuncional necessária é raro hoje em dia. Comumente, diferentes disciplinas são baseadas em diferentes edifícios ou mesmo cidades. Algumas funções podem até ser obtidas de prestadores de serviços externos, com a sua atenção dividida entre vários projetos. Tudo isso pode desacelerar o tempo cada vez mais importante para o mercado na era digital.

Portanto, as empresas que mudam sua cultura de inovação de acordo com as linhas descritas podem apontar para vitórias em tempo recorde. A Schneider Electric, fabricante de equipamentos eletrônicos, reduziu o tempo de comercialização de dois anos para apenas alguns meses. E uma maior agilidade com o uso da impressão 3D permitiu que o fabricante de automóveis Ford criasse um protótipo em quatro dias, quando anteriormente os engenheiros tinham de esperar quatro meses.

Steve Myers, CEO da Mindtribe, uma empresa de engenharia de hardware que trabalha com muitas empresas líderes no Vale do Silício, é franco na sua avaliação do que vê nas empresas que ainda não começaram a injetar mais agilidade: "O desenvolvimento de hardware conectado é hoje em dia uma realidade. Muitos esforços de desenvolvimento de hardware resultam em produtos que não são muito bons, nunca são enviados, ou levam muito tempo para serem desenvolvidos (o que também custa muito)." Ele acredita que uma abordagem ágil alavancando novas tecnologias é necessária:

O objetivo central do processo ágil é colocar protótipos experimentais na frente das pessoas rapidamente, bem como validar tudo o que for mais importante sobre um produto o mais cedo possível. Com os avanços em tecnologias como a impressão 3D, podemos obter novos protótipos todos os dias, por vezes várias versões em apenas um dia. No futuro, provavelmente seremos capazes de aplicar a tecnologia da realidade virtual ou artificial para fornecer este protótipo experimental para as pessoas sem realmente fazer um produto físico.[2]

IDEALIZAÇÃO, LANÇAMENTO E ITERAÇÃO EM CICLOS

Três peças centrais de informação contextual de produtos estão agora disponíveis 24 horas por dia: onde, como e por quem os produtos estão sendo usados. Algumas empresas usam isso apenas para melhor atender às necessidades dos clientes e melhorar a receita. Outros fazem mais, conectando a informação com outros dados compartilhados que possuem ou acessam através dos ecossistemas. Essa inteligência combinatória permite-lhes desenhar o próximo nível de produtos, com funcionalidades e serviços ainda mais avançados.

A indústria da internet deve ser uma fonte de inspiração para as empresas históricas de engenharia de produtos. A engenharia de plataformas em nuvem em empresas como Amazon e Google é ágil, não linear e rápida. A inovação de produtos nessas empresas baseia-se quase exclusivamente na experimentação digital incessante com serviços "vivos", como redes sociais, portais de pesquisa ou de vídeo. O objetivo consiste em lançar o mais rapidamente possível um "produto mínimo viável" (PMV) e depois aprender o máximo possível com o seu início de vida no mercado. Com base nisso, são desenvolvidas sucessivas atualizações de incêndios rápidos, que normalmente resultam em novas funcionalidades quase semanalmente e, por vezes, até mesmo todos os dias.

Os produtos inteligentes e conectados serão cada vez mais subprodutos de testes e experimentação no mundo real, e as empresas terão de desenvolver estruturas velozes para acomodar esse novo modo de inovação. Experimentar coisas é tão importante quanto colocar o foco na qualidade. Ter muitas ideias boas muitas vezes acaba sendo mais valioso do que ter uma grande ideia. "Se duplicarmos o número de experiências que fazemos por ano, vamos duplicar a nossa criatividade", diz o fundador e CEO da Amazon, Jeff Bezos.[3] O software pode sempre ser melhorado de forma eficaz através de iterações no mundo real em mercados de usuários finais. E, quanto mais o hardware do produto for impulsionado pela fluidez digital, mais os fabricantes de produtos físicos poderão trabalhar de acordo com esse modelo.

Há exemplos quase lendários de como a experimentação levou a enormes lucros. Atualmente, a Amazon gera cerca de 35% das vendas em sua plataforma por meio de seu mecanismo de recomendação, sugerindo produtos aos usuários com base em seu comportamento de compras anteriores.[4] A Amazon "tropeçou" nesse software em um processo de inovação livre, em vez de obtê-lo em um planejamento de desenvolvimento estratégico. Experiências rápidas, baratas, iterativas e de escala rápida foram o berço desta inovação.

HIERARQUIAS ACHATADAS E ORGANIZAÇÕES FLUIDAS PARA MAIOR AGILIDADE

Como deve estar se tornando claro, processos ágeis são incompatíveis com as hierarquias em cascata típicas de ambientes de desenvolvimento tradicionais, e as diferenças são enormes. Um gerente de projeto tradicional coordena uma série de tarefas em várias equipes. Sob um regime ágil, o número de tarefas é minimizado. Com isso, há a necessidade de uma coordenação vertical e as tarefas restantes são tratadas horizontalmente entre as próprias equipes. Desta forma, a delegação generalizada de processos de decisão e aprovação são necessárias para injetar velocidade nas organizações — assim como a digitalização e automatização são, na medida do possível, a validação e teste de produtos.

Equipes auto-organizadas e focadas no produto se reúnem no centro das atividades de desenvolvimento de produtos inteligentes e conectados. Só elas têm a agilidade para o rápido reagrupamento necessário quando os produtos estão tão intimamente ligados aos seus fabricantes. Em uma configuração mais convencional, as equipes de desenvolvimento de software trabalhariam com gerentes de tecnologia para traduzir requisitos elaborados por arquitetos de software em especificações técnicas. Abordagens ágeis podem dispensar essa etapa de tradução desnecessária. Os desenvolvedores podem até mesmo ser autorizados a conversar diretamente com arquitetos ou com proprietários de produtos, a fim de obter uma melhor compreensão das necessidades dos clientes e moldar seu software de acordo.

O tamanho da equipe também pode ser um problema para a agilidade. As equipes menores têm uma base mais segura quando avançam com novas ideias em comparação com os grupos maiores, que são muitas vezes retidos pela inércia e carecem de rapidez na tomada de decisões. A famosa regra de "duas pizzas" da Amazon é um exemplo desse pensamento. Segundo ela, nenhuma equipe deve ser tão grande a ponto de não poder ser alimentada por duas pizzas. Mesmo que um projeto seja escalável, as equipes maiores subsequentes são divididas em equipes menores, de acordo com a regra.[5]

Os desenvolvedores de produtos e inovadores em uma organização achatada devem ter independência relativa para prosseguir com suas pesquisas. Os seus experimentos serão muito menos bem-sucedidos se forem canalizados apenas para as ideias da gerência de processos puros. Ideias da gerência são boas como gatilhos opcionais para experimentos, quando oferecidas de forma colaborativa. Porém, se os funcionários seniores tentarem predeterminar o resultado através da prescrição de metas específicas, eles irão sufocar o trabalho, não fortalecê-lo. O objetivo do trabalho experimental é ser livre para atirar em várias direções, porque ninguém sabe ao certo onde estão os alvos.

Em empresas de plataforma de internet como a Google e a Amazon, essa inovação ágil com um clima de hierarquia achatada está firmemente implantada. A equipe de desenvolvimento não precisa de aprovação para desenvolver suas ideias ou decidir quando abandoná-las. Os fabricantes de hardware tradicionais, que muitas vezes sabem pouco sobre esses processos liberais, mas que geram grande valor, precisam aprender e segui-los logo.[6]

A Haier, fabricante chinesa de eletrodomésticos, levou o princípio da hierarquia achatada ao extremo, compartimentalizando uma organização gigante em centenas de pequenas entidades com seus próprios CEOs, contas de lucros e perdas e responsabilidade de marketing. Abordamos esse interessante movimento em um estudo de caso aprofundado no capítulo 12.

"DESENVOLVIMENTO NA NOVA ERA" PARA ALCANÇAR O FATOR DIGITAL DEZ VEZES MAIOR

A criação de novas capacidades e a implementação das abordagens descritas neste capítulo constituem uma transformação importante para a P&D que chamamos de "desenvolvimento na Nova Era". Coletivamente, acreditamos que essas mudanças podem resultar em uma melhoria dez vezes maior (10X) ou nessa ordem de magnitude na eficiência e eficácia da inovação de produtos. A figura 8.3 resume essas mudanças.

Atingir o fator 10X no "desenvolvimento na Nova Era" requer repensar cada passo do processo. Comece com o processo de ideação, que precisa depender mais do *crowd-sourcing* e da inovação aberta e técnicas de coinovação com um ecossistema maior e mais aberto de parceiros. As arquiteturas de produtos e sistemas precisam ser totalmente redesenhadas em um modelo mais modular que permita uma abordagem de engenharia de plataforma e uma integração mais fácil de componentes de qualquer fonte. Os processos de prototipagem e desenvolvimento devem ser ágeis e liderados pelo pensamento de design. O design do produto precisa levar em conta os modelos de utilização do ciclo de vida e os dados necessários para os sistemas de produto-serviço. Em suma, essa é uma grande transformação da cultura e dos processos de engenharia.

Essa nova abordagem requer novas competências e novos métodos de colaboração. Engenheiros mecânicos cada vez mais precisam trabalhar com outros profissionais de outras áreas, como engenheiros de software ou microeletrônicos, cientistas de dados, designers de serviços, arquitetos e gerentes de plataforma e ecossistema, equipe digital, especialistas em interface homem-máquina e outras competências de nicho.

As empresas tradicionais de produtos físicos viram a necessidade de equipes de engenharia de produtos de software e outros especialistas digitais crescerem de uma pequena porcentagem para, muitas vezes, metade de sua equipe de desenvolvimento. A Faurecia, por exemplo, pretende duplicar a sua cota de especialistas em software em apenas alguns anos, enquanto se prepara para o lançamento da sua nova linha Smart Life.[7] Muitas outras empresas industriais como a GE, Airbus, Daimler ou NIO também estão contratando engenheiros de software, integradores de sistemas e cientistas de dados, que muitas vezes trabalham em centros de design no Vale do Silício, lugar com a maior concentração desta expertise no mundo.[8]

Figura 8.3 *O fator 10X digital no desenvolvimento de produtos*

Várias empresas líderes em tecnologia estão estendendo essa ideia para além dos centros de design para criar centros de inovação e fabricação de produtos integrados e de última geração que reúnam todas as competências necessárias para ligá-los utilizando metodologias de desenvolvimento ágeis.

O gráfico a seguir mostra um exemplo empresarial da vida real com mais detalhes. O grupo de material elétrico Schneider alinhou as suas equipes de produtos em torno de três grandes noções: desejabilidade, viabilidade e visibilidade. É muito instrutivo ver qual microcompetência e tarefa é atribuída a qual equipe para aproveitar ao máximo as diferentes especializações para uma estratégia geral de desenvolvimento de produtos inteligentes.

A diminuição da predominância da engenharia mecânica reflete no aumento das interfaces digitais do usuário — por exemplo, para controlar um veículo ou uma máquina industrial. Essas interfaces são mais fáceis de modificar do que as interfaces físicas e permitem uma maior flexibilidade do operador, permitindo não só uma maior comodidade para o usuário, mas, mais importante ainda, uma segmentação de clientes muito mais apurada. As configurações de exibição tornam-se rapidamente alteráveis, por exemplo, para atender a grupos de clientes com requisitos operacionais especiais.

A gigante chinesa Haier, por exemplo, tem uma máquina de lavar roupa que pode ficar do lado de fora da casa — como é costume em algumas partes da China — e ser reprogramada pelos clientes através da tela de toque do dispositivo. Além disso, através da tela sensível ao toque, os aparelhos podem ser configurados para qualidades regionais específicas da água. Alguns dispositivos já podem ser controlados remotamente através de um aplicativo para smartphone ou tablet, e outros já começaram a vir com interfaces baseadas na realidade aumentada em que os celulares ou os óculos inteligentes, quando apontados para o produto, geram representações sobrepostas com informações de monitoramento, desempenho ou serviço.

Combinar o espectro certo de características com um espectro tão versátil de necessidades individuais dos clientes, juntando funcionalidades de software e hardware, é um novo desafio crucial em termos de design e engenharia. Para isso, os fabricantes de produtos inteligentes e conectados devem contratar especialistas muito qualificados.

Figura 8.4 *Equipes multidisciplinares para a Nova Era*

DOS PRODUTOS ENVELHECIDOS AO DESIGN DURADOURO

Todos os que trabalham no desenvolvimento desses itens precisam ter em conta o conceito de "design duradouro". Ele se refere à mudança da criação de versões discretas de modelos geracionais para a edição contínua, continuando após a compra e durante todo o ciclo de vida do produto. As abordagens tradicionais, como o lançamento e a gestão do ciclo de vida dos produtos, saem de cena. Em vez disso, as equipes de projeto e engenharia que trabalham em unidades de desenvolvimento precisam ser claras sobre seu papel de supervisão ao longo da vida de produtos inteligentes e conectados.

As grandes líderes pioneiras da internet, como a Amazon ou a Google, já empregam gerentes de plataforma que cuidam de todos os aspectos de um produto e a experiência dele durante todo o seu ciclo de vida. Esse é um papel dramaticamente diferente do gerente de produto tradicional, que se concentra em chegar ao lançamento de um produto de sucesso e, em seguida, passam para o desenvolvimento de novos outros o mais rápido possível. Em uma empresa de hardware, essa função de engenheiro de plataforma é ainda mais crítica, pois eles também precisam interagir tanto com a fabricação quanto com os serviços de campo da base instalada.

Com a manufatura, as mudanças no hardware ou software de um produto sempre perenes precisam ser traduzidas em uma reconfiguração imediata da produção. Com os departamentos de serviços, os engenheiros de campo precisam ser atualizados e treinados continuamente. Essa abordagem de pensamento holístico é chamada de "design para X" ou *devop* para X"(DevX) com o X representando uma variedade de áreas, tais como fabricação ou suporte. Especialmente quando os serviços são oferecidos a partir de um produto, alguém deve assumir a responsabilidade global por todos os aspectos do ciclo de vida da oferta, caso contrário, corre-se o risco de se passar por desconectado e não oferecer o nível de experiência exigido pelo cliente. Este papel de gestão de produtos deve também ser responsável por aumentar o valor ao longo do tempo para o consumidor.

Vale a pena descrever esse exemplo do processo iterativo com mais detalhes. Ao desenvolver sua funcionalidade de condução autônoma, a Tesla usa softwares de IA para aprender as melhores habilidades de condução humana. Os automóveis que ainda circulam manualmente são confrontados com simulações de software que correm em segundo plano no computador do automóvel. Somente quando o programa de fundo simula consistentemente movimentos mais seguros do que o condutor humano é que o sistema autônomo é considerado pronto para a sua estreia na vida real. Nesse ponto, a Tesla libera o programa para a frota através de uma atualização remota do software.

Note que esta é uma mudança revolucionária. Tradicionalmente, os produtos têm sido testados usando suposições sobre como os clientes os usariam no campo. Agora, o monitoramento contínuo dos dados de desempenho e uso no mundo real permite que os fabricantes de produtos vejam e corrijam problemas do projeto que não foram identificados nos testes. Olhando para Tesla novamente, o fabricante de automóveis percebeu que algumas de suas baterias poderiam pegar fogo se atingidas e perfuradas por algum objeto na estrada. Uma única atualização remota do software levantou a suspensão o suficiente para evitar tais incidentes.

Assim, o lançamento de produtos inteligentes que são bem testados pode ser vital para proporcionar uma experiência funcional, livre de irritações. E a tecnologia digital, com ferramentas como representações 3D que fornecem insights importantes, permite que esses testes, protótipos e simulações abrangentes sejam feitos antes do lançamento no mercado, em comparação com o velho mundo dos produtos.

Metodologias como Scrum são a chave para alcançar o sucesso ágil. O conceito se espalhou como um incêndio em toda a indústria automotiva para o desenvolvimento de hardware e software. O objetivo é manter um produto em um estado constante de redesenho, dependendo do feedback do mercado. As suas primeiras experiências foram inspiradas por abordagens "inspecionar e adaptar" para lidar com o risco. A informação do mundo real informa as decisões nos processos de Scrum, e os produtos recebem uma revisão regular do design em sprints curtos de uma ou duas semanas.

OS MODELOS DE NEGÓCIO PRODUTO-SERVIÇO DETERMINAM AS CARACTERÍSTICAS DO HARDWARE

Agilidade e aceleração são especialmente importantes quando produtos inteligentes e conectados começam a fornecer modelos de negócios produto-serviço que substituem a venda transacional de produtos discretos.

Isso muitas vezes exigirá mudanças significativas nos sistemas de vendas, execução, provisionamento, governança e suporte, a fim de atender aos requisitos de segurança, escalabilidade, operabilidade e conformidade. Os dispositivos usados para fornecer serviços pagos devem ser habilitados para registrar dados de uso para o faturamento de uso apropriado. Os engenheiros de projeto devem ter uma ideia clara de quais serão os critérios de faturamento e anexar sensores de acordo. Faz uma enorme diferença, por exemplo, se uma impressora cobra um utilizador por página impressa ou por mililitro de tinta, com diferentes configurações de hardware necessárias em cada caso.

Em alguns casos, os engenheiros de desenvolvimento também devem ter em mente que uma vez que um produto inteligente é entregue como um serviço, o custo de manutenção permanece com o fabricante do produto, e isso muda os parâmetros de projeto de forma substancial. É por isso que os esquemas de aluguel de bicicletas, por exemplo, usam tecnologias especialmente robustas, como eixos de transmissão sem corrente, pneus resistentes a perfurações e durabilidade do produto.[9]

A agilidade se torna ainda mais importante quando os produtos inteligentes e conectados formam plataformas cercadas por ecossistemas. Parceiros nos ecossistemas têm de ter acesso contínuo ao circuito de dados em que o produto está incorporado para proporcionar a sua parte na cocriação da experiência do usuário.

A interoperabilidade dos sistemas em termos de software e hardware torna-se, por conseguinte, eminentemente importante para os produtos. Os desenvolvedores devem pensar com cuidado sobre como criar esse acesso. Quando o produto entrega um resultado que soma as contribuições dos parceiros do ecossistema, o design da mercadoria pode precisar da colaboração de todos os parceiros. As equipes de desenvolvimento têm que estar mentalmente abertas e preparadas para esse tipo de inovação — e pode haver problemas iniciais, já que não estão habituadas a isso. Para dar uma ideia do tipo de parceria que eles podem ter de acomodar, o termostato inteligente da especialista em tecnologia doméstica Nest pode trocar dados com fechaduras de portas inteligentes feitas pela Kevo, outra especialista em tecnologia doméstica, e de quem é um rival feroz em outros mercados. No ecossistema da Amazon para e-books, por outro lado, o varejista on-line trabalha com o seus tablets Kindle e uma série de editoras de livros, mas mantém os parceiros separados. Em muitos cenários atuais, as necessidades estão em fluxo e os objetivos indefinidos. Potenciais parceiros requerem orquestradores que possam encontrar benefícios mútuos para todos os participantes e incentivá-los a trabalhar em conjunto para identificar novas oportunidades de negócio. O trabalho é criar ecossistemas que sejam adaptáveis, onde os parceiros desenvolvam projetos ou inovações juntos em configurações ágeis, em vez de centralizados, onde uma única parte domina.

INTEGRANDO ENGENHARIA E TI PARA AGILIDADE

O que não deve ser subestimado é a integração necessária para alcançar agilidade e rapidez. Um produto de comunicação de dados deve ser conectado aos sistemas internos e externos de tecnologia da informação de seus fabricantes em muitos pontos. Os recursos de produtos inteligentes e conectados — como dados em *loop*, configurabilidade, monitoramento em tempo real e atualizações de recursos líquidos — exigem níveis elevados de suporte, segurança, operabilidade e desempenho dos sistemas corporativos de *back-office*. Isso não é fácil de conseguir quando um negócio vem do velho mundo dos produtos, diz James E. Heppelmann, CEO da PTC:

> As equipes de engenharia não sabem muito sobre as preocupações com os dados, com a segurança, com o *failover* e a capacidade de análise da nuvem do negócio. Esse é um mundo totalmente novo para as equipes que trabalham com produtos físicos. O pessoal de TI dentro da organização sabe muito sobre isso, mas nunca esteve envolvido num processo de entrega de produtos.[10]

Para tornar o desenvolvimento de componentes de hardware tão ágil quanto o de software, as empresas geralmente usam uma abordagem separada de gerenciamento do ciclo de vida de aplicativos (ALM, do inglês *Application Lifecycle Management*) em combinação com as chamadas operações de desenvolvimento (DevOps) para estruturar e canalizar processos de desenvolvimento de software e torná-los o mais rápido possível. Essa abordagem inclui um conjunto cuidadosamente construído e integrado de ferramentas de engenharia de software para tudo, desde requisitos e gerenciamento de configuração até testes e implantação automatizados. Este método que abrange toda a organização permite que os engenheiros se concentrem na inovação e evita custos adicionais aos produtos quando as equipes mantêm suas próprias ferramentas insulares. Os dispositivos conectados orientados por software também se beneficiam quando as ferramentas ALM usadas para o desenvolvimento de software são integradas com ferramentas de gerenciamento do ciclo de vida do produto (PLM, do inglês *product lifecycle management*) que gerenciam o produto inteligente real, do conceito à vida no campo e à aposentadoria. Usar o mesmo conjunto de ferramentas dá à liderança de desenvolvimento de produtos a transparência e os dados de que precisam para tomar decisões informadas sobre oferta, demanda, portfólio e produtividade; também fornece as percepções necessárias para reutilizar componentes em vários produtos.

As equipes de desenvolvimento de produtos e os diretores de informações devem trabalhar em conjunto para projetar e implementar esses novos requisitos desde o início como componentes essenciais das arquiteturas e serviços internos de TI. O fluxo de dados e transações de novas gerações de produtos inteligentes requer atualizações em infraestrutura, monitoramento de software e processos operacionais. Em muitos casos, as atualizações necessárias são extensas, e as ordens de grandeza vão além das necessidades históricas.

Os sistemas legados de TI normalmente lutam para se adaptar a esse novo mundo de produtos, pois nunca foram projetados para lidar com a magnitude das transações, volumes de dados e poder de processamento agora necessários. Uma técnica que está sendo implantada por muitas empresas líderes é separar os sistemas de TI em dois componentes. De um lado estão os chamados "sistemas de engajamento" que interagem com o cliente ou usuário. Esses devem ser sistemas de base digital com um elevado grau de flexibilidade e personalização. As equipes de desenvolvimento de produtos e de negócios trabalham em estreita colaboração com estes "sistemas de engajamento" para promover a experimentação e a inovação. O outro componente são os "sistemas de registro", que contêm os dados centrais e o histórico de transações, que podem permanecer mais monolíticos e inflexíveis. As abordagens de desenvolvimento, gestão e manutenção desses dois componentes são completamente diferentes.

Tudo isso significa que os orçamentos e recursos de tecnologia da informação devem estar alinhados com os roteiros de desenvolvimento de produtos de maneiras que nunca foram feitas historicamente. Práticas novas e ágeis de desenvolvimento de produtos significam maior pressão do *time-to-market*, que deve ser levada em conta no orçamento de recursos, sincronizando o financiamento com o desenvolvimento de produtos e os tempos de lançamento. As equipes de TI podem até mesmo precisar usar maneiras mais iterativas de desenvolver e entregar suas soluções, adotando maneiras enxutas e ágeis de trabalhar a partir de suas contrapartes de desenvolvimento de produtos.

A integração de TI e engenharia também cria um desafio de governança significativo, uma vez que, normalmente, essas organizações estão bastante separadas hoje em dia, tanto em termos de estrutura organizacional formal quanto de cultura. Mas à medida que os sistemas de TI internacionais se tornam a chave para o design de produtos e experiências, essa tecnologia precisa ser incorporada nos processos de tomada de decisão e inovação também. Naturalmente, o inverso também é verdadeiro, o que significa que os líderes de desenvolvimento de produtos precisarão ter mais poder de decisão sobre os principais sistemas de TI, particularmente os sistemas de engajamento.

O GÊMEO E O FIO DIGITAL DO SEU PRODUTO

Com a ênfase na reinvenção de produtos convencionais, como dispositivos e serviços inteligentes e conectados, uma prioridade central para as empresas de produtos é oferecer novas experiências aos clientes em torno de seu hardware vivificado por software ao longo de sua vida útil. Equipes ágeis de desenvolvedores e produtores, engenheiros de produção, técnicos de campo, mas também as equipes de vendas e marketing devem ter, diretamente em suas pranchetas de desenho digital, representações em tempo real de qualquer situação de uso no campo. Hoje, isso é extremamente desafiador para a maioria das empresas de produtos, pois normalmente os modelos de dados e sistemas de suporte de tecnologia são muito isolados nas funções de limpeza, fabricação, serviço e suporte.

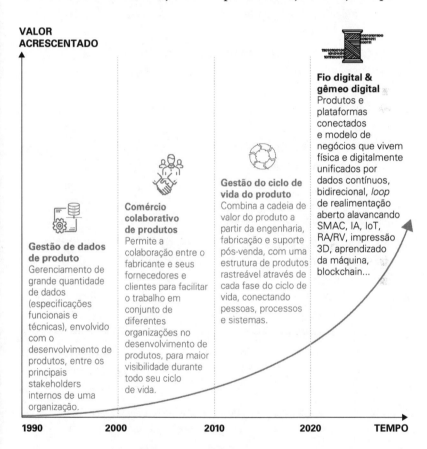

Figura 8.5 *De PDM para fio digital e gêmeo digital no apoio a novos produtos e modelos de negócios*

Mas essa mentalidade de ponta a ponta, apoiada por sistemas, é o que é necessário para se ter sucesso no mundo futuro dos produtos reinventados.

Dois conceitos estratégicos relacionados que abordam essas questões estão rapidamente ganhando força no mundo dos produtos inteligentes e conectados. Um deles é o gêmeo digital, que representa o produto como um fac-símile digital de alta resolução, como ele é atualmente. O outro é o fio digital, que une o produto em si, seus fabricantes e seus usuários, além de parceiros externos do ecossistema e patrocinadores ao longo da vida do produto.

Os dois conceitos derivam da prática militar, onde são utilizados para lidar com fluxos de dados complexos e estruturas de dados decorrentes do desenvolvimento e operação de aeronaves de combate. No entanto, os conceitos também estão rapidamente ganhando força na fabricação industrial. Os tênis Nike, por exemplo, podem agora ser produzidos a partir de 25 mil características diferentes. A Nike usa o gêmeo para gerenciar esse tipo de complexidade com grande sucesso.[11]

VOZ DA SABEDORIA

Olivier Ribet, vice-presidente executivo, Dassault Systèmes

Vamos pensar numa máquina de lavar roupa inteligente. Uma decisão é tomada para entrar no mercado japonês com o produto. Essa máquina tem de ser pequena, portátil, fácil de instalar em qualquer cidade do Japão. O conceito também diz que tem de ser capaz de lavar mais de duzentas vezes por ano e não pode custar mais de 200 €. Foi também decidido que o aparelho tem de oferecer as funções de lavagem, secagem e, como característica adicional, umidificação da sala. Além disso, essa máquina não pode pesar mais de 150 quilos, tem de suportar 200 newtons de impacto quando cai de um caminhão. Todas essas características e funções — nos processos de desenvolvimento reais, é claro que muito mais propriedades físicas e funcionalidades lógicas têm de ser determinadas — podem ser representadas em um gêmeo digital 3D disponível para qualquer pessoa que tenha de lidar com o produto com modelação, simulação, produção, marketing ou manutenção do produto.

O gêmeo digital simularia todos os aspectos e episódios do comportamento real da máquina, até os pequenos detalhes. Então você praticamente pressiona o botão de ligar e virtualmente coloca água a uma temperatura de 75° Celsius e com pH de 2,6 na máquina e assiste o que acontece. Todos os envolvidos podem ver a continuidade digital desde o design até a mecatrônica, passando pelo sistema e pelo software. Todas as disciplinas são gerenciadas e governadas em conjunto com um único modelo de dados. Não é apenas um sonho de marketing vago. É uma representação perfeita de todos os aspectos de engenharia do original que ainda não é real, mas pode ser. Todos os componentes foram selecionados, e você sabe o que vai construir, já que tem um fac-símile perfeito do que as pessoas nas linhas de produção estarão montando. Nesta fase, você poderia, por exemplo, trazer os varejistas de eletrônicos locais e questionar se colocariam essa máquina com estas especificações definidas no catálogo deles.

O digital é uma representação eletrônica "sempre ativa", quase em tempo real, de um produto ou dispositivo de plataforma, tanto de hardware quanto de software, mostrando sua configuração atual em cada momento de desenvolvimento e uso. Essa representação inclui a visualização xCAD e informações de engenharia relacionadas, como especificações de produtos, modelos geométricos, propriedades de materiais, resultados de validação, leituras de sensores IoT e informações de simulação associadas. Os gêmeos virtuais usam dados coletados de sensores em dispositivos de produtos inteligentes ou plataformas de produtos para representar seu status, condição de trabalho ou posição. Esses arquivos de dados são analisados em relação aos dados comerciais e outros dados contextuais para descobrir insights em um ambiente virtual, de modo que possam ser aplicados para melhorar as experiências dos produtos.

A partir desse elevado grau de detalhe, podem ser tiradas conclusões práticas para o desenvolvimento mecânico e de software, mas também para futuras propostas de serviço. À medida que os produtos inteligentes se tornam cada vez mais conectados, eles — e seus gêmeos — tornam-se plataformas de dados cada vez mais ricas, oferecendo fontes crescentes de valor diferenciado. Essas plataformas geram, assim, o potencial para novos serviços — muitas vezes fornecidos por terceiros — relações mais estreitas com clientes e parceiros e, crucialmente, novos fluxos de receita.

Um gêmeo digital para um produto inteligente e conectado traz quatro benefícios fundamentais: a representação digital de um produto inteligente permite avaliações muito mais eficazes das capacidades atuais e futuras do hardware durante o seu ciclo de vida. Os pontos fracos do desempenho do produto podem ser detectados precocemente por resultados de simulação muito antes do desenvolvimento de produtos e serviços físicos. O gêmeo também aumenta a operabilidade geral, a capacidade de fabricação, a inspeção e a sustentabilidade. Os recursos de design e as plantas do modelo podem ser continuamente atualizados e refinados de acordo com as preferências do usuário.

A dupla abordagem é agora adotada por uma vasta gama de empresas de produtos, desde fabricantes de automóveis a fabricantes de equipamento médico, motores, bombas e máquinas de lavar até produtos de consumo "simples", como o calçado esportivo. As vantagens dessa ferramenta são espelhadas nas pesquisas que realizamos. Eles mostram que a maioria dos executivos considera que as empresas pioneiras de gêmeos digitais alcançarão um aumento de 30% em sua receita, que 90% estão atualmente avaliando um conceito de gêmeos digitais para sua oferta de produtos e serviços existentes ou novos, e que o uso da tecnologia digital gêmea deverá quase dobrar nos próximos cinco anos.[12]

O irmão, por assim dizer, do gêmeo digital é o fio digital. Ele é o cordão umbilical de um produto inteligente e conectado que nunca é cortado uma vez que um dispositivo, proveniente de um fornecimento complexo de múltiplas fontes, tenha sido lançado no mercado. O fio digital cria ligações bidirecionais entre o espaço físico e o espaço digital através de processos e tecnologias. Tal linha estende o conceito do gêmeo digital em todo o ciclo de vida de um produto para abranger idealização, design, engenharia, desempenho, realização, manufatura e facilidade de manutenção, bem como a descontinuidade. Ele permite o desenvolvimento e a atualização do gêmeo digital do produto, do conceito à gravidade, aproveitando a análise, a IoT e outras tecnologias avançadas.

O segmento também homogeneíza os diferentes sistemas de TI de uma empresa em relação ao produto inteligente e conectado. Conecta todas as unidades participantes, partes e contextos digitais com os quais um produto ou serviço interage. A esse respeito, permite um fluxo de dados conectado e visões integradas ao longo do ciclo de vida de um produto e através de perspectivas tradicionalmente isoladas. Assim, constitui a base global para os processos de desenvolvimento iterativo efetivos característicos da era digital.[13]

Nesse contexto, cabe destacar o rápido crescimento do peso das abordagens empresariais da economia circular, um tema corporativo em alta com os recursos para a esfera industrial diminuindo e a necessidade de reutilização aumentando.

A economia circular suprime o conceito de "fabricar, utilizar, eliminar" em prol da produção e do consumo, a favor do prolongamento da utilização dos recursos naturais, produtos e serviços, bem como da eliminação dos resíduos.

Assim, os produtos inteligentes e conectados estão se tornando poderosos impulsionadores de sustentabilidade.

Para as empresas, isso significa fazer mais com menos. Em um mundo de produtos assim, essa questão se torna crítica, já que muitos recursos de entrada podem ser poupados quando os produtos de hardware têm um ciclo de vida estendido por meio de atualizações frequentes de software. Cada vez mais empresas produtoras estão, por conseguinte, a integrar uma mentalidade de economia circular, que implica a forma como os produtos inteligentes e conectados são concebidos, desenvolvidos e mantidos após o transporte marítimo.

Os produtos devem ser principalmente concebidos de modo a poderem oferecer valor e serviços de forma circular. E o valor e a experiência do utilizador devem também ser maximizados não só por uma única utilização, mas também pela repetição de utilizações até o final da vida útil de um produto.

Figura 8.6 *O digital em todo o ciclo de vida do produto*

Para refletir

1 O desenvolvimento de produtos de hardware tradicional está falido e não funcionará em um mundo inteligente e conectado. No novo mundo, tudo gira em torno de agilidade, iterações e experiência.

2 É necessária uma transformação completa da inovação utilizando os conceitos e métodos da "engenharia na Nova Era". Uma implementação bem-sucedida pode produzir uma melhoria de 10X na eficiência e eficácia do desenvolvimento de produtos.

3 São necessários modelos de dados unificados e fio digital em toda a empresa para habilitar produtos de última geração e modelos de produto-serviço.

PARTE TRÊS

A VIAGEM AO PRODUTO REINVENTADO

9

SETE COMPETÊNCIAS FUNDAMENTAIS PARA GERIR A REINVENÇÃO DO PRODUTO

RESUMO DO CAPÍTULO

As empresas de produtos podem se reinventar através da construção das sete competências descritas neste capítulo. Desenvolver estes recursos ajudará a desbloquear novos valores de seus produtos existentes e explorar os novos mercados de produtos inteligentes e conectados. Além disso, essas competências permitirão que as empresas não apenas desenvolvam produtos inteligentes e conectados de uma só vez, mas também conectem os resultados baseados no uso ao desenvolvimento das próximas gerações.

O produto do futuro é inteligente e conectado, com capacidade de resposta, adaptação e colaboração. Essas características constituem o valor prospectivo do ativo imobilizado. Os produtos puramente baseados em hardware são mais curtos em termos de valor gerado para os clientes e, consequentemente, perdem importância. Os produtos orientados por software com os respectivos serviços geram as propostas de valor do futuro baseadas na inteligência digital como principal motor de sucesso e diferenciação do mercado. Tome como exemplo o painel de instrumentos de um carro. Historicamente, este era um componente eletromecânico clássico, mas os painéis de controle estão cada vez mais se tornando uma interface digital altamente personalizável e remotamente atualizável.

Esta transição para um produto totalmente reinventado é caracterizada — como já vimos — pelos cinco grandes deslocamentos, conforme exposto nos capítulos anteriores deste livro. Recapitulando: esses turnos estão interligados. Em primeiro lugar, o mero perfil de um dispositivo retrocede na percepção do utilizador para criar espaço para experiências de produtos abrangentes e entrega de resultados. Em segundo lugar, o valor econômico dos produtos de hardware é reduzido em comparação com os serviços ricos em valor que são possibilitados pelo software e pela inteligência digital. Em terceiro, os produtos anteriormente insulares transformam-se em plataformas complementadas por outros componentes ou serviços tecnológicos. Quarto, seu comportamento e seus trabalhos internos, enquanto em uso, passam das funções mecânicas ao controle pela inteligência artificial. E quinto, a forma como um produto inteligente e conectado é fabricado muda de uma cadeia de valor linear para iterações em *looping* em desenvolvimento ágil e processos de fabricação manuais.

Surge a necessidade de novas competências — na gestão, na força de trabalho e na organização dos processos de negócio. É por isso que apresentamos aqui sete capacidades que acreditamos serem o mínimo para iniciar a jornada rumo a produtos inteligentes e conectados.

1. DESIGN DE "FLEXAGILIDADE"

A primeira capacidade é a "flexagilidade" na concepção do produto do futuro. Flexagilidade combina flexibilidade — disposição e capacidade de mudança — e agilidade — velocidade de mudança. Ela implica em um fluxo de trabalho de desenvolvimento rápido e não linear, com a capacidade de começar do zero e pensar novamente se uma ideia, projeto, produto ou serviço não parece estar à altura da impecável experiência do usuário que se pretende proporcionar.

EMBARQUE EM UMA ABORDAGEM ITERATIVA DE DESENVOLVIMENTO DE PRODUTOS

Flexagilidade implica fortemente em abordagens iterativas de design. Sai o antigo processo de desenvolvimento linear programado com uma sequência firme de passos para um projeto de produto, desde a concepção até o lançamento no mercado. A concepção de um produto precisa ser moldada em uma prática de design rotativa e circularmente revisitada, mas voltada para o futuro, para a qual os métodos de *design thinking* são as estruturas mais eficientes.

Com raízes no design de produtos, o *design thinking* é uma metodologia perfeita para encontrar e desenvolver serviços em torno de produtos que os clientes realmente querem. O foco principal é o usuário final, e isso tem que se tornar parte integrante do design e do desenvolvimento desde o primeiro dia, incluindo entrevistas, observações no terreno e técnicas como "jornada do cliente" para formar a base de novas ofertas. As equipes de desenvolvimento também serão multidisciplinares, de modo a poderem fornecer, em colaboração, todos os *inputs* necessários. Uma condição prévia essencial é, por conseguinte, a repartição dos silos que normalmente separam as partes relevantes. A viabilidade técnica, a viabilidade econômica e a conveniência para os usuários podem, dessa forma, ser consideradas e desenvolvidas em conjunto.

A metodologia, aplicada na versão que recomendamos, compreende quatro etapas executadas de forma rápida e ágil: descoberta; descrição;

ideação, prototipagem e testes; e, finalmente, implementação de um serviço ou design de produto.

Os testes de usuários, em vez de serem realizados apenas no final do desenvolvimento ou perto dele, ocorrem iterativamente durante todo o processo, permitindo que os problemas sejam resolvidos de forma rápida e barata antes de se chegar ao produto ou serviço final.

O designer-chefe da Netflix, Andy Law, diz: "Dependendo da complexidade, podemos testar uma ideia várias vezes para identificar o que está contribuindo para uma experiência positiva dos membros." O seu mantra é "Testar, aprender, repetir".[1]

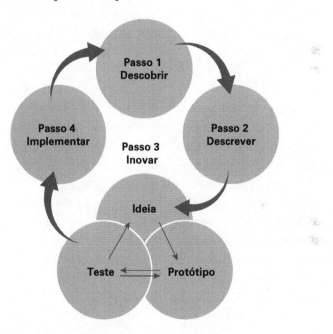

Figura 9.1 *Da descoberta à implementação*

Muito da metodologia já tem sido usado nas principais práticas de design há algum tempo, mas, na realidade, é aplicada com força total na Nova Era. Isso significa que os protótipos podem ser digitais, mas, mais importante ainda, que, através do feedback de dados, os insights dos usuários sendo informados aos desenvolvedores mesmo após a venda. Crucialmente, como o valor do produto/serviço é agora digital, esses insights também podem melhorar a oferta pós-venda por meio de atualizações de software. É por isso que o pensamento de design é o caminho a seguir quando se trata de obter um produto inteligente e conectado que seja duradouro por todo o ciclo de vida do produto.

CENTRALIDADE NO CLIENTE EM TODAS AS ORGANIZAÇÕES

Alcançar a centralidade do usuário ou do cliente em projetos de produtos inteligentes e conectados requer habilidades fundamentalmente diferentes em comparação com o design de produtos tradicional. Você vai precisar ter isso em mente ao juntar equipes multidisciplinares para o *design thinking*. Como indicamos, neste novo mundo, o design será mais orientado para os dados, aproveitando a enorme quantidade de feedback gerado pelo dispositivo inteligente. Ele também deve ir além do pensamento tradicional de uso do produto para um design de experiência de serviço mais holístico, uma vez que este último se tornou o motor de valor de uma mercadoria. Somente se a rígida sequência de "ideação, design conceitual e prototipagem" estiver dinamicamente ligada para se tornar reativa às novas necessidades e ao feedback instantâneo do mercado, você poderá estar centrado no cliente 24 horas por dia, 365 dias por ano. Considere como um bom exemplo o fabricante italiano de máquinas industriais Biesse, que conectou milhares de suas máquinas especializadas de processamento de madeira e pedra que funcionam ao redor do mundo para assistência remota e serviços de manutenção para os clientes.[2]

O gêmeo digital, um conceito que explicamos em detalhes no capítulo 8, é uma ferramenta útil para isso. Como uma representação digital permanentemente disponível de um dispositivo inteligente, mesmo quando está em uso após ser enviado, ele informa e ajuda todos os envolvidos em um processo de iteração de redesenho a visualizar o que funciona e o que não funciona. Essas formas avançadas de escuta de produtos são a base para serviços de criação de valor. Olivier Ribet da

Dassault Systèmes, uma empresa de software especializada em soluções de engenharia colaborativa, diz:

A tecnologia utilizada para modelar e simular uma experiência de ponta a ponta torna ágil a criação e a gestão de um produto. Ela orquestra cada passo e elimina processos que você não precisa. Também pode cortar muita linearidade. Então, designers, engenheiros, trabalhadores de fábrica, distribuidores e comerciantes trabalham todos com uma única versão da verdade.[3]

A regra básica é: ser orientado por dados para se tornar centrado no cliente. Andy Law da Netflix diz novamente: "A pesquisa e os dados impulsionam muito do que fazemos. Mesmo que não iniciemos um projeto com base nos dados, nossos parceiros de ciência de dados e insights do consumidor estão sempre envolvidos em nossas explorações."[4] É difícil rastrear a melhoria se você não começar com uma referência clara. Se não tiver os dados internamente, aproveite seu ecossistema para preencher a lacuna. Saiba o que está medindo e onde está começando antes de zarpar.

Mas use *inputs* que não sejam apenas dados puros, como impressões qualitativas na experiência do usuário, para confirmar que você está indo na direção certa. Não é por acaso que grandes organizações baseadas em grandes volumes de dados, como a Amazon ou a Google, criam centros de experiência onde os clientes podem interagir com produtos para fornecer insights que complementam meros resultados de dados. As informações do canal, retiradas de distribuidores como varejistas, também podem enriquecer suas percepções do cliente, assim como a pesquisa etnográfica e as ideias de *crowd-sourcing* dos usuários.

Igualmente importante no contexto é a escuta social, o agrupamento das discussões dos usuários sobre um produto. Isso requer a identificação de diversas comunidades on-line, fóruns, *hashtags* e blogs que lidam com o tema e fazer uma busca com ferramentas de pesquisa por discussões baseadas em questões e declarações do consumidor sobre a experiência com o produto. A escuta social é particularmente útil para identificar os "momentos que importam" na experiência do cliente.

Tome como exemplo o site agrícola https://community. agriculture.com. Na seção de discussão, os produtores e outros usuários de equipamentos discutem suas experiências com uma grande variedade de equipamentos. Há uma grande subseção de "máquinas" e também seções sobre "computadores e outro" e "agricultura de precisão".[5]

Aumentar a flexibilidade e a agilidade no design de produtos torna-se especialmente importante porque os consumidores são influenciados pelas mídias sociais e, portanto, podem mudar inesperadamente suas necessidades. Comunidades profissionais, grupos de interesses e fóruns de especialistas impactam cada vez mais o usuário final. A vontade de ajustar o design do produto e a velocidade de ação são atributos cruciais para projetar o produto do futuro.

INOVAÇÃO ABERTA NO ECOSSISTEMA

Na Nova Era digital, o trabalho de equipe multidisciplinar de design e desenvolvimento envolverá cada vez mais não apenas os indivíduos de dentro da organização, mas também os parceiros do ecossistema. Desenvolver, capacitar e nutrir um ecossistema com os parceiros certos se torna um fator crítico de sucesso. Com os processos e abordagens internas necessárias, as empresas terão uma base a partir da qual poderão colaborar eficazmente com universidades, outras startups e terceiros que as complementem e preencham as lacunas de capacidades.

A Schneider Electric, empresa francesa de engenharia elétrica, sempre trabalhou em estreita colaboração com parceiros tecnológicos em inovação de hardware e software. No entanto, com o surgimento da era digital e com seus produtos cada vez mais conectados, a empresa percebeu que precisaria se abrir para novos parceiros. Estes parceiros são frequentemente muito diferentes em termos de cultura, agilidade ou maturação. Muitos são startups com uma visibilidade limitada sobre o seu sucesso a longo prazo ou a sua aceitação no mercado. A direção da Schneider percebeu que incumbia a eles se adaptar, e não aos seus parceiros. Por conseguinte, criou equipes em todo o mundo encarregadas de desenvolver relações com as empresas startups.[6]

Novamente, a centralidade do usuário é a chave. Os chamados "casos de utilização" são vitais quando se trabalha com empresas jovens. Você precisa ser muito focado e específico sobre a definição das questões do cliente que deseja resolver. Menos é mais ao delinear suas ideias.

2. ENGENHARIA ÁGIL NA NOVA ERA

A ENGENHARIA ÁGIL VIRA O MAINSTREAM

A engenharia ágil é outra capacidade crucial que se torna predominante na era dos produtos inteligentes e conectados. É necessário injetar continuamente melhorias em dispositivos digitais e de software. Este é um conceito que foi desenvolvido no setor de software, mas que, cada vez mais, é adotado pelas indústrias produtoras de hardware. Isso não deve ser uma surpresa, dada a crescente orientação do hardware para o software que já descrevemos. Os usuários dos produtos exigem cada vez mais inovação permanente e máxima adaptabilidade dos seus dispositivos, por uma questão de facilidade de utilização.

Neste contexto, os fabricantes de hardware não podem mais se dar ao luxo de apostar em processos inflexíveis que trazem, por exemplo, um novo modelo de carro ao mercado por um período de vários anos. Em vez disso, é necessária uma constante revisão iterativa das ideias, produtos e serviços associados.

Engenharia ágil significa que as equipes reúnem feedback rapidamente, testam e atualizam a arquitetura de produtos, componentes de software e, crucialmente, a experiência do usuário. Ligada a isso está a ideia de um produto mínimo viável (PMV), um procedimento de desenvolvimento em que um produto é criado com características, funcionalidades e serviços suficientes para chegar ao mercado o mais rapidamente possível e, em seguida, iterar com base em insights de uso do mundo real. Apoiados por ferramentas de manufatura digital, como cortadores a laser, impressoras 3D ou gêmeos digitais, os engenheiros de hardware agora podem desenvolver ideias enquanto as testam simultaneamente com os usuários. "Desde o primeiro dia que você pensa em um produto inteligente e conectado, você não quer separar desenvolvimento e engenharia do uso do produto e da experiência de ponta a ponta que ele fornece", enfatiza Olivier Ribet da Dassault Systèmes.[7]

A engenharia ágil também divide grandes projetos em unidades de trabalho gerenciáveis. É essencialmente uma forma de micro tentativa e erro ou uma cadeia de ciclos de prototipagem rápida, a fim de obter mais orientação do real feedback do mercado e, através disso, mais precisão no enquadramento da experiência do usuário pretendida. As equipes de engenharia ágeis são geralmente tão autogeridas quanto possível, executando *sprints* de desenvolvimento de duas semanas. Ciclos de feedback guiam os grupos de desenvolvedores para criar itens que resolvam problemas do cliente.

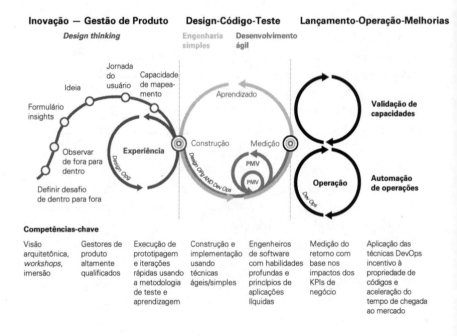

Figura 9.2 *Abordagem de desenvolvimento de produto ágil*

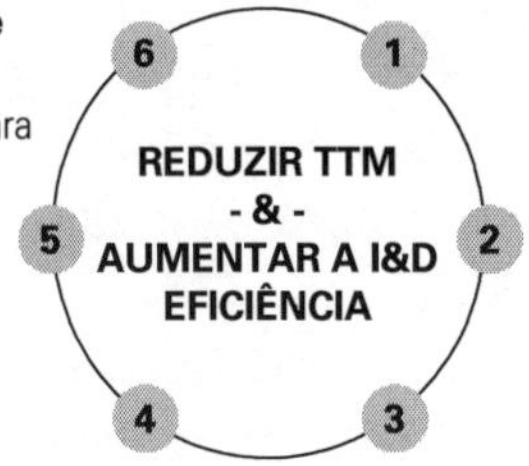

6. Otimização de engenharia

- Criação de agilidade em P&D através de redesenho de modelos operacionais, estruturas de CoE, fungibilidade de recursos e otimização de processos centrais, mas não diferenciados
- Otimização do processo de desenvolvimento de produtos em toda a empresa através de fluxo de valor e inteligência empresarial

5. Operações inteligentes de produto

- Apoio contínuo e execução para atividades de NPI e PLM para dar aos engenheiros mais tempo para inovar
- Ativação de tecnologias em análise preditiva, aprendizado de máquina e automação de processo robótico para otimizar a engenharia e o desenvolvimento de produtos

4. Fio e Gêmeo Digital

- Construção da continuidade dos dados do produto de ponta a ponta desde o projeto e desenvolvimento colaborativo até a fabricação e o suporte
- Desenvolvimento de uma representação virtual para modelar, prever e fornecer *insights* sobre o comportamento do produto desde o design até o atendimento em serviço

1. Gestão moderna de produtos

- Elaboração de estratégias de lançamento de produtos e colocação no mercado, portfólios de produtos e especificação de produtos otimizados e atuação como proprietários de produtos
- Projeção de modelo de negócio transformacional (por exemplo, para como um serviço) e de estratégias de monetização de dados

2. Processos ágeis e limpos

- Melhorar a eficiência e a eficácia do produto em desenvolvimento com uma engenharia ágil e processos *shift left*
- Apoio a estes novos processos com *design thinking*, entrega contínua e DevSecOps

3. Engenharia de Plataformas Conectadas

- Design moderno de SaaS e plataforma, construção e operação em escala, incluindo operações de ecossistema de desenvolvedores ponta a ponta
- Modernização de software, refatoração e redução técnica da dívida para criar agilidade do produto e capacidade de resposta do mercado

REDUZIR TTM - & - AUMENTAR A I&D EFICIÊNCIA

Figura 9.3 *Engenharia na Nova Era — seis alavancas-chave*

Os grupos de desenvolvedores, idealmente uma mistura de designers, engenheiros, especialistas em manufatura, profissionais de marketing, vendas e serviços, trabalham como uma equipe colaborativa para desenvolver protótipos ágeis, construídos sobre a compreensão multifuncional. Aprender com os testes iniciais do protótipo e aplicar as lições aprendidas para definir e desenvolver o produto mínimo viável baseado em iterações mais rápidas minimiza o conflito de objetos funcionais e resulta em maior velocidade de inovação, ao mesmo tempo em que reduz significativamente os custos gerais de desenvolvimento.

A ENGENHARIA ÁGIL REQUER NOVAS HABILIDADES

Por um lado, o caráter proativo dos produtos inteligentes e conectados requer que todas as habilidades de engenharia trabalhem juntas para tornar o produto colaborativo e responsivo. Por outro lado, é necessária uma especialização para incorporar a inteligência artificial.

Esses conjuntos de competências devem ser organizados em processos de equipe de peritos flexíveis e adaptáveis para cobrir adequadamente a complexidade do desenvolvimento integrado de hardware e software. Esse novo estilo de engenharia necessita de um modo de trabalho colaborativo entre equipes que lidam simultaneamente com componentes de hardware e software — muitas vezes espalhados por diferentes regiões e fusos horários.

São necessárias competências abrangentes de engenharia de software para iniciar um processo baseado em "DevOps" no qual os desenvolvedores e a equipe operacional, lidando com o produto em ação, colaboram. Significa compreender os desafios da cibersegurança e suas implicações para a engenharia de produtos e serviços. Finalmente, é necessário projetar o produto como um gêmeo digital, pois só isso cria velocidade, flexibilidade e agilidade suficientes.

Produtos inteligentes e conectados aprendem com suas interações com usuários e outros produtos. Isso forma uma base para o fornecimento de saída centrada no cliente. Para tal, é necessário gerar e avaliar dados de uso relacionados com o produto. Do ponto de vista da engenharia, isso requer habilidades em tecnologia digital e de sensores, miniaturização, integração inteligente, eletrônica, conectividade sem fio, soluções de armazenamento de dados baseadas em nuvem e fortes habilidades de análise e ciência de dados, tudo para transformar insights de dados em ação média e melhoria do produto. Além disso, requer habilidades como designers de experiência, além de equipes de TI mais tradicionais que podem integrar produtos inteligentes em sistemas corporativos. E, além das habilidades de engenharia em torno dos atributos colaborativos do produto, há uma forte necessidade de engenharia de plataforma. Isso inclui, entre outras coisas, tomar decisões sobre a criação de uma plataforma proprietária ou alavancar uma já existente. Todas as habilidades e competências mencionadas precisam colaborar como uma equipe.

O HARDWARE NÃO ESTÁ MORTO
Embora tenhamos argumentado extensivamente que o valor está se movendo de recursos mecânicos para software e inteligência digital, isso não significa absolutamente que o design físico de hardware se torne irrelevante. Ao contrário, os melhores produtos inteligentes e conectados ainda requerem uma engenharia de hardware verdadeiramente excelente. Engenheiros de hardware bem-sucedidos hoje em dia combinam habilidades clássicas como ergonomia do usuário, uso de materiais e tecidos novos e adaptáveis de alta tecnologia e miniaturização com novas habilidades como iteração ágil usando impressão 3D. Esses engenheiros de hardware também precisam ter uma compreensão e apreciação muito mais profunda dos dados que serão gerados por seu hardware e pelo software que permitirá a inteligência digital do produto como um todo. Se tivéssemos que nomear um exemplo de liderança, seria a Apple, onde os engenheiros de hardware parecem ter se dedicado a essas habilidades no desenvolvimento de um iPhone inovador e disruptivo.

3. AUMENTO DE DADOS, IMPULSÃO DA IA

Os produtos inteligentes e conectados são dispositivos orientados e geradores de dados. A organização deve, portanto, ser complementada com dados em todas as suas funções. Os dados devem eventualmente tornar-se a moeda principal e mais valiosa em todos os seus processos empresariais.

Os dados são importantes para compreender o mercado, a utilização do seu produto e as formas de melhorar a experiência dos usuários através de novos serviços. Eles irão alimentar as ferramentas que você irá usar, tais como os gêmeos digitais, e formarão os insights ao longo de seu segmento digital. É — especialmente quando a análise baseada em IA entrar em jogo — o novo combustível da Nova Era.

OS DADOS PRECISAM SER GERIDOS

Quando a IA entra em jogo, dados históricos podem ser usados para treinar um algoritmo. Esse algoritmo será então habilitado para prever algo, o modelo de computador de um serviço meteorológico pode usar os dados de ontem para prever as condições de hoje. Depois de ter esses algoritmos treinados, você precisa alimentá-los com dados operacionais de uso reportados de volta para seus produtos. A IA também pode ajudar a refinar os dados e a melhorar a sua qualidade. Os dados estruturados podem ser separados dos dados não estruturados para processamento posterior. Em um sentido operacional mais amplo, isso depende de criar um modelo de dados com o qual uma organização define que tipo de dados serão registrados e como serão armazenados, processados e acessados. Muitas vezes, dados não estruturados de diferentes formatos e fontes têm que ser harmonizados em conjuntos de dados estruturados. A maioria das informações digitais precisa de uma reformulação completa antes que insights acionáveis sobre o uso e as preferências do usuário surjam a partir dos dados do produto. Escolher as ferramentas analíticas corretas é, portanto, fundamental.

Os dados também podem ser comercializados de vários modos. Podem ser vendidos diretamente a parceiros que trabalharão com eles, ser vendidos com as ferramentas de dados correspondentes, ser incorporados em produtos e serviços existentes, alimentar ações de marketing, fornecer acesso às plataformas para terceiros e ajudar a melhorar os processos internos de negócios.[8]

Há também a possibilidade dos produtos de dados atrapalharem o seu *core business* já existente, pois vender dados muitas vezes significa vender um serviço. Se você é um fabricante de hardware com base no volume de negócios de X números de vendas por mês e passa a vender serviços, vale a pena pensar sobre como gerir esta mudança no seu modelo de negócio sem prejudicar os seus resultados econômicos.

PESQUISE SEU MODELO DE DADOS

Os modelos de dados utilizados pela grande maioria das empresas de produtos têm décadas de existência e estão fundamentalmente mal equipados para o mundo dos produtos inteligentes e conectados. Historicamente, as empresas de produtos definiam uma unidade de manutenção de estoque (SKU, *Stock Keeping Unit*), e cada uma delas tinha uma estrutura de produtos hierárquica exclusiva (BOM, *bill of materials*). Isso funcionou bem durante décadas, quando um produto era simplesmente vendido a um distribuidor e completamente esquecido.

Mas esse modelo se decompõe completamente com um produto que é conectado, atualizável, personalizável, personalizado e talvez vendido como um serviço. Esse novo mundo de produtos vivos requer um "modelo de dados unificado" que forneça a flexibilidade e agilidade que simplesmente não são possíveis com os modelos de dados tradicionais. Em muitos casos, o modelo de dados ideal se afasta dos componentes físicos e se torna baseado em atributos. Esse "modelo de dados baseado em atributos" combina aspectos de hardware, software e modelos baseados em serviços e oferece maior flexibilidade ao fabricante de produtos, ao cliente, à cadeia de fornecimento e aos parceiros do ecossistema.

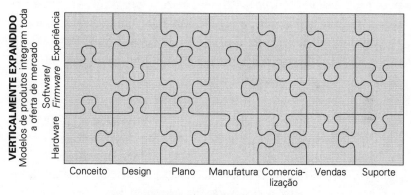

Figura 9.4 *Modelo unificado de produto para capturar valor de negócio de ponta a ponta*

Como mostrado na figura 9.4, um modelo de dados unificado se expande verticalmente em relação aos dados de hardware tradicionais para, agora, também incorporar informações de software e experiência com base no uso específico do cliente e por personalização. O modelo também se expande horizontalmente para garantir um modelo de dados consistente em engenharia, manufatura, vendas e suporte. Hoje em dia, a maioria das empresas está muito, muito longe de um modelo tão unificado. Num estudo recente, mais de 50% das empresas de produtos declararam ter mais de vinte sistemas de dados de produtos diferentes. A realidade é que os modelos de dados atuais são muito isolados e precisam ser completamente reinventados.

ESCOLHER AS FERRAMENTAS DE DADOS CERTAS

As ferramentas analíticas que lidam com os seus dados têm de corresponder às suas ambições. Sempre pense em envolver IA, pois isso leva suas percepções de dados na maioria dos casos para uma categoria de maior qualidade. Por exemplo, uma empresa líder em semicondutores está usando ferramentas avançadas de aprendizado de máquina e IA para programar simulações de engenharia e prever com precisão os requisitos de engenharia da computação e armazenamento. Outras empresas de produtos estão aplicando técnicas de aprendizado de máquina no estágio de introdução do produto, para conduzir avaliações de capacidade de fabricação.

Mais uma vez, os conceitos de gêmeo digital e fio digital são muito úteis nesse contexto, pois incorporam tudo isso, atuando como uma representação completa dos dados do seu produto em ação, dando a você uma visão completa de uso, insights e ações propostas.

Os produtos inteligentes e conectados são fortemente orientados por dados e, portanto, as empresas precisam ser capazes de aplicar uma análise de dados abrangente e multidisciplinar. O envolvimento da IA não é apenas necessário para o produto inteligente em si, ele também é necessário para gerar programas de software de aprendizagem que tornam a análise de dados ainda mais eficaz. Esses algoritmos analíticos orientados por IA ajudarão a identificar descobertas de dados relevantes de forma mais rápida e eficiente, para que o big data possa ser decomposto em dados inteligentes acionáveis a uma velocidade maior.

É crucial para as empresas de produtos nesse contexto construir habilidades de incrementar seus dados, uma combinação de conhecimento da ciência da computação e TI, know-how matemático e estatístico e domínio e conhecimento de negócios relevantes para o produto. No entanto, o aumento de dados deve sempre visar resultados inteligentes centrados no cliente, e não ser feito apenas por si só. Para garantir isso, uma empresa precisa definir modelos de impressão para o aumento de dados que mantenham a mente aberta, mas que não sejam invadidos por novas fontes de valor para o cliente em todo o ciclo de vida do produto. Isso requer o talento certo — cientistas de dados — atualmente um dos recursos humanos mais requisitados globalmente. As empresas precisam decidir sua estratégia de "fazer versus comprar" nos serviços de dados e IA; especificamente, se devem construir esse talento de forma agressiva internamente ou adquirir essas habilidades de parceiros de sistemas ecológicos.

4. COMPETÊNCIAS PRODUTO-SERVIÇO

Conforme destacado no capítulo 5, a mudança da venda de hardware para um modelo recorrente de produto-serviço é, de fato, muito desafiadora. A maioria das empresas de produtos tem muitas dificuldades com esse sistema, pois requer uma mudança fundamental em seu próprio DNA. Além disso, requer a construção de uma ampla gama de capacidades que não existem atualmente. A figura 9.5 mostra um produto como serviço que apresenta os múltiplos pontos a se ter em mente ao alavancar produtos inteligentes e conectados na transição para um modelo de negócios como serviço.

Dentro dessa estrutura geral, muitas capacidades foram discutidas em outras partes deste livro. Porém, aqui estão algumas habilidades específicas adicionais com as quais a maioria das empresas de produtos se debate hoje em dia ao tentar a mudança.

Definição	Aquisição	Construção	Gerenciamento	Suporte
Estratégia	Vendas	Desenvolvi-mento e teste	Financeiro e jurídico	Vendas e Serviços ao Cliente
Estratégia do modelo de negócio	Estratégia de marketing	Segurança e conformidade regulatória	Reconhecimento de receitas	Sucesso do cliente
Design de experiência	Segmentação de clientes	Operações de TI	Relatórios e conformidade	Adoção e consumo
Estratégia competitiva	Configuração, preço e cotação	Desenvolvimento e teste de dispositivos	Contabilidade	Administração de direitos
Colocação no mercado	Implantação de ativos	Pesquisa & desenvolvimento	Contratos	Serviço e Suporte
Organização e cultura	Kits & embalagem	Metodologia e ferramentas	Processo de faturamento/ administração de faturas	Gerenciamento e manutenção de dispositivos
Governança	Instalação e teste		Gerenciamento e manutenção de dispositivos	Reparações e garantia
	Reparação e logística reversa		Políticas de segurança	Serviços em fim de vida
	Operações de produto		Configuração do dispositivo	Níveis de serviço
	Gestão de pedidos e fornecedores			
	Global sourcing & modelos de parceria			

Figura 9.5 *Estrutura de capacidade de produto como serviço*

Configuração de solução, precificação e cotação (CPQ). Um modelo produto-serviço oferece aos clientes um maior grau de escolhas e opções de personalização do que uma típica venda de produtos de hardware. A maioria das empresas de produtos não possui processos ou sistemas de TI que permitam essas capacidades mais complexas de configuração, precificação e cotação (CPQ).

Vendas. As forças de vendas de produtos tradicionais são treinadas e incitadas a vender um produto e depois passar para a próxima venda, o que promove uma mentalidade muito transacional. Os modelos baseados em serviços não funcionam assim. Em vez disso, a equipe de vendas deve pensar mais sobre o uso do cliente e a adoção da solução ao longo do ciclo de vida. Na verdade, muitas empresas baseadas em serviços realmente pagam as comissões de vendas durante o ciclo de vida do serviço e criam bônus com base no uso do cliente. A figura 9.6 mostra as capacidades de transformação de vendas necessárias e o estado atual da maturação em vários segmentos da indústria.

Garantia de serviço. Um modelo produto-serviço inclui normalmente acordos de nível de serviço (SLA, *service level agreements*), que são compromissos durante todo o ciclo de vida. A maioria das empresas de produtos não tem processos ou sistemas para medir os SLAs, muito menos tomar ações corretivas quando eles não estão atingindo as metas.

Sucesso do cliente. Na maioria dos modelos produto-serviço, a receita recebida está ligada à adoção do cliente e ao uso de recursos. A indústria de software, que apontamos anteriormente como serviço, foi pioneira na criação de uma função totalmente nova chamada "sucesso do cliente", que é composta por especialistas que entendem profundamente a organização e os processos do cliente e são medidos com base na adoção do cliente. Este é um conceito completamente estranho para a maioria das empresas de hardware.

Gestão de direitos. Num mundo do produto-serviço é essencial entender os direitos ou "prerrogativas" do dispositivo individual e do usuário. Por exemplo, quais dispositivos têm direito a receber uma atualização e quais não têm, ou quais usuários têm permissão para acessar recursos *premium* e quais apenas os recursos básicos. Isso requer sistemas sofisticados de gerenciamento de direitos que praticamente nenhuma empresa de produtos possui hoje em dia.

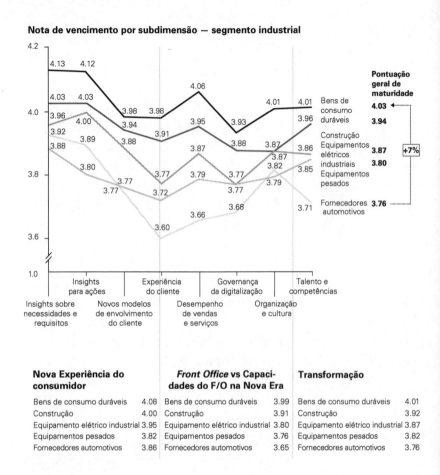

Figura 9.6 *Transformação das vendas das empresas de equipamentos industriais*

Apoio à infraestrutura. Produtos inteligentes e conectados precisam ser monitorados e geram muitos dados que precisam ser armazenados com segurança. A maioria das empresas de produtos não tem a infraestrutura de TI necessária para gerenciar análises de base instalada. Além de armazenar com segurança os dados gerados pela frota de dispositivos inteligentes e conectados, uma habilidade bem mais difícil é obter insights e fazer recomendações sobre o que um cliente deve fazer. Isso requer não apenas cientistas de dados, mas também profissionais que entendam a indústria e os processos de negócios do cliente.

5. A FORÇA DE TRABALHO EXPERIENCIAL

Uma força de trabalho que lida com a criação de produtos inteligentes e conectados necessita de competências, perfis, mentalidades e comportamentos especiais. Uma reserva de talentos orientada para os resultados é um pré-requisito, porque a novidade está relacionada com o desenvolvimento de dispositivos destinados a fornecer resultados inteligentes centrados no cliente ao longo de todo o ciclo de vida do produto ou serviço.

CONSTRUIR UMA ORGANIZAÇÃO CENTRADA NO CLIENTE
Permita que sua força de trabalho pense e aja de acordo com as experiências e resultados de ponta a ponta, em vez de meros recursos e resultados do produto. As equipes executivas precisam ser guiadas por novas métricas de incentivo, passando das unidades vendidas para o sucesso alcançado pelos clientes. Um ecossistema e novos talentos de empresas externas, que já vendem resultados, apoiarão essa transformação da força de trabalho.

A mudança poderia ser complementada pela contratação de talentos que já tenham a mentalidade orientada para os resultados. A inspiração necessária para essa mudança deve ser impulsionada por CEOs com uma visão voltada para os resultados de produtos inteligentes e conectados, um ecossistema orientado para a experiência e os respectivos parceiros do ecossistema.

Para infundir inspiração na força de trabalho, a diretoria deve liderar, convencendo a equipe do sucesso de uma estratégia de produto, transformando-o de orientado para a produção em orientado para os resultados.

CONSTRUIR UMA ORGANIZAÇÃO FLUIDA, ÁGIL E ORIENTADA PARA A INOVAÇÃO
Líderes de todos os níveis precisam mudar sua mentalidade para prosperar na era digital, em organizações exponenciais e ambientes de

trabalho ágeis. No passado, o líder empresarial tradicional era recompensado, com promoções ou compensações financeiras melhoradas. Isso acontecia quando podia manter o controle, estabilidade, estrutura e consistência em um negócio, quando o desempenho individual e a experiência estavam à altura das expectativas e quando o poder de mercado podia ser construído para a organização.

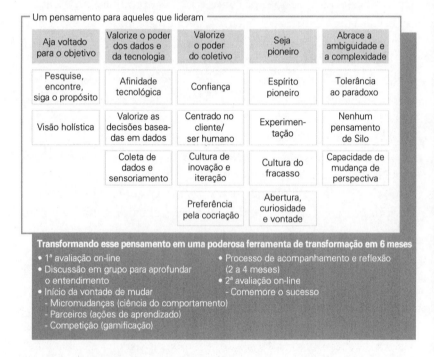

Figura 9.7 *A nova liderança está por todo o lado*

No mundo dos novos produtos, as coisas são bastante diferentes. Os líderes serão julgados em função da sua capacidade de serem centrados no cliente ou no funcionário, quer mostrem abertura de espírito em relação a novas ideias, quer consigam impulsionar estilos de trabalho ágeis e tenham mais compreensão tecnológica em comparação com as gerações anteriores de executivos. Isso requer um novo tipo de talento de gestão, cujos componentes estão discriminados na figura 9.7.

É aqui que a organização exponencial entra em jogo. Dar vida às organizações exponenciais requer equipes diversas e complementares e uma direção sistêmica inteligente. Porém, uma vez que isso tenha sido alcançado, elas podem ser dez vezes melhores, mais rápidas e econômicas em comparação com suas rivais. Essas organizações encontrarão uma maneira de alavancar inovações organizacionais, estruturais ou tecnológicas que eram inconcebíveis antes da era digital.

A figura 9.8 mostra um conjunto típico de argumentos, ouvidos dos líderes empresariais, que são obstáculos para a formação de organizações exponenciais.

HUMANO + MÁQUINA: COMO COLABORAR MELHOR COM O SEU COLEGA IA
As forças de trabalho de hoje estão cada vez mais misturadas. Robôs e cobots tornaram-se ferramentas sofisticadas que podem ajudar os humanos a realizar uma variedade de tarefas de alto valor, e suas capacidades estão progredindo. Prevemos um futuro em que os seres humanos e as máquinas se tornarão cada vez mais colaboradores.

A última geração de robôs inclui máquinas que são mais móveis, flexíveis, autônomas e acessíveis. À medida que a inteligência e a autonomia desses robôs aumentam, a percepção dos trabalhadores sobre eles muda de ferramentas para companheiros de equipe. As tarefas industriais serão cada vez mais realizadas por equipes de robôs e humanos. Cada um dos companheiros de equipe terá a própria tarefa para realizar e, cada vez mais, esses sistemas robóticos e seus colegas de trabalho humanos precisarão negociar e cooperar nas próprias tarefas distintas. Isso será feito de forma interdependente a fim de realizar atividades sofisticadas de maneira mais eficaz e eficiente do que os seres humanos ou os robôs poderiam fazer sozinhos. Os robôs serão controlados através de uma combinação de planos e processos automatizados predefinidos, mas será necessária uma improvisação *ad-hoc* quando um colega de equipe humano perceber que as coisas não estão indo como planejado.

Imagine um robô que possa navegar em ambientes como fábricas ou armazéns, e que possa procurar problemas ou transportar objetos.

Neste contexto, com a chegada de uma remessa de bens e materiais, tanto os trabalhadores humanos conectados como um conjunto de robôs de transporte estarão dividindo e distribuindo os artigos em locais apropriados.

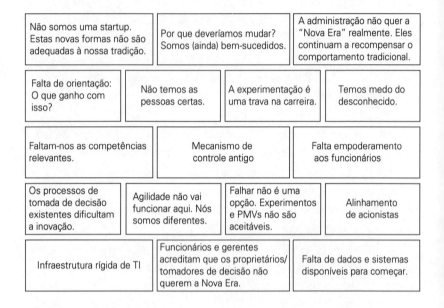

Figura 9.8 *As barreiras mais comuns que dificultam a jornada de crescimento exponencial de uma empresa*

Tanto os indivíduos como as equipes — equipes humanas, humano-robô e equipes só de robôs — executarão essas tarefas. À medida que vão trabalhando, vão surgindo interações adicionais entre os humanos e os robôs e entre as outras pessoas no edifício. Por exemplo, talvez uma pessoa que tenha acabado de receber um material queira a ajuda do robô durante meia hora. Talvez haja uma necessidade urgente de arranjar um item adicional ou imprevisto. Talvez outro agente, um robô ou um trabalhador humano conectado, tenha que ir embora e precise ser substituído. A execução suave e eficaz de processos complexos em situações como essa por equipes humano-robô será em breve generalizada.

6. ORQUESTRAÇÃO DE ECOSSISTEMAS [9]

Nem todos, mas alguns produtos inteligentes e conectados funcionarão como plataformas, como mostramos no capítulo 6. Para criar e executar uma plataforma bem-sucedida é essencial ter os recursos necessários para criar e orquestrar ecossistemas que suportem essas plataformas baseadas em produtos. Esses ecossistemas devem então ser capazes de identificar potenciais parceiros que possam contribuir com tecnologias, dados ou elementos de serviço cruciais para aumentar o valor do produto.

Só esses ecossistemas parceiros contribuirão para promover a inovação e as oportunidades de crescimento disruptivo. Modelos operacionais construídos em torno de tais parcerias multilaterais e multidimensionais e redes de colaboração também criarão valor suficiente para garantir a sobrevivência no novo mundo dos produtos. Michael G. Jacobides, sir Donald Gordon, Chair of Entrepreneurship and Innovation da London Business School, afirma:

> Penso que a ascensão do produto inteligente e conectado é parte integrante do desenvolvimento de ecossistemas contínuos que tornam a vida menos estressante para os usuários e mais personalizada para as necessidades do indivíduo. Produtos mais inteligentes provavelmente não produziriam sucessos financeiros sem se enredarem em um ecossistema.[10]

Os ecossistemas são frequentemente redes abertas de parceiros comerciais estratégicos com o objetivo comum de impulsionar o crescimento e promover a inovação. Podem ser vistos como uma rede de competitividade de uma empresa, formando um casulo cada vez mais global, orientado por dados e multi-industrial em torno das partes participantes, consistindo em cooperadores, fornecedores, instituições, clientes e outros stakeholders.

Todos esses atores se conectam e colaboram para inovar mais rapidamente, unir capacidades complementares para obter melhores resultados e reagir com maior agilidade nos mercados de consumo e negócios em rápida evolução. Este contexto exige cada vez mais resultados complexos em vez de produtos monodimensionais.

O ecossistema será uma forma de vida que se envolve ao trabalhador, sem o qual ele não terá o necessário para se manter no negócio. Eles normalmente são construídos em torno de propriedade intelectual proveniente de um parceiro principal, que é combinado com hardware de serviço e várias APIs e oferecido numa base de serviço a serviço para um mercado horizontal ou vertical.

As empresas industriais devem, antes de tudo, procurar criar esses ecossistemas através de redes viáveis de parceiros, com o objetivo comum de desenvolver novos produtos e serviços orientados para os clientes com resultados positivos. Em um segundo passo, as organizações podem então — mas não necessariamente — adotar uma estratégia em que seus produtos são cada vez mais moldados como itens de plataforma para que possam servir de núcleo para um ecossistema centrado em produtos de alto valor agregado.

Do ponto de vista gerencial, isso será complexo, uma vez que as empresas industriais terão de criar organizações globais ágeis com um sentido prático de ligação, que são muito mais permeáveis, flexíveis e inerentemente colaborativas. Isso exigirá mudanças ao longo da organização, no que se refere a pessoas, tecnologia e estratégia.

Os líderes empresariais devem, portanto, definir o tom e o cenário, declarando uma mudança de produtos e serviços isoladamente para a forma como a empresa pode ajudar os clientes a alcançar melhores resultados. Para lançar as bases, eles devem reconhecer que os funcionários em todos os níveis têm conexões que podem servir à estratégia do ecossistema da empresa.

A figura 9.9 mostra uma lista de passos a ser dado quando se trata de criar ecossistemas altamente eficazes e usá-los como um centro de inovação.

Ser capaz de avaliar qual é o acordo certo com seus parceiros é importante, sobretudo para se chegar à fórmula correta de partilha de valores dentro de um ecossistema. O conceito de plataforma significa participação nos lucros de algum tipo. "De repente você tem essa realocação de valor entre os diferentes atores em um ecossistema em torno de um produto inteligente e conectado. Com essa realocação de valor, as funções centrais de um negócio podem mudar", diz um antigo gerente da Tesla com quem conversamos.

Estabeleça a direção	• Uma definição clara para um futuro de 4 a 5 anos é fundamental para o sucesso do ecossistema global
Patrocínio executivo	• Patrocínio executivo forte e comprometido com a estrutura de governança • Processo que permite uma rápida tomada de decisão e resolução de problemas
Um comitê de gestão prático	• A governança deve ajudar com a estratégia de parceria do ecossistema, por exemplo, identificando e facilitando outros participantes do ecossistema
Diversifique KPIs	• Defina métricas e KPIs que medem o sucesso da parceria estratégica do ecossistema ao longo do tempo; não confie apenas nos números de vendas
Canais	• Ative os canais a partir do topo; tenha uma abordagem holística para um problema do cliente, canais da indústria e grupo operacional
Roteiros de soluções	• Não construa um grande portifólio de soluções; valide hipóteses com clientes, especialistas no assunto etc., antes do desenvolvimento; apure antes de investir em desenvolvimento completo para aumentar o ROI da solução. • Considere a prova de conceitos do cliente uma solução como parte do contrato
Gerenciamento de escopo global	• Não espalhe recursos escassos muito cedo • Priorize e gerencie o escopo geográfico com equipes globais de suporte
Vitórias iniciais/aproveite oportunidades internas	• Garanta vitórias iniciais para criar e manter o ímpeto e o *mindshare* dentro de cada organização
Modelo de operação flexível	• Defina um modelo operacional flexível para manter a capacidade de resposta ao mercado • Monitoramento contínuo do desempenho de inovação conjunta e processo de gerenciamento de programas
Gestão da mudança/ alinhamento cultural	• Filosofia "Uma equipe" (processo, métricas, atitude) • Trate a parceria estratégica do ecossistema como uma unidade de negócios recém-criada • Uma visão que permite que a parceria estratégica do ecossistema se concentre em atividades de alto valor que impulsionarão os resultados

Figura 9.9 *Criação de ecossistemas altamente eficazes*

Deve ser desenvolvida uma compreensão sobre qual parte da receita cada plataforma parceira merece para criar uma margem a partir do seu envolvimento. Em muitos casos, os parceiros serão também concorrentes em outras áreas, e será necessário criar um sistema correto. Para a gestão de um ecossistema, deve ser criada uma nova função na empresa. Isso exige um alto nível de especialização em gerenciar os detalhes e entender como esses modelos de negócio podem evoluir ao longo do tempo.

7. SEGURANÇA ABRANGENTE

Os produtos inteligentes são programados para realizar certas ações que muitas vezes transcendem o ciberespaço e impactam o mundo físico, o que significa que a segurança é uma grande preocupação. O gerenciamento desses dispositivos exige a capacidade de definir e gerenciar uma ampla gama de aspectos de segurança. No âmbito do sistema ecológico, os riscos de cibersegurança devem ser antecipados e proativos, e a propriedade intelectual (PI) deve ser protegida.

Um pré-requisito central para esse ecossistema é a parceria com as competências necessárias para fornecer componentes relevantes para o mecanismo de criação de valor dos produtos inteligentes e conectados. A segurança e a proteção da PI devem ser pensadas em detalhes em termos de componentes. Você deve colocar a segurança dos dados acima de tudo para evitar danos causados por ataques à segurança e à privacidade dos clientes. "Os hackers tornaram-se uma ocorrência não muito incomum no mundo dos produtos conectados", diz o ex-gerente da Tesla.[11]

As empresas devem procurar definir padrões de segurança que sejam obrigatórios para todos os parceiros ecossistêmicos envolvidos. Mas eles também devem alavancar o poder do ecossistema, a fim de cruzar polinizadores sobre soluções de segurança relevantes para o produto. Para alcançar esse objetivo, devem ser definidos princípios de partilha de dados para o ecossistema, e as normas de segurança devem ser visíveis e transparentes para todos os parceiros.

A capacidade de manter e proteger dados confidenciais e garantir que apenas entidades autorizadas tenham acesso a eles é vital. Isso aplica-se tanto aos dados em repouso como aos dados em trânsito durante as comunicações. Mas igualmente vital é a capacidade de manter a continuidade operacional. Os dados, serviços, obras em rede e aplicações devem ser acessíveis em tempo útil, quando necessário.

Mesmo assim, ainda há uma série de riscos de segurança à espreita quando os produtos inteligentes começam a desempenhar um papel nos modelos de negócios. Aqui estão os mais importantes a se ter em mente.

Ao contrário de muitos dispositivos tradicionais, os dispositivos da Internet das Coisas (IoT) conectados de forma inteligente, sendo atualizados por software, devem ter vidas longas. É essencial manter os dispositivos inteligentes e conectados em dia com as últimas atualizações de segurança. Mas a aplicação de atualizações nem sempre é possível, pois os requisitos de alta disponibilidade podem proibir isso ou o hardware desatualizado pode não ser capaz de receber as correções necessárias. Isso deixa os dispositivos vulneráveis à exploração nos últimos estágios de sua vida.

A IoT também introduziu muitos novos protocolos de comunicação e opções de conectividade. Mas a falta de padronização, aliada à pouca conscientização sobre segurança por parte dos fabricantes de dispositivos, levou a inconsistências e áreas obscuras na sua implementação e uso, que podem ser exploradas por ataques cibernéticos. Além disso, os mercados da IoT são extremamente competitivos em termos de preços. Isso pode significar que os componentes de baixo custo estão equipados com padrões de segurança inferiores. Os dispositivos podem, portanto, ter recursos de hardware insuficientes para funcionalidades básicas de segurança, como criptografia, gerenciamento de senhas ou armazenamento seguro.

A operação autônoma de máquinas significa que muitas vezes não há nenhuma presença humana para autenticar a identidade de um dispositivo. Mas o estabelecimento de relações automatizadas entre máquinas baseadas em mecanismos de identidade convencionais permanece, do ponto de vista tecnológico, incrivelmente difícil. Finalmente, a IoT, por natureza, faz pontes entre domínios anteriormente desconectados, diluindo significativamente as fronteiras do que os regulamentos tradicionais cobrem. Neste cenário em evolução, manter-se em conformidade com as mudanças regulatórias já se torna um desafio.

Para refletir

1 Para reinventar um produto com sucesso, devem ser criadas sete capacidades essenciais.

2 Embora muitas dessas novas capacidades se concentrem na função de desenvolvimento de produtos, a mudança para modelos de negócios de produto-serviço afeta praticamente todos os processos e organizações.

3 Além da criação de novas capacidades, é necessária uma mudança cultural e mental fundamental.

10

O ROTEIRO PARA O SUCESSO COM PRODUTOS E SERVIÇOS VIVOS

RESUMO DO CAPÍTULO

O reposicionamento bem-sucedido de um negócio em direção a produtos inteligentes e conectados pode parecer um longo labirinto para muitos líderes fabricantes de produtos. No entanto, é importante embarcar rapidamente nessa viagem, e nós definimos uma lista estruturada de pontos de ação com marcadores claros para orientá-lo. Exige um espírito empreendedor aberto e uma mudança de mentalidade, de uma visão de características para uma visão de experiências. O que, por sua vez, implica em um novo mapa de execução de produtos e novos processos de configuração de negócios, com a destruição de silos, novos papéis e responsabilidades adicionadas e o cenário de TI reestruturado. Uma vez em operação, as novas estruturas e processos em torno do desenvolvimento, fabricação, transporte e gerenciamento de campo precisam de monitoramento constante e adaptação tática através dos dados enviados pelos produtos.

O digital está agora por (quase) todo lado. Na verdade, com demasiada frequência, continua a ser uma ideia redutora e abstrata nos conselhos de administração de muitas empresas produtoras, tanto no mercado *business-to-business* como no mercado *business-to-consumer*.

No nosso trabalho diário de aconselhamento ao cliente, continuamos a encontrar inúmeros ex-executivos e gestores de linha que preveem produtos que conduzem valor de forma preponderante nas categorias convencionais. Há apenas um escopo limitado em seus planos para temas como recursos inteligentes orientados por software ou experiência do usuário orientada a serviços, e há ainda menos espaço para aspirações de plataforma. Há, genericamente, uma forte falha em perceber tanto o enorme potencial de valor dos produtos inteligentes e conectados, quanto o enorme risco negativo de um competidor ou nova empresa causar disrupção na sua indústria, apresentando seu produto primeiro.

Em 2018, realizamos uma pesquisa global com quase mil executivos seniores de negócios. Enquanto 68% disseram que acreditavam na necessidade de se direcionar para um futuro de produtos inteligentes e conectados, apenas 16% afirmaram que estavam realmente imaginando tal passo, e ainda menos disseram ter um roteiro claro.[1] Assim, o vão entre teoria e prática é enorme entre os líderes empresariais, presumivelmente porque as novas fontes de renda não são fáceis de identificar, e as ações necessárias não são claras. Tornar os produtos inteligentes e conectados, ao que parece, ainda é visto, com demasiada frequência, como uma extravagância agradável de se ter em vez de um movimento de expansão economicamente sólido para os mercados emergentes, apenas esperando para ser explorado. Pedimos a James E. Heppelmann, fundador e CEO da PTC, uma empresa de produtos de limpeza para vários setores industriais, que nos desse sua opinião. Para esse comentador amplamente respeitado, no que se refere à transformação digital do setor industrial, a explicação é simples: "Para alguém que cresceu rodeado de produtos físicos, toda estas novas questões de software podem ser assustadoras".[2]

Então, como os altos executivos podem superar seu medo de reinventar linhas de produtos? O que dissipará a ansiedade e o ceticismo sobre a adição de características inteligentes a um portfólio de produtos? É preciso um mapa de todo esse território até então desconhecido.

Para esse fim, apresentamos sete pontos-chave de ação para mudar a direção da sua empresa para produtos inteligentes e conectados. Eles devem dar um roteiro claro e também ajudar a inspirar a sua organização com a crença, visão e determinação necessárias.

MARCADOR 1: DEFINIÇÃO DE ESPAÇOS DE VISÃO E VALOR

A jornada começa com a crença na superioridade econômica dos produtos inteligentes e conectados, entendendo que eles abrem as portas para novas perspectivas de valor — plataformas de alimentação autônoma, alianças de ecossistemas ágeis e lucrativas e numerosos serviços lucrativos — que gerações anteriores de fabricantes de produtos nunca poderiam ter sonhado em entregar. A partir daí, você deve visualizar rapidamente essas possibilidades em designs e plantas cada vez mais concretos, para poder agir com rapidez e sucesso.

Uma organização inteira não será verdadeiramente convencida por este novo mundo da noite para o dia. Mas um bom primeiro passo é os CEOs focarem conscientemente em um futuro em que a chave para o sucesso de um produto não esteja sendo orientada por recursos ou mesmo apenas conectada, mas sim conduzindo uma experiência hiper-personalizada através de uma adaptação inteligente. Isso significa que os líderes empresariais imaginam que os seus produtos de hardware puros se tornam cada vez mais inteligentes ao longo do tempo. Os produtos tornam-se recipientes para software e inteligência digital atualizados e controlados remotamente, permitindo que os clientes customizem e personalizem as experiências como desejarem.

Para tornar sua visão atraente para funcionários, clientes, fornecedores e parceiros de ecossistema, a empresa deve definir o tipo de produto digital que deseja construir, do zero ou reinventando itens de sua linha existente. Para ajudar a orientar essa decisão, vamos revisitar a Grade de Reinvenção de Produtos discutida no capítulo 3, que compensa o nível de avanço tecnológico de um produto inteligente — seu Quociente de Inteligência (QI) — com o nível de qualidade da experiência do usuário que ele oferece — seu Quociente de Experiência (QE). Com base neste quadro, identificamos cinco "espaços de valor" específicos onde acreditamos que os lucros são mais prováveis de serem encontrados, como mostra a figura 10.1.

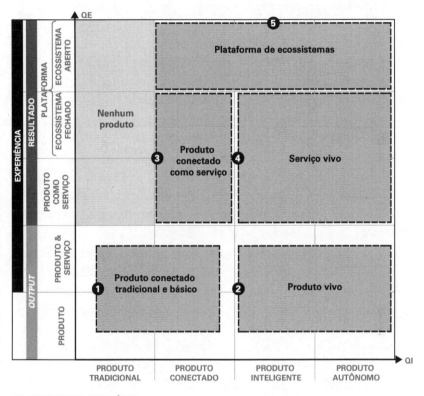

QI - QUOCIENTE DE INTELIGÊNCIA
QE - QUOCIENTE DE EXPERIÊNCIA

Figura 10.1 *Cinco espaços de valor para empresas de produtos*

Os espaços de valor ideais para a sua empresa ou para o seu produto específico irão variar. Não existe uma solução de tamanho único para todos, mas acreditamos que existam algumas diretrizes padrão a serem seguidas.

Os espaços de valores são os seguintes:

1. **Produto tradicional e produto básico conectado.** Este é o espaço de valor que a maioria dos produtos ocupa hoje em dia. Nossa crença é que poucos produtos permanecerão lucrativos neste espaço ao longo do tempo. A grande maioria terá de ser reinventada para subir no eixo QI e/ou QE para um novo espaço de valor. Steve Myers, o CEO da Mindtribe, recentemente organizou uma reunião com vários líderes em inovação de produtos no Vale do Silício, que concordaram com a nossa conclusão de que "o modelo de negócio tradicional dos produtos está morrendo".[3]

2. **Produto vivo.** Um produto vivo é um produto que aproveita amplamente as tecnologias IA, seja como funcionalidade incorporada ou através de uma borda ou rede de nuvem. Como já descrevemos anteriormente, a rápida queda dos custos dos sensores e da conectividade, juntamente com a crescente acessibilidade e aceitabilidade das tecnologias de big data e IA, irá alimentar um enorme crescimento das ofertas neste espaço de valor. Na verdade, Rajen Sheth, diretor sênior de gerenciamento de produto para inteligência artificial da Google Cloud, acredita que "todos os produtos utilizarão IA na próxima década".[4] Acreditamos que este será um espaço de valor muito rentável para muitas empresas de produtos. Além disso, não vemos alternativa para a maioria das empresas de produtos a não ser passar cada vez mais para a direita no nosso eixo QI.

3. **Produto conectado como serviço.** Como vimos no capítulo 5, acreditamos firmemente que muitas empresas de produtos migrarão do hardware transacional para um modelo de produto-serviço recorrente. Como evidenciado pela história da Adobe da indústria de software, há um valor inquestionavelmente significativo a ser desbloqueado pela mudança para esse modelo.[5] Nossa visão é que a maioria das empresas que

fabricam produtos conectados deve explorar imediatamente um movimento no nosso eixo QE para desenvolver novos modelos de negócios como produto-serviço em um primeiro passo.

4. **Serviço vivo.** Este espaço de valor combina os dois anteriores: um produto vivo com um modelo de negócio produto-serviço. Um serviço vivo, como o nome indica, é mais dinâmico, adaptável e que evolui ao longo do tempo. Antecipamos uma enorme quantidade de dinamismo e inovação neste espaço, uma vez que a IA irá desencadear um conjunto de serviços customizáveis e personalizáveis que seriam simplesmente impossíveis há apenas alguns anos. Como os serviços vivos oferecem valor acrescentado para os usuários/clientes individuais, acreditamos que eles também se revelarão um espaço de valor muito atrativo para os criadores.

5. **Plataforma ecossistêmica.** Como descrito no capítulo 6, os modelos de negócio de plataformas estão criando um enorme valor de mercado, portanto, este é claramente um espaço de valor lucrativo. A questão central para uma empresa de produtos é: você mudará fundamentalmente seu modelo de negócio para se tornar uma plataforma, que será sua principal base para a geração de receita, ou então aproveitará uma plataforma de terceiros para entregar suas capacidades de produtos ou serviços vivos? Essa não é uma pergunta matizada. Acreditamos que pouquíssimas empresas de produtos podem ou devem aspirar a este espaço de valor, apesar das potenciais recompensas.

Os principais pontos de escolha estratégica para qualquer empresa de produtos são: primeiro, a rapidez e a distância a percorrer no eixo QI em direção a um produto vivo e, segundo, se o seu modelo de negócio deve mudar o eixo QI de uma venda transacional de produtos para uma plataforma como serviço ou ecossistema.

Em nossa experiência, investidores e funcionários estão exigindo que as empresas desenvolvam visões convincentes de como não apenas seus produtos, mas também sua estrutura e processos internos de negócios irão evoluir digitalmente. Decidir investir em tudo isso obviamente requer coragem empreendedora por parte dos executivos, mas essa coragem deve ser uma função de convicção. A visão deve ser apoiada por uma lógica forte para que as mudanças beneficiem o negócio.

MARCADOR 2: DIGITALIZAÇÃO DO *CORE BUSINESS* PARA FINANCIAR A EXPANSÃO

A mudança do atual negócio de produtos para um novo espaço de valor, como os produtos ou serviços vivos, exigirá investimentos substanciais. O caminho transformacional do velho para o novo precisa, portanto, ser traçado, e um plano de negócios, detalhado com dimensões de financiamento adequadas em mente. Um plano diretor econômico deve captar como entrar no novo espaço de valor afetará as finanças da empresa ao longo do tempo. Isso é especialmente real quando se muda o eixo da equalização para modelos de negócio como um serviço, uma vez que essa transição terá um impacto importante tanto no balanço patrimonial como na demonstração de resultados.

Para financiar os investimentos necessários e mitigar os riscos, é necessária uma abordagem holística para gerir a transformação. A estrutura "Rotação para a Nova Era" mostrada na figura 10.2 provou ser um modelo muito eficaz para estruturar e orientar a transformação. O conceito é que a maioria das empresas tem um *core business* muito bem estabelecido que, para as empresas fornecedoras, é um modelo de décadas de venda de produtos tradicionais como uma venda de hardware transacional. Defendemos veementemente que essa atividade principal deve ser cultivada, mas também complementada pela Nova Era, que para a maioria significa uma mudança para produtos vivos que também podem incluir serviços vivos. Esta difícil transição deve ser gerenciada através de um giro inteligente que protege o *core business* enquanto escalona o novo mundo.

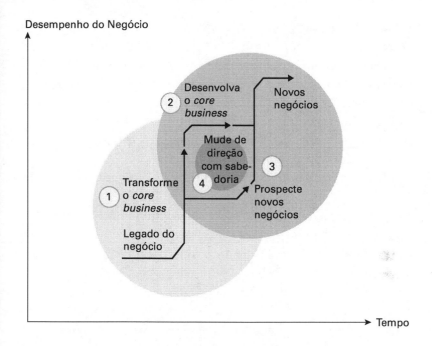

Figura 10.2 *O quadro da "rotação para a Nova Era"*

Encontrar os meios monetários para uma mudança de tais proporções é um dos desafios mais difíceis, porque a transformação não é apenas de linhas de produtos, mas também, crucialmente, de toda a organização empresarial. Mesmo que o conselho executivo esteja convencido da necessidade de reinventar seus produtos, eles tendem a permanecer reticentes quando se trata de colocar dinheiro no processo, porque produtos inteligentes só podem funcionar e liberar sua criação de valor quando são feitos e gerenciados sob os auspícios de novos princípios organizacionais. E essa mudança parece acarretar riscos consideráveis.

A boa notícia, segundo nossa experiência, é que a transformação digital do *core business* atual pode gerar enormes economias de custos e, ao mesmo tempo, construir a base necessária de recursos digitais. Além disso, os ganhos de eficiência que transformam o núcleo são bastante imediatos e podem ser medidos usando métricas estabelecidas e aceitas pelo mercado, para que suas vantagens possam ser claramente percebidas pela alta administração e pelos conselhos. Além disso, os movimentos são suficientemente criadores de valor para transferir uma mais-valia para o impulso do novo mundo dos produtos ou serviços vivos. Na verdade, nossa pesquisa mostra que os programas de transformação digital podem economizar de trezentos a setecentos pontos de base de custo operacional, o que normalmente é mais do que suficiente para financiar os investimentos necessários na Nova Era.[6]

Para um exemplo de uma empresa de produto tradicional que faz com sucesso uma dramática "rotação para a nova era", podemos olhar novamente para o Grupo Haier, a empresa chinesa que é a maior fabricante de eletrodomésticos do mundo. O presidente e CEO, Zhang Ruimin, descreve uma nova abordagem para o negócio na Haier marcada por três características principais, representando mudanças fundamentais para os fabricantes de produtos tradicionais. Em primeiro lugar, a empresa foi transformada de um sistema fechado para um sistema aberto. Essa mudança aconteceu por meio da introdução de uma rede de microempresas autogovernadas com comunicação lateral fluida entre elas e conexões mutuamente criativas com colaboradores externos. Na segunda jogada, os funcionários deixaram de ser executores de direções hierárquicas de cima para baixo para serem contribuintes automotivados, em muitos casos escolhendo ou elegendo os líderes e membros das suas equipes. E, no terceiro passo crucial, os compradores de aparelhos da Haier foram transformados — a partir da perspectiva das equipes de desenvolvimento e gestão — de clientes tradicionais para usuários vitalícios de produtos e serviços concebidos para resolver seus problemas e melhorar suas experiências de usuário.[7]

MARCADOR 3: ESBOÇANDO O ROTEIRO DO PRODUTO INTELIGENTE E CONECTADO

Depois de traçar a sua visão ambicionada, é necessário um roteiro detalhado para traçar tanto a evolução da inteligência do seu produto no eixo QI, quanto a evolução da experiência no eixo QE. A evolução em ambos os eixos antecipa grandes desafios para as empresas de produtos tradicionais, e uma compreensão do esforço combinatório necessário com base no Quociente de Reinvenção do Produto (QRP) é fundamental.

Cada vez mais, a inteligência de produto no eixo do QI exige que se repense a arquitetura geral do produto. Exemplos de vínculos de capacidade que precisam ser incorporados incluem:

- Sensores: que sensores adicionais devem ser incluídos para fornecer a experiência e a inteligência desejadas no futuro?
- Interface de usuário (IU): você quer um IU de voz? Em caso afirmativo, que plataformas de voz são suportadas?
- Tecnologias IU digitais adicionais: você deve adicionar controles baseados em gestos? Novas gerações de tecnologias de tela flexível sensível ao toque?
- Segurança: que novas proteções de segurança estão incorporadas em seu produto?
- Comunicação: quais protocolos o seu produto suportará (e não suportará)?
- Aberto versus fechado: quão aberto ou fechado a terceiros será o seu produto?
- Capacidade de atualização: que componentes do produto serão e não serão atualizáveis?

Idealmente, a arquitetura do seu produto deve também ser tão preparada para o futuro quanto possível, dado o ritmo acelerado dos avanços tecnológicos, mas essa não é uma tarefa fácil. A prova do futuro tem um custo. A Tesla é um bom exemplo de empresa que pensa estrategicamente no futuro e inclui sensores adicionais e capacidade de atualização para permitir futuras melhorias. Por exemplo, o modo de aceleração no modelo S da Tesla leva um carro de zero a cem quilômetros por hora em 3,2 segundos. Uma simples atualização remota do software baixou o tempo para 3,1 segundos.[8] Foi uma melhoria significativa na experiência do usuário do carro e só pode ser feita com um dispositivo conectado e com um bom software. Outro exemplo foi a atualização para capacidades de condução autônoma, o que só foi possível porque a Tesla instalou sensores adicionais nos seus carros muito antes da sua utilização real.[9] Os automóveis tradicionais, mesmo os que já contam com muitos computadores, não têm softwares tão profundamente incorporados a ponto de influírem em tais características de desempenho físico.

Ainda assim, há um ponto em manter o hardware atualizado. Nos produtos de consumo, em particular, o hardware é, e continuará a ser, o primeiro ponto de ligação para os usuários, apesar das quantidades cada vez maiores de software contidos em seu interior. Para atualizar o hardware de forma rápida e econômica, a fabricação modular é o caminho a se seguir; peças e componentes são predefinidos e seu caminho de evolução futura já é traçado até onde for possível.

As atualizações do Quociente de Experiência (QE) exigem a consideração de quando e como atualizar para um modelo de plataforma como um serviço ou ecossistema. O modelo de ecossistema requer uma grande variedade de colaboradores — fornecedores, prestadores de serviços e outras partes do ecossistema. Pense claramente em como as interfaces podem ser ajustadas de um ponto de vista tecnológico ao longo dos padrões de utilização das experiências oferecidas pelo produto. A forma final do seu produto deve ter um quociente de reinvenção de produto predefinido, por isso vale a pena fixar os níveis de QI e QE antecipadamente. Dado que um produto inteligente pode se comunicar ou se conectar com outros, inclua a possibilidade de os usuários também colaborarem e ajudarem a melhorar as experiências uns dos outros sem a mediação do fabricante ou fornecedor.

Como o ritmo da inovação em QI e QE é muito rápido, seu roteiro deve ser construído sobre uma base de metodologia ágil e seguir o princípio do produto mínimo viável (PMV) nos ciclos de desenvolvimento de produtos.

Por último, independentemente do objetivo que o produto se destina a atingir, ele deve agir de forma responsável na maneira como trata os clientes e os seus dados. Deve ser projetado, construído e reparado para entrar em contato com o usuário, não para "bisbilhotar". Os dados que capta e que processa devem ser seguros e compartilháveis apenas com consentimento. O produto deve permanecer resiliente contra hackers mal-intencionados e ser atualizado de forma autônoma ou manual com recursos de segurança e atualizações de *firmware* em intervalos regulares. Vários parceiros de ecossistema que trabalham com o produto devem estar igualmente vinculados para proteger a privacidade do cliente.

MARCADOR 4: CRIAÇÃO DE UMA FÁBRICA DE INOVAÇÃO DIGITAL PARA ACELERAR A MUDANÇA

Não podemos enfatizar o suficiente: construir as habilidades e a nova cultura organizacional necessárias para ter sucesso neste novo mundo de produtos digitais é um desafio simplesmente enorme. Como discutido em capítulos anteriores, cada uma das cinco grandes mudanças requer capacidades que normalmente não estão presentes nas empresas de produtos tradicionais. Por exemplo, levar os produtos de hardware tradicionais não conectados a níveis mais evoluídos — inteligentes, intelectuais ou autônomos — requer uma reformulação fundamental do design e do desenvolvimento de produtos. A mudança para um produto baseado em plataforma requer a construção de novas habilidades de engenharia de plataforma de software e gestão de ecossistemas.

Além disso, é necessário construir todo um espectro de novas competências tecnológicas, desde a IA, a inteligência de ponta e a realidade aumentada até a impressão 3D e a análise avançada. O novo mundo obriga os engenheiros a fazer perguntas até agora desconhecidas, tais como: Que nível de funcionalidade do produto deve ser incorporado na nuvem ou no próprio produto? Como a infraestrutura de rede deve ser projetada para conduzir atualizações rápidas e fáceis? Quão profundamente o software deve ser incorporado em um produto de hardware?

Figura 10.3 *Objetivos da fábrica digital*

Quanto mais um produto sobe na escala no eixo QI ou QE na nossa nova tabela de valores, mais conhecimento especializado é necessário para ajudar os projetistas a avançar. Cientistas de dados, especialistas em visualização, especialistas em automação, engenheiros de plataforma de software e arquitetos de sistemas são apenas alguns dos novos papéis. A desvantagem é que esses papéis são muitas vezes tão especializados e ocupados por um número tão pequeno de pessoas que os salários serão altos. Portanto, uma questão central é: como um produto tradicional pode atrair e reter o talento necessário para ter sucesso?

Uma abordagem comprovada para ter sucesso neste novo mundo é criar uma "fábrica" de inovação digital. Não se trata de uma fábrica de produção, mas sim de um centro de inovação de produtos e experiências que alberga todas as competências interdisciplinares necessárias. O foco está na concepção e produção de novos produtos e serviços digitais com ciclos de inovação dramaticamente mais rápidos usando o novo pensamento de design e técnicas ágeis. A fábrica de inovação também pode servir como um agente de mudança para que toda a empresa adote conceitos-chave, como teste rápido e aprendizagem e aceitação de falhas rápidas. Esses conceitos são apresentados na figura 10.4.

Figura 10.4 *Casa das capacidades para apoiar e acelerar a transformação digital*

Embora existam componentes padrão e habilidades necessárias para uma fábrica de inovação digital, não há um modelo organizacional padrão. Cada empresa deve criar a própria, com base na sua posição no espaço de evolução do produto e nas suas ambições para o futuro. Inicialmente, essa fábrica poderia facilmente ser uma entidade externa criada com parceiros para ser transferida para a empresa em uma fase posterior. Para muitas empresas de produtos, a fábrica deve também incluir uma oficina de produção de última geração que reúna uma grande variedade de competências interdisciplinares sob o mesmo teto.

Rich Lerz, CEO da Nytec, contou sua experiência no desenvolvimento de um centro de inovação digital quando o entrevistamos:

> A amplitude das competências necessárias para estes novos produtos da futura geração é muito ampla, e descobrimos que precisávamos alojar todas essas competências no mesmo local físico. Todos os membros da equipe trabalham juntos em cada etapa do ciclo de vida do produto, da ideação à prototipagem, passando pela fabricação, utilizando a mesma metodologia de desenvolvimento de integração ágil. Todos estão cientes das dependências e ligações.[10]

É óbvio que tal estrutura organizacional só pode funcionar quando as composições funcionais "de silo" de dentro de uma empresa são completamente removidas.

Outro exemplo é a fábrica de serviços digitais implementada pela Schneider Electric, especialista global em gestão de energia e autogestão. A Schneider Electric queria reinventar a experiência do cliente com novos serviços digitais. A empresa lançou várias iniciativas para enfrentar desafios que dificultariam a criação de produtos inteligentes e conectados, como ciclos longos de desenvolvimento de produtos, falta de metodologia de processo e a duplicação de esforços.[11]

Para chegar a uma fábrica de serviços digitais viável, a empresa decidiu avançar em duas frentes: desenvolver e integrar soluções digitais com seus produtos existentes através de uma abordagem industrializada e acelerar e escalar novas soluções digitais. Para complementar esses dois objetivos, a Schneider recolheu dados a partir de ativos conectados através da infraestrutura da empresa e das instalações dos clientes para acelerar o desenvolvimento de novos serviços, desde a concepção à industrialização e lançamento no mercado.

A empresa criou recursos inteligentes usando uma combinação de análises em tempo real, tecnologias conectadas e soluções de plataforma da Internet das Coisas (IoT). No centro dessa arquitetura está uma plataforma IoT chamada EcoStruxure que conecta a Schneider Electric com dispositivos de sua linha em uso pelos clientes. Ele aproveita os avanços em IOT, mobilidade, sensoriamento, nuvem, análise e segurança cibernética para oferecer inovação em todos os níveis — de produtos conectados a controle de borda para aplicativos, análises e serviços. O EcoStruxure foi implantado em mais de 450 mil instalações, com o suporte de 9 nove mil integradores de sistemas, conectando mais de um bilhão de dispositivos.[12]

A fábrica de serviços digitais acabou por ser entregue em todas as frentes: incubação de novas ideias com um foco centrado no cliente, concepção e testes de potenciais ofertas de produtos, implantação e escalonamento de ofertas e abastecimento de recursos de análise e IoT para acelerar o desenvolvimento de aplicativos. Com a implementação de sua fábrica de serviços digitais, a Schneider Electric reduziu em 80% o tempo de criação e lançamento de novos serviços digitais. Seus insights baseados em análise ajudam suas equipes a serem mais ágeis e antecipar melhor as necessidades dos clientes. Novos serviços digitais inteligentes, como manutenção preditiva, monitoramento de ativos e otimização de energia, ajudam as unidades de operações dos clientes a serem mais proativas e eficientes.[13] Nós implementamos estruturas de fábrica de serviços digitais semelhantes com cerca de trinta outros clientes em diferentes setores em todo o mundo.

MARCADOR 5: CRIAÇÃO DE UMA ORGANIZAÇÃO DIGITALMENTE HABILITADA PARA PERMITIR UMA EXECUÇÃO SEM ATRITOS

Um produto vivo ou empresa de serviços vivos bem-sucedidos devem combinar as habilidades do que eram historicamente três empresas diferentes: uma empresa de plataforma de internet, uma empresa de software e uma empresa de produto tradicional. As equipes multidisciplinares com diferentes culturas de trabalho devem ser tecidas em conjunto e apoiadas por sistemas informáticos que facilitem essa colaboração.

Essa visão é convincente, mas o desafio é assustador, pois existem hoje barreiras muito reais e muito grandes entre as equipes de desenvolvimento de produtos, fabricação e serviços.

Trazer as melhores mentes da empresa para fora de seus silos para trabalharem juntas é difícil. Pode criar conflitos de prioridades e de recursos. E isso muitas vezes se torna um conflito entre as pessoas. Na fabricante de automóveis Tesla, eles encontraram um caminho. De acordo com um gerente da Tesla, com quem tivemos uma conversa:

> O fundador e CEO da Tesla, Elon Musk, encoraja ativamente a comunicação entre engenheiros e desencoraja fortemente a comunicação hierárquica. Um organograma de trabalho em uma empresa mais convencional mostraria a comunicação primária que ocorre entre os gerentes, que então retransmitem os resultados para seus engenheiros. A Tesla desencoraja profundamente esse padrão ao ponto de corrigir rapidamente esse comportamento nos gestores.[14]

A empresa segue um princípio de comunicação muito direto e enxuto, que canaliza a comunicação da equipe motora diretamente para a equipe de *firmware* e os coloca na mesma sala para trabalhar o design. O gerente da Tesla explica:

> As decisões técnicas de arquitetura e muitas das decisões centrais e mesmo interfuncionais sobre como o produto será implementado são levadas à equipe de engenharia. Isso garante a integração entre disciplinas e equipes de engenharia, o que é muito difícil de conseguir se não se colocar as pessoas lado a lado na mesma sala, ou sala virtual, enquanto elas trabalham no mesmo problema.[15]

A figura 10.5 dá uma visão geral rápida de quais novas habilidades digitais precisam ser focadas.

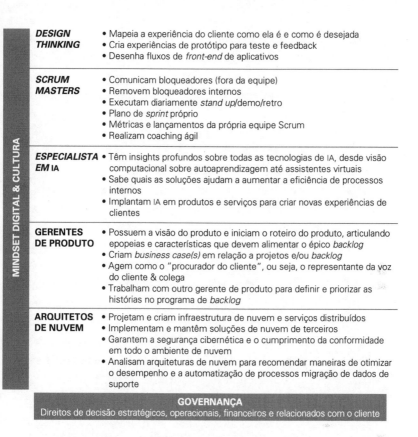

Figura 10.5 *Expansão das novas competências digitais*

MARCADOR 6: RASTREAMENTO DE RESULTADOS PARA AJUSTAR CONSTANTEMENTE O CURSO

A jornada para a Nova Era é longa, e as empresas são aconselhadas a começar com a aquisição dos sete principais recursos que listamos no capítulo 9. Quando, então, começam a se encaminhar para essa direção, elas devem rastrear seus resultados e ajustar onde for necessário. É totalmente uma questão de bom *timing*. Mova-se muito depressa ou muito devagar e você poderá sofrer graves prejuízos econômicos.

Os fabricantes de produtos inteligentes e conectados podem experimentar um verdadeiro ciclo fechado de gerenciamento do ciclo de vida do produto, onde eles rastreiam, gerenciam e controlam as informações e funcionalidades do produto em qualquer fase do ciclo de vida em todo o mundo. Isso cria uma oportunidade única para monitorar e ajustar continuamente o produto e o modelo de negócio de uma forma que era impossível há menos de uma década. A fabricante italiana de equipamentos industriais Biesse, por exemplo, conectou milhares de suas máquinas de processamento de madeira e pedra ao redor do mundo para trabalhar com os dados recebidos sobre novos serviços e experiências.[16]

Os líderes adotarão um processo e uma cultura que estimule o desenvolvimento rápido e iterativo e uma mentalidade de "falhar rápido e aprender". Os produtos conectados podem ser constantemente monitorados e avaliados ao longo de todo esse ciclo de "inventar, incubar e industrializar", como mostra a figura 10.7.

Tirando partido dessa abundância de dados, as empresas devem desenvolver indicadores-chave de desempenho (KPIs) que possam monitorar regularmente e alimentar os algoritmos. Insights estratégicos e acionáveis podem então ser extraídos para ajustar o design e a produção do produto e melhorar a rentabilidade dos serviços a ela associados. Para que isso aconteça, uma infraestrutura digital adequada deve ser implementada para garantir que os insights derivados dos KPIs sejam compartilhados com as equipes relevantes para a gestão do produto. Ainda mais importante, o DNA organizacional da empresa deve se ajustar a ciclos intermináveis de ideação, aprendizagem e escala.

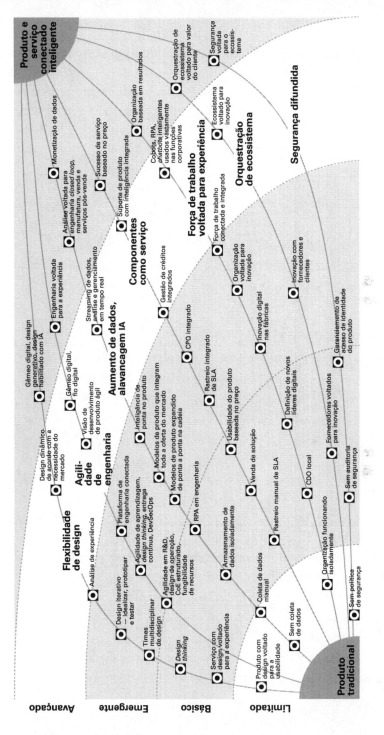

Figura 10.6 *De produtos tradicionais a produtos inteligentes e conectados*

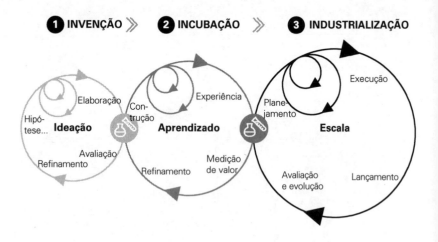

Figura 10.7 *Processo de inovação iterativa*

MARCADOR 7: INICIAR A MUDANÇA DE DIREÇÃO AGORA EM VEZ DE ESPERAR PELA PRÓXIMA NOVA ERA

A disrupção digital veio para ficar. Ela ameaça deslocar cerca de metade das empresas do atual S&P 500 nos próximos dez anos. Se as empresas industriais estabelecidas puderem aproveitar a IA para criar produtos conectados inteligentes e serviços complementares que melhorem continuamente as experiências dos clientes e as estabeleçam no mercado em escala, elas podem aumentar drasticamente o crescimento da linha superior e, portanto, sua capitalização de mercado.[17]

Ser muito cauteloso ao mudar a direção do negócio para um produto inteligente e conectado pode causar um fracasso futuro. Os mercados para essa nova espécie de produtos estão se expandindo rapidamente e continuarão nesse movimento — com ou sem a sua ajuda. Nós o aconselhamos a agir de forma rápida e determinada para garantir seu lugar na história como uma empresa estabelecida que surfou com sucesso na reinvenção digital de modelos de produtos e negócios.

Para refletir

1 Praticamente todas as empresas de produtos precisam elevar a inteligência e os Quocientes de Experiência de seus produtos e se reinventar como uma empresa de produtos ou serviços vivos.

2 Para gerir essa transformação, é necessário desenvolver um roteiro cuidadoso de "rotação para a Nova Era" que inclua a transformação digital do *core business* atual para financiar o investimento nesse novo mundo. Há sete marcadores para ajudar a traçar esse roteiro.

3 A criação de uma fábrica de inovação digital é fundamental para difundir a mudança e alimentar a inovação, bem como para atrair e manter as competências necessárias.

4 As barreiras organizacionais tradicionais precisam ser sistematicamente derrubadas para incentivar a colaboração e aumentar a agilidade.

11
INSIGHTS DO MERCADO

Para ajudá-lo a entrar no mundo dos produtos inteligentes e conectados, nós delineamos as capacidades essenciais necessárias e definimos um roteiro.

Nada, porém, é tão convincente como a realidade. É por isso que esta parte do livro aborda até que ponto a nossa análise, teoria e previsão ressoam e, por vezes, já se refletem nas práticas atuais de fabricação de produtos em vários setores.

Para visualizarmos o layout de um cenário de negócios em que muitas estratégias são, como falamos, definidas por produtos inteligentes e conectados em vários estágios de maturidade, entrevistamos — ou nos envolvemos em conversas intensas com — uma gama de altos executivos, gerentes e acadêmicos.

Entre os entrevistados estão especialistas de empresas de software. Em muitos aspectos, estes são os modelos para os fabricantes de produtos mais tradicionais quando se trata de desenvolver produtos conectados inteligentes.

Mas as conversas também fornecem informações valiosas de setores de hardware já estabelecidos, como engenharia industrial, equipamentos de teste da indústria, eletrônicos automotivos e de consumo.

O que todos têm em comum é que, de uma forma ou de outra, iniciaram a jornada para a Nova Era. Seus insights também nos preparam para o capítulo 12, no qual mergulharemos mais profundamente em estudos de caso detalhados de empresas no meio de sua jornada para o produto reinventado com sucesso.

TESLA

O engenheiro especializado em software com quem falamos lidou com produtos inteligentes e conectados durante a maior parte de sua carreira. Tendo trabalhado anteriormente para a especialista em mobilidade norte-americana Tesla, ele compartilhou suas ideias sobre a disrupção no setor automotivo e a grande mudança exigida aos fabricantes tradicionais para dominar os produtos inteligentes.

"O mesmo carro Tesla que um cliente adquiriu em 2013 é hoje um carro muito melhor do que quando foi comprado, devido a atualizações permanentes do software."

Qual é o aspecto-chave que caracteriza um carro Tesla como um produto conectado?

Eu diria que é um carro que foi rigorosamente repensado com base em software. Os modelos Tesla são impulsionados por essa tecnologia e não por arquitetura de hardware, apesar do fato de que há uma enorme quantidade de engenharia física de ponta neles. É o software que controla o acoplamento de todos esses componentes de hardware.

Você pode pensar em alguma analogia com outros campos de produtos?

Eu diria que um modelo Tesla se compara a um carro convencional como um celular de *flip* a um smartphone. Nos dois casos, é necessária uma engenharia eletromecânica de alta qualidade. Ambos são muito trabalhosos de se projetar e fazer funcionar de forma confiável a partir de uma perspectiva de hardware. Mas em um deles a experiência do usuário e a operação do dispositivo são codificadas rigidamente, como em um celular de *flip*. A Tesla, um pouco como um smartphone, é, em contraste, um dispositivo radicalmente definido por software que pode mudar sua função de forma fluida e muito drástica após o envio do produto. A beleza é que as melhorias contínuas da experiência do usuário podem ser realizadas através de atualizações de software.

De que tipo de melhorias estamos falando?

É um espectro bem amplo. Temos de pensar nestes veículos como plataformas de sensores que experimentam e registram, através de câmeras, sensores ultrassônicos e radares, a vida na estrada à sua volta. Esses dados podem ser usados para informar o desenvolvimento das capacidades do assistente de condução e do piloto automático ou para desenvolver conjuntos de treino de condução. Ele pode ser usado para comparar o comportamento do carro sob controle humano e automatizado, a fim de sintonizar os algoritmos usados na funcionalidade do piloto automático. A existência baseada em software de um Tesla nos dá realmente uma ampla plataforma na qual se pode implantar e testar qualquer software de suporte ao carro, desde características de condução a gestão de energia e entretenimento.

Então, de certa forma, o carro encontra-se em modo de otimização permanente?
Isso é crucial. Devido à sua qualidade como um produto inteligente e conectado, você pode acompanhar meticulosamente como ele está sendo usado. Você vê quais características são mais relevantes para o cliente e quais não são. Você pode ajustar as interfaces de acordo com os padrões de uso reais. Pode priorizar características que são mais comumente acessadas e prescindir daquelas que são menos usadas. Você simplesmente tem um tremendo gerenciamento de produtos à vista a partir do histórico de dados de operação. O produto, sendo capaz de relatar a sua experiência no mundo, dá um impulso no desenvolvimento de funcionalidades para fazê-lo comportar-se da forma que o operador espera e gerando uma boa experiência para o usuário.

Dê um exemplo real de como o software pode mudar a experiência do usuário.
Veja a primeira versão do modo de alta aceleração no modelo S da Tesla, por exemplo. Ele leva o carro de zero a cem quilômetros por hora em 3,3 segundos. Uma simples atualização de software conduzida remotamente ajudou a melhorar para 3,1 segundos. Foi uma melhoria muito significativa na experiência do usuário, e só foi possível com um carro conectado e rico em software. Nos automóveis mais tradicionais, o isso não seria incorporado de forma suficientemente profunda para incluir tais características de desempenho físico. O mesmo carro Tesla que um cliente comprou, digamos, em 2013 é hoje um carro muito, muito melhor do que era quando foi comprado, devido a atualizações permanentes do software.

Como você estabelece modelos de preços para melhorias fluidas da experiência de um carro?

Essa é uma pergunta interessante. Pagar uma quantia fixa inicial por um produto e não muito depois parece menos compatível com um mundo em que se mantém conexões de dados com produtos no mercado, a fim de mantê-los atualizados e seguros. Como fabricante, você tem despesas diferentes de equipe e de infraestrutura para dar suporte ao produto durante toda a sua vida útil. Nesse ponto de vista, é melhor esticar a renda por toda a vida útil do dispositivo também. É por isso que a criação de produtos inteligentes e conectados conduz as empresas a modelos de subscrição como o modelo produto-serviço. Você tem que decidir como decupar esses serviços e como o custo inicial do mero hardware pode ser reduzido. Há também a importante questão de saber se uma fabricante de produtos como a Tesla ou outro intermediário se tornará o proprietário do ativo de capital, sendo responsável pela manutenção do hardware. Isso nos transformaria em um fornecedor de serviços quase ao estilo Uber.

De que forma você vê os carros Tesla como plataformas de produto que têm uma função em um ecossistema mais amplo?

Todos os produtos inteligentes e conectados têm um caráter de plataforma, na minha opinião. Em muitos casos, eles não são uma única plataforma, mas um portfólio de plataformas. Cada uma dessas capacidades é fornecida pela empresa do produto, seja ela própria ou subcontratada a outra pessoa. Assim, se construímos, por exemplo, um *sprinkler* de jardim inteligente, temos de nos perguntar: queremos desenvolver a nossa própria tecnologia com sensores adequados que desliguem o dispositivo quando chove ou vamos integrar dados de terceiros do serviço meteorológico nacional para acrescentar essa funcionalidade? Os nossos dados do mapa são, por exemplo, retirados da Google. Então, estamos integrando plataformas de terceiros no produto, isso se torna uma questão interessante: quais dessas plataformas você insere em sua própria engenharia e quais confia a terceiros.

Essas decisões não dependem crucialmente de como e onde o valor do cliente pode ser traduzido em dólares dentro desse ecossistema?
Sim. Por exemplo, não teríamos pensado que as empresas de táxis antigas entrariam em conflito com os fabricantes de automóveis. Mas com um produto moderno conectado, isso pode acontecer facilmente. Quem fornece qual serviço é a questão. E, de repente, você tem uma realocação de valor entre os diferentes *players* de um ecossistema em torno de um produto inteligente. Com essa realocação de valor, as funções centrais de um negócio podem mudar. No caso de carros, além do transporte há entretenimento, há entrega, há pagamento e muitas outras funções. Todas têm qualidades de plataforma fundamentais que podem acabar como experiência de domínio para o fornecedor de um produto inteligente.

Acredito que um estilo de engenharia como o da Tesla, que é tão vastamente impulsionado pela análise de dados, precisa de uma cultura especial da empresa.
Esse é definitivamente o caso. O que eu vejo como único na Tesla é que ela trabalha com um apetite muito alto ou tolerância ao risco combinado com uma abordagem explícita para gerenciá-lo. Como parte definidora da cultura corporativa, isso nos permite fazer um progresso substancialmente mais rápido no desenvolvimento de produtos e na arquitetura de veículos do que muitos concorrentes.

Como isso se reflete na estrutura organizacional?
Há o reconhecimento universal de que todos os três componentes de engenharia que fornecem o produto final são igualmente importantes e precisam de dedicação máxima. Há o próprio produto físico, a combinação de hardware e software que fornece a operação do veículo; em seguida, há o desenvolvimento das interfaces de usuário que integram as capacidades do veículo em uma experiência única para o usuário. E, em terceiro lugar, há a infraestrutura de serviços de *back-end* que monitora, gerencia e aprimora a frota de produtos em campo, permite melhorias por meio de atualizações de software e opera a coleta de

dados. A Tesla reconhece que todos os três componentes precisam ser executados extremamente bem, mas a maioria das empresas ainda não.

E quanto ao lado especializado das coisas, que tipo de especialistas trabalham na Tesla?
A Tesla é uma empresa do Vale do Silício. Como tal, está recorrendo a um grupo de engenheiros experts que estão muito familiarizados com as aplicações em nuvem. Alguns desenvolveram aplicativos de web e aplicativos para celulares, por exemplo na indústria de infoentretenimento. Somente uma combinação única de especialistas em software pode criar uma plataforma que se fundirá com a melhor engenharia automotiva da categoria. A maioria dos fabricantes de automóveis mais convencionais são empresas de hardware sem uma sensibilidade declarada para o software. Obviamente, isso está mudando. Eles estão acordando e percebendo que os veículos estão a caminho de se tornarem plataformas de softwares. Mas, ainda assim, em comparação, são primitivos na forma como se aproximam disso. Eles tendem a ver o software como um irmão mais novo para o hardware, como uma espécie de agregado da empresa em vez de uma unidade de liderança dentro dela.

Como as informações e dados são mantidos dentro da organização para que cheguem às pessoas certas?
O fundador e CEO da Tesla, Elon Musk, encoraja ativamente a comunicação entre engenheiros e desencoraja fortemente a comunicação hierárquica. Um organograma de trabalho de uma empresa mais convencional mostraria a comunicação primária que ocorre entre os gerentes que, então, retransmitem os resultados para seus engenheiros. A Tesla desencoraja profundamente esse padrão a ponto de corrigir rapidamente esse comportamento nos gestores.

Como este conceito se torna realidade em termos práticos?
A empresa segue o princípio de comunicação de "atalho", que canaliza a comunicação da equipe motora diretamente para a equipe de *firmware*

e os reúne na mesma sala para elaborar o projeto. As decisões técnicas de arquitetura e muitas das decisões centrais e até mesmo as decisões interfuncionais sobre como o produto será implementado são levadas à equipe de engenharia. Isso garante a integração entre disciplinas e equipes de engenharia, o que é muito difícil de alcançar se não se colocar as pessoas lado a lado na mesma sala, ou sala virtual, enquanto elas trabalham no mesmo problema.

Vamos voltar aos prós e contras dos produtos inteligentes e conectados. Onde você vê os maiores riscos para os fabricantes que oferecem esses tipos de produtos?
Um dos maiores riscos é certamente a segurança e a conformidade regulamentar. O software é um campo onde você tem que trabalhar em um ambiente fundamentalmente hostil. Isso é muito mais difícil de conseguir do que em um ambiente amigável. Você deve colocar a segurança dos dados acima de tudo para evitar danos causados por ataques à segurança e à privacidade dos clientes. Os hackers tornaram-se uma ocorrência não muito incomum no mundo dos produtos conectados. Considere os recentes ataques de "negação de serviço" lançados por redes de bots através de produtos IoT.

O ataque em 2016 que transformou câmeras e impressoras domésticas conectadas em dispositivos agressivos.
Pense outra vez no que estava acontecendo. Um fabricante de dispositivos inteligente para o lar desenvolveu um software, incorporou-o aos produtos e depois enviou esses produtos para o mercado sem a opção de corrigi-los, atualizá-los e melhorá-los através de atualizações de remotas. O que foi efetivamente criado foi um exército de dispositivos remotamente exploráveis conectados à internet. Foi um mau serviço ao cliente. Não há como negar que existem riscos muito substanciais para as empresas quando elas desenvolvem mal o seu software enquanto reinventam digitalmente os seus produtos. É apenas um alto risco não ter a opção de atualizar o *firmware* do produto conectado, porque não é possível enviar um produto que seja totalmente seguro e conectado.

Você não sabe quais ataques estão indo na sua direção, e tem que estar em posição de mitigar esses ataques através de mudanças no software.

Acha que algo assim também pode acontecer aos fabricantes de automóveis?

Não tenho dúvidas de que poderia. Um episódio semelhante aconteceu em 2015, quando um grupo de ativistas publicou um *exploit* de um modelo da marca Jeep que permitia que o veículo fosse controlado remotamente. A Jeep não tinha se preparado para isso com atualizações de *firmware* adequadas, então a empresa acabou tendo que enviar milhões de *patches* de vulnerabilidade para seus clientes com novos *firmwares* para o veículo. Ela precisou pedir aos seus clientes que passassem por um procedimento de atualização complexo, a fim de atenuar um ataque que afetava fortemente a segurança de base do seu veículo. Esse tipo de vulnerabilidade é prejudicial para o negócio e para a marca, como qualquer um pode imaginar. Se você envia um produto que seja orientado por software, você deve manter a capacidade de atualizações de segurança no campo sem que o cliente esteja ativamente envolvido.

Em que medida a indústria automobilística é, em geral, à prova de disrupções na sua avaliação como um dos principais disruptores do setor?

Do meu ponto de vista, há uma série de fabricantes de automóveis já estabelecidos que são a Nokia, a Motorola ou a Blackberry do mundo automobilístico, que não vão fazer a transição para o digital com sucesso. Leva algum tempo para que isso aconteça, mas a história na indústria automobilística será escrita da mesma forma que foi escrita na indústria de telefonia, eu acho. Mesmo os fornecedores do produto principal — um carro inteligente — estão correndo o risco de serem comoditizados. Se pensarmos em um veículo autônomo, é fácil imaginar que esses veículos se tornarão meras infraestruturas de retaguarda, e que as empresas que realmente ganharão dinheiro serão as empresas que prestam serviços de entretenimento no automóvel, por exemplo. Esses fornecedores vão comprar seus veículos em um mercado de carros autônomos comoditizados com pouca diferença tecnológica entre eles, e então rentabilizar a experiência de transporte e, talvez, as propagandas mostradas enquanto as pessoas estão sentadas em um veículo cruzando a rodovia. Assim você pode ver essa enorme oportunidade para a ruptura do setor. Há a velha guarda e a nova guarda. Mas até mesmo a nova guarda está em risco, pois a experiência do usuário em transporte e entretenimento pode mudar a economia e a distribuição de valor do transporte mais do que imaginamos.

STARTUP AUTOMOTIVA NA CHINA

O sucesso ou fracasso de um produto inteligente e conectado depende da experiência do usuário. Um ex-diretor de desenvolvimento de interface digital em uma startup automotiva explica o que as montadoras já estabelecidas podem aprender com os novos desafios.

"Trabalhamos como programadores de software para que pudéssemos inovar e iterar a experiência automobilística de forma rápida e muito próxima das exigências do mercado."

Você projetou a experiência e as interfaces de usuário de um novo modelo de carro em uma empresa automotiva competitiva. Descreva a sua abordagem principal.
Vimos que o setor está prestes a passar de uma indústria de manufatura tradicional para uma indústria digital altamente conectada, onde os carros são como computadores ou robôs inteligentes. Isso nos levou a começar nosso trabalho em uma nova experiência de carro como uma empresa de tecnologia, com um conjunto definido de necessidades ou problemas do usuário para resolver.

Qual foi o primeiro passo?
Identificamos todos os detalhes dos casos de uso principal e, em seguida, elaboramos soluções em torno deles. Só então usamos essas

plantas para informar os programadores de hardware. Isto garantiu que as características do automóvel seriam em função da experiência e da interface do usuário.

Isso é um afastamento acentuado das formas tradicionais de conceituar e desenhar.
Vimos a indústria de software trabalhar com essa mentalidade há muito tempo: começando com o usuário. É natural para eles porque o código é um produto vivo que pode ser rapidamente iterado, o que torna o processo ágil e flexível. Existem procedimentos padrão usados por desenvolvedores de software, como escrever uma história de usuário, entrevistar usuários, fornecer protótipos para serem testados em seus celulares. Muitas dessas metodologias estão agora chegando ao setor automobilístico, sobretudo porque os novos operadores mostram como isso pode ser eficaz.

Tornou-se muito mais fácil personalizar uma experiência automobilística na era digital do que em tempos mecanicamente mais rígidos?
As empresas mais recentes têm, de fato, algumas vantagens. As interfaces do usuário nos carros estão se tornando cada vez mais digitais e, por esse meio, mais versáteis e direcionadas. A experiência é cada vez mais baseada em software, que é uma matéria-prima altamente adaptável em um processo de design. Concordo que assim se torna muito mais fácil colocar o foco principal na experiência. No nosso caso, foi como criar um iPad para um carro.

Como as empresas de automóveis tradicionais trabalhariam com interfaces digitais?
Os automobilistas mais tradicionais ainda iniciam um novo modelo de carro com documentos de requisitos de engenharia e planos de integração, catalogando milhares de especificações. Muitas vezes, eles ainda trabalham com fornecedores de primeira linha para criar suas interfaces de usuário. O que pode tornar mais difícil alcançar a excelência na experiência do usuário. Em vez disso, fomos capazes de incluir nossas descobertas sobre as necessidades futuras dos usuários diretamente em

nosso próprio processo ágil de desenvolvimento e design. A maioria das novas empresas competitivas tem todos os especialistas digitais necessários em casa.

Qual foi a informação entregue aos fornecedores de hardware?
Passamos para eles uma ideia completa do que pensávamos que os usuários queriam do produto. Nós os informamos praticamente como fabricantes de dispositivos eletrônicos de consumo e não como fabricantes de veículos. Explicamos em detalhes todos os casos de utilização que queremos apoiar e quais interfaces que necessitávamos na cabine de passageiros, incluindo interfaces ativadas por voz, tangíveis e cinéticas, que controles ou visores foram planejados e quais seriam as entradas e saídas. Também receberam as nossas ideias mais amplas para o entretenimento a bordo, para o relaxamento dos passageiros e para a forma como pensamos que os tripulantes podem aumentar a produtividade no trabalho e evitar o estresse em seus carros. Deve-se ter em mente que quando um carro começa a se mover autonomicamente, ele se transforma em um "imóvel" sobre rodas, multiplicando o número de potenciais casos de uso. Isso reforça ainda mais que a experiência do usuário deve ser o ponto de partida e um grande condutor quando os veículos são construídos.

As empresas de automóveis estabelecidas poderiam fazer isso sozinhas?
Provavelmente, sim. Mas há barreiras consideráveis para elas em suas competências personalizadas. Manufatura, integração, segurança, qualidade e testes têm sido os conjuntos de habilidades das montadoras desde que surgiram. Essas competências fazem todo o sentido. É ainda muito mais complicado introduzir um veículo no mercado do que introduzir produtos de consumo eletrônicos. Se uma caixa de som doméstica não funcionar, é uma frustração. Se um veículo não funcionar, é uma potencial fatalidade. Assim, o setor automobilístico tradicional é construído em torno da fiabilidade e da qualidade. Mas é também por isso que a experiência do usuário não está, em muitos casos, na vanguarda das mentes dos desenvolvedores deste setor.

Será que isto não mudou, uma vez que muitos fabricantes de automóveis estão lançando mão da agilidade e de tecnologias digitais a bordo para tornar seus carros mais adaptáveis e fáceis de usar?

Até certo ponto. Mas, mais uma vez, são os novos fabricantes de automóveis, como a Tesla, que estão liderando o caminho. Pilotos automáticos e assistentes de condução são todos produtos de software. E não passam pelas longas baterias de testes de um componente de carro tradicional. Isso torna as coisas muito rápidas. Eles introduzem o rápido desenvolvimento de iteração mesmo para componentes de hardware, junto com os elementos de software que, de qualquer forma, são impulsionados o tempo todo para melhorar a experiência do cliente. Como produzem carros conectados ricos em software, eles podem iterar rapidamente na interface do usuário e no comportamento de condução do carro. No entanto, em atualizações mensais há mais espaço para erros do que em atualizações a cada poucos anos; esse é um risco que os fabricantes de automóveis mais tradicionais muitas vezes ainda não estão dispostos a correr.

SAMSUNG

Yoon Lee, vice-presidente sênior e *chefe da divisão de conteúdo e serviços, chefe de inovação de produtos da Samsung Electronics America, analisa por que as grandes organizações empresariais acham especialmente difícil de incorporar agilidade de inovação, a fim de dominar o mundo dos produtos inteligentes em face dos mercados de consumo inconstantes.*

"A inovação é sempre um ato de equilíbrio — há um impulso tecnológico e uma atração dos consumidores, há o Yin e o Yang."

Os eletrodomésticos, que são sua missão na Samsung, estão se tornando cada vez mais inteligentes e conectados. Como funciona a inovação nestas condições?

Em termos gerais, geladeiras, máquinas de lavar roupa e máquinas de lavar louça se inovam de acordo com as tendências do estilo de vida. Mas essas tendências de consumo mudam a um ritmo crescente no mundo digital, de modo que os processos de inovação precisam ganhar velocidade. Dois traços prevalecem no estilo de vida doméstico de hoje. Número um: todos estão conectados. Número dois: a cozinha se transformou em um centro. Ela mudou fundamentalmente de um lugar para se cozinhar para um de servir e, finalmente, de um lugar de comer para um de viver. A maior parte dos trabalhos de casa de hoje é feita na cozinha, é onde se passa a maior parte do tempo em família e onde se comunicam mais. Inovamos produtos para nos mantermos compatíveis com essas tendências de mercado em rápida evolução, entrelaçando cada vez mais o físico e o digital.

Parece que vocês só reagem às tendências. A inovação não é também sobre a criação de valor que os usuários ainda não descobriram?
A inovação na nossa área é, realisticamente falando, sempre uma mistura entre o alargamento das fronteiras tecnológicas da nossa parte e uma exigência permanente de novidades do lado do consumidor. Você está certo: o que os consumidores podem imaginar é, em muitos casos, encapsulado principalmente em sua experiência passada. Em outras palavras, ainda não sabem o que não sabem. Usando a famosa citação de Henry Ford, os consumidores dirão "Quero um cavalo mais rápido", enquanto a intenção não dita era dizer "Quero ir mais depressa do ponto A ao ponto B". Os consumidores nunca serão capazes de articular que querem um carro. A experiência não existe. É nossa tarefa fazer a ponte para essa lacuna literal e pressionar proativamente por essa inovação extra que realmente faz um produto, o carro pretendido, e não apenas um cavalo rápido.

Como conciliar o tecnologicamente possível com o genuinamente desejado pelo consumidor?
A inovação que só é impulsionada pelo consumidor tenta consertar os pontos fracos identificados por meio de pesquisa ou análise de dados

em tempo real coletados de dispositivos conectados. É muito mais fácil de fazer porque uma vez que os pontos fracos foram identificados, você pode manter o curso enquanto aponta para uma meta clara de inovação. A tecnologia pura, por outro lado, tende a se deparar com esse obstáculo inicial de relutância, pois os consumidores ainda não têm experiência com a novidade. Eles tendem a ver o lado funcional no início. Só gradualmente se descobre a experiência elegante que acompanha a inovação. Precisamos que os consumidores pioneiros deem o pontapé inicial em um novo produto no mercado. Eles se preocupam menos com a experiência, ao passo que os clientes que adotam em massa em uma fase posterior se importam muito mais. A inovação no nosso domínio é sempre um ato de equilíbrio — há o nosso empurrão e há a atração deles, há o Yin e há o Yang.

A análise de dados é uma característica grande nos processos de inovação da Samsung?
A escuta dos consumidores é uma parte importante da inovação dos eletrodomésticos. Temos equipes de análise de dados, equipes fazendo pesquisa de núcleo e outras melhorando os algoritmos de análise. Empregamos especialistas que analisam os dados para obter insights sobre o uso. E temos reuniões regulares sobre como melhorar os produtos com base nessas descobertas. Fornecer núcleos de IA a produtos e serviços é atualmente o maior impulso das nossas unidades de inovação. Vejo a principal dificuldade no fato de os mercados de consumo mudarem constantemente. No minuto em que você pensa que descobriu o que os clientes querem e pode seguir em frente, você levanta a cabeça e tudo mudou novamente. Já trabalhei para fabricantes B2B antes, e lá isso acontece menos, o que torna a inovação mais fácil para essas empresas.

Como você classifica a capacidade de inovação geral da Samsung?
Quando eu era criança, no início dos anos 1980, peguei um walkman da Sony e um de um fabricante coreano. A diferença era como noite e dia. Até meados dos anos 1990, os coreanos se recuperaram. Empresas como a Samsung tinham ganhado competências essenciais, dominando

design, engenharia e tecnologias de fabricação. Quando a Samsung assumiu a posição de liderança nos eletrônicos de consumo, ficou claro que a única luz orientadora remanescente eram os consumidores. As equipes de inovação de produtos foram criadas em 2006, e a empresa aprendeu a ler corretamente os mercados e as mentes dos consumidores. E acrescentou às suas competências essenciais a capacidade de passar o que foi concluído na pesquisa para o mercado a uma velocidade relativamente rápida. Depois veio a fase em que o "design de experiência rápida" foi introduzido. Com a chegada de ferramentas de prototipagem rápida, tanto de hardware como de software, você começava com a tecnologia, para construir rapidamente "experiência" para os consumidores testarem primeiro e fornecerem feedback para validar as necessidades não articuladas antes de se definir as especificações finais do desenvolvimento do produto. Assim, resolveu-se o problema de que aqueles que estão fazendo pesquisa de consumo tinham todas as capacidades técnicas para ler o que estava acontecendo, mas nenhuma competência tecnológica para traduzir rapidamente essas descobertas em soluções tecnológicas. Com isso, o marketing e a tecnologia acabaram combinando de forma muito eficaz.

Com base nisso, como você definiria a atual fase de inovação?
Todos os três níveis que descrevi foram voltados para fora e desenvolveram os nossos conjuntos de habilidades. A quarta fase de inovação é colocar hardware, software e todo o modelo de negócio em um novo modo de vida dentro da empresa. Isso exigiu que mudássemos completamente nossa cultura de fazer as coisas de forma holística de cima para baixo.

Parece que essa fase é a mais ambiciosa das três.
Significa aplicar forças realmente rotativas às velhas formas de fazer negócios em toda a organização. A agilidade da inovação torna-se o ponto principal da agenda. Temos que ser rápidos, pois o tempo encolheu e os relógios aceleraram. O que antes era um dia de 24 horas, hoje passou para cerca de três. A consciência humana, a adoção, o consumo

e o descarte de tudo se tornaram tão rápidos que um dia vale por três dias na calibração dos anos 1980. É por isso que a agilidade se tornou tão importante.

Como o tempo de todos pode ser configurado para obter algum movimento ágil coordenado?

É interessante. Há pessoas de todas as idades na empresa, mas aqueles com poder de decisão tendem a usar o relógio dos anos 1990 e os recém--chegados tendem a viver na dimensão temporal de 2018. Isso provoca uma lacuna cultural, mas que pode ser usada em nosso benefício. Por exemplo, tentamos misturar níveis de segurança e experiência dentro das equipes de inovação, derrubando as paredes de comunicação entre os profissionais de marketing e os especialistas em desenvolvimento de produtos. Isso traz muita cultura iterativa para a empresa.

Isso funciona mesmo? Estimula a agilidade o suficiente?

Acho que temos o problema central de muitas grandes organizações presas a isso. Pense nos afrescos pintados na Capela Sistina. Há algumas pessoas trabalhando diretamente no teto, e há muitas no chão, olhando para o panorama geral. Precisávamos de mais mentes trabalhando diretamente no teto com uma audaciosa e ágil mentalidade única sobre as mudanças. Isso nos tornaria mais rápidos. Em um mundo ideal, quase precisamos começar a pintar primeiro e montar a estratégia depois. Os pintores no teto estão prestes a fazer o que parece ser um erro quando visto do solo. Um nariz pode parecer muito grande, as mãos muito pequenas ou a perspectiva errada. Fazer com que os inovadores façam o seu trabalho a uma distância tão independente, colhendo os frutos da proximidade com o mercado, pode criar fricção com as pessoas de finanças e governança que estão no chão olhando para a cúpula. Por natureza, eles não gostam de trabalho iterativo ou de tentativa e erro ou de muito empoderamento no campo. Mas acho que, no final, eliminamos muitos gargalos ao introduzir essa cultura; simplesmente não tínhamos pessoas suficientes trabalhando penduradas em uma corda no teto.

A Samsung foi relativamente lenta para explorar o impulso inovador das startups. Em que ponto da curva de aprendizagem da inovação você acha que isso mudou?

É verdade que a empresa não estava injetando bilhões desde o início para comprar startups. De fato, as aquisições maiores só começaram por volta de 2010. Mas a Samsung também já chegou até aqui com transações robustas e bem estruturadas. Foi criada uma organização designada para assegurar o máximo de transferência de tecnologia e contratações adequadas das empresas fundadoras. Mas, por ser mais lenta do que os outras, a empresa pode aprender mais sobre como aproveitar ao máximo essas aquisições.

Em qual sentido você diz isso?

As empresas ficam grandes quando escalam o seu modelo de negócio. Mas, à medida que você cresce, inevitavelmente a inércia e a complexidade da sua empresa se multiplicam. Como remédio, as pessoas começam a prescrever indiferentemente ângulos de arranque dentro da nave mãe, que é efetivamente uma dose de caos. Isso normalmente não funciona, a menos que haja um cargo dentro da empresa principal que entenda tanto a cultura de startup quanto o mecanismo da nave mãe, levando a agilidade para a cultura e os processos da organização. Em grandes empresas é melhor criar organizações menores que comecem do zero. Mas as startups, criadas ou incorporadas, não podem escalar, elas são apenas movimentos e resultados. Por outro lado, suas organizações principais, embora possam achar difícil ser ágeis na criação de novos valores, são boas em avançar passo a passo ao longo de processos claros em escala. Elas são rápidas se tiverem objetivos e direções claras. Assim, em termos práticos, identifique primeiro que parte do seu negócio deve ganhar mais agilidade. Em seguida, obtenha rapidamente as capacidades necessárias através da aquisição ou designando internamente uma pequena equipe com independência para desenvolver conceitos adequados com agilidade. Uma vez que os conceitos tenham sido construídos com sucesso, amadureça-os construindo direções claras que ajudem a nave mãe a executar em escala. Esta "adaptação da agilidade" deve ser conduzida pela equipe interna para a equipe da nave mãe. O papel dessa equipe é fundamental para o sucesso do escalonamento da nova agilidade. As grandes empresas precisam construir esse tipo de organização dentro da nave mãe, que pode atuar como um canal para guiar a agilidade para dentro da nave mãe, como um rebocador. Foi o que a Samsung fez em muitas ocasiões. Isso é o que cria agilidade nas grandes empresas, não necessariamente meras aquisições.

DASSAULT SYSTÈMES

Olivier Ribet, vice-presidente executivo da Dassault Systèmes Europa, Oriente Médio, África e Rússia, fabricante de software francesa, acredita que apenas a extrema fusão entre produtos inteligentes no mercado e sua representação digital nos fabricantes pode garantir uma experiência de produto duradoura e adaptável.

"Quando se liga o virtual ao real, as pessoas imaginam, inventam, constroem, fabricam, colaboram, distribuem, vendem, mantêm, reparam e prestam serviços no mesmo ambiente."

Qual é a justificativa essencial para a utilização de tecnologias de representação como softwares IoT e os gêmeos digitais na fabricação de produtos inteligentes?
Hoje em dia, muitas pessoas falam, no contexto dos produtos inteligentes, de abordagens de produto como serviço, de não possuir mais produtos, mas apenas usá-los, de modelos de faturamento por repartição. No entanto, um produto conectado inteligente é mais do que um dispositivo com uma antena. A menos que você projete a complexa experiência do usuário do produto desde o início, vai ser extremamente difícil reconectá-lo para que ele seja realmente conectado. Essa é a lógica essencial por trás destas tecnologias. Desde o primeiro dia em que você pensa em um produto conectado inteligente, você não quer separar o desenvolvimento e a engenharia do uso do produto e, finalmente, a experiência de ponta a ponta que ele proporciona.

Isso soa, a princípio, como algo difícil.

Pode ser, mas posso dizer-lhe que só quando você ligar o virtual à vida real de tal produto, as pessoas vão imaginar, inventar, construir, fabricar, colaborar, distribuir, vender, manter, reparar e servir, tudo no mesmo ambiente. Isso é absolutamente necessário dada a complexidade dos produtos inteligentes. Todas as equipes têm que conhecer ou influenciar ativamente os dados gêmeos e, por este meio, o próprio produto em edições iterativas. Em outras palavras, se você não pode comparar os dados do mundo real como uma verdadeira representação digital dupla e, portanto, com a experiência do produto que você deseja fornecer, você não pode tomar as decisões necessárias.

Dê um exemplo de quão eficientes essas tecnologias podem ser para os fabricantes de produtos.

Vamos pensar em uma máquina de lavar roupa inteligente. Toma-se a decisão de entrar no mercado japonês com o produto. Ela tem de ser pequena, portátil, fácil de instalar em qualquer cidade do Japão. O conceito também diz que tem de ser capaz de lavar mais de duzentas vezes por ano e não pode custar mais do que 200 €. Também foi decidido que o aparelho tem de oferecer as funções de lavagem, secagem e, como característica adicional, umidificação da sala. Além disso, esta máquina não pode pesar mais de 150 quilos e que de suportar 200 newtons de impacto quando cai de um caminhão. Todas estas características e funções — e nos processos reais de desenvolvimento, é claro que muitas outras propriedades físicas e funcionalidades lógicas têm que ser determinadas — podem ser representadas em um gêmeo digital 3D disponível para qualquer pessoa que tenha de lidar com modelagem, simulação, produção, marketing ou comercialização do produto.

Qual é a grande vantagem para todas as pessoas e equipes envolvidas?

Uma vez decididos esses parâmetros, percebe-se que se trata de um caso de negócios e de uma questão de engenharia. Os gerentes de produto e gerentes de marketing estão construindo em conjunto. Isso é um aparelho da IoT, então todos os gerentes têm que se unir. É um produto que lhes informará regularmente o que está fazendo, qual o seu desempenho e utilização e qual a manutenção de que necessita. Além disso, esta máquina inteligente pode se adaptar a casos de uso como o de uma senhora de setenta anos que vive sozinha ou uma jovem família com duas crianças pequenas. Este sonho de um dispositivo altamente adaptável e responsivo só pode ser realizado quando, desde o início, todos os sistemas e subsistemas, todas as funções, lógica de processo e restrições físicas estão sendo modeladas digitalmente em conjunto para serem pensadas, simuladas e testadas virtualmente, antes que qualquer versão real da máquina de lavar roupa saia de qualquer linha de montagem.

Como a simulação virtual, testes e otimização funcionaria neste caso?
O gêmeo digital simularia todos os aspectos e episódios da vida real, até nos pequenos detalhes. Então, você, virtualmente pressiona o botão de início, você coloca água a uma temperatura de 75°C e pH de 2,6 e então assiste ao que acontece. Todos os envolvidos podem ver a continuidade digital, do design ao mecatrônico e ao sistema de software. Todas as disciplinas são gerenciadas e governadas em conjunto em um único modelo de dados. Então, não é apenas um sonho de marketing vago. É uma representação perfeita de todos os aspectos de engenharia do original que ainda não é real, mas pode ser. Todos os componentes foram selecionados e você sabe o que você vai construir, já que tem um fac-símile perfeito do que as pessoas nas linhas de produção estarão montando. Nesta fase, você poderia, por exemplo, trazer os varejistas de eletrônicos locais e questionar se colocariam uma máquina com estas especificações definidas no catálogo deles.

De que forma o gêmeo digital permanece envolvido depois de a máquina ter chegado, digamos, em uma casa real no Japão?
Quando o produto sai da fábrica, a vida real do produto realmente começa. Nesse ponto, você, como fabricante do produto inteligente, começa a aprender. Seu produto telefona para casa dizendo, "Eu fui projetado para ter a água a 75°C a um pH de 2,6. Mas, na verdade,

opero a 62°C e a um pH de 5,6 aqui em Kyoto". Esses dados chegam a nós e alimentam o gêmeo digital. Ele pode então ser usado para simular a situação e enviar dados como alertas para o usuário ou software operacional. As alterações podem ser feitas e transportadas de volta para a máquina no Japão. O gêmeo hiper-realista permite que os fabricantes passem da modelagem para produção, para aprendizagem e simulação, para a adaptação contínua do produto, tudo em o nome de uma boa experiência de usuário. Quando nossos clientes querem criar um dispositivo conectado inteligente, um robô ou um carro, digamos, eles pensam sobre as experiências do usuário em três dimensões: experiências conectadas, experiências contextuais e experiências contínuas. Isso é exatamente o que um gêmeo virtual 3D deve nos permitir simular e otimizar.

PTC

James E. Heppelmann é presidente e CEO da PTC, uma fabricante de software de plataforma IoT importante para o desenvolvimento de produtos inteligentes e conectados. Em suas negociações diárias com clientes, ele percebeu que a maioria das empresas industriais enfrenta desafios significativos e que muitas vezes é necessária uma recodificação de raiz e ramo quando se trata de entrar no mundo dos produtos inteligentes.

"Você não dorme como uma empresa industrial e acorda como uma empresa de software, é muito mais difícil do que isso."

Argumenta-se que as empresas de software acham muito mais fácil do que suas contrapartes de hardware adotar o know-how e os processos necessários para gerenciar com sucesso produtos inteligentes e conectados. Qual é a sua opinião sobre essa questão?
Eu diria que é definitivamente mais natural para empresas de software e realmente acho que todo o conceito dessa tecnologia ainda é um

pouco estranho para muitas empresas industriais. Mesmo os negócios industriais muito grandes se declararam companhias de software e então perceberam que é muito mais difícil do que isso. Você não dorme como uma empresa industrial e acorda como uma empresa de software, afinal de contas. É mais complicado do que isso e coloca todo esse tema da transformação cultural em pauta.

Que tipo de transformação cultural é necessária para que eles tenham sucesso nessas novas linhas de negócios?

As coisas estão se tornando mais complexas e mais rápidas e isso tem que ser resolvido. Basta pensar no tempo dos ciclos dos novos produtos digitais. Nós, como desenvolvedores de software, podemos, em um processo natural, criar um novo produto semanalmente, mesmo diariamente, se quisermos. Mas um produto físico só pode ser alterado periodicamente, e isso pode ser um processo muito caro em termos de novas ferramentas e todas as outras coisas necessárias no mundo do hardware. Dado que as empresas de software estão habituadas às iterações rápidas de desenvolvimento de software, elas acham muito mais fácil do que as empresas industriais manter um ritmo de inovação rápido. Uma empresa que fabrica produtos físicos inteligentes tem de ser uma empresa de hardware e software ao mesmo tempo. Você não está simplesmente alternando entre essas opções. Está tentando fazer os dois simultaneamente. Mas estas duas vertentes envolvem processos e culturas muito diferentes. Pense em uma empresa tentando agir como duas. Não como uma fusão, mas sim como dois tipos de empresas em paralelo, é muito desafiador.

O que eles podem fazer para manter os seus negócios a todo o vapor nestas duas vertentes?

No final, todos nós temos que levar em conta que o software é uma parte fundamental do mundo no futuro, mas também que o elemento físico dos produtos não é suscetível de desaparecer, mas a sua contribuição para o valor total é suscetível de diminuir. E o que é certo é que você não pode ignorar os componentes do software completamente porque será, então, jogado para fora do mercado se não tiver essa fonte nova de valor. Por isso, penso que as empresas têm de descobrir o próprio equilíbrio de seu modelo de funcionamento, tendo algumas pessoas trabalhando no hardware, mas tendo atenção em como o software entra no jogo, e algumas pessoas trabalhando no software enquanto estão atentas às questões do hardware. Manter estes dois reinos alinhados mesmo quando você tem pessoas fazendo coisas distintas dentro deles parece ser a solução para o enigma. Mas isso não é fácil de fazer.

Ao lado dos desafios culturais e da adoção de novas mentalidades, qual seria o maior obstáculo prático a se ultrapassar?
O mais importante é ter velocidade suficiente. O software pode ser rapidamente alterado e colocado no mercado através de downloads. O mesmo ritmo é difícil de se alcançar no lado do hardware, onde é mais difícil unificar as atividades de desenvolvimento com o feedback operacional do produto ou usuário. Como você monitora o que está acontecendo e como deixa as mudanças de produto acontecerem rapidamente sem quebrar nada? Acho que é um grande desafio para as pessoas.

E quais são as adaptações organizacionais mais urgentes a serem feitas?
É certamente importante encontrar os papéis da engenharia real versus TI no desenvolvimento de produtos inteligentes. Essa é uma questão central, mas ainda muito pouco resolvida. Porque, francamente, as equipes de engenharia tradicionais não sabem muito sobre as preocupações com os dados, com a segurança, com o *failover* e a capacidade de análise da nuvem dos negócios. Esse é um mundo totalmente novo para as equipes que trabalham com produtos físicos. A equipe de TI da organização sabe muito sobre isso. Mas nunca estiveram em um processo de entrega de produtos. Eles normalmente executam sistemas internos como CRM, ERP ou PLM. E agora têm que contribuir para um processo de entrega. Mais uma vez, as coisas podem complicar-se aqui. Você tem duas organizações que em muitas empresas, não se

comunicam muito bem. E tem que juntar os dois conjuntos de habilidades para criar um novo modelo que combine o melhor do que cada um deles sabe, a fim de obter um modelo de suporte ao produto "vitalício". Na minha opinião, só alguns encontraram a fórmula certa até agora.

Talvez empresas pequenas e ágeis, como startups, possam trazer conjuntos de habilidades a bordo para que a fusão seja feita mais rapidamente? O que sua experiência com clientes pode nos dizer sobre isso?

Eu não acho que as startups sejam a resposta. Porque mais cedo ou mais tarde, a organização principal tem que ter o conjunto completo de habilidades operacionais. Você pode trabalhar com uma startup, mas apenas temporariamente para desenvolver sua capacidade específica por completo. A fase difícil será transferir e dimensionar essa capacidade de modo que ela tenha um efeito em toda a empresa. Se eu olhar para meus clientes, eles tendem a criar internamente suas próprias filiais digitais que olham para produtos inteligentes e, então, talvez, começam a cooptar pessoas de TI para ela. Eles preferem dividir a equipe de TI em uma que trabalhe no lado do desenvolvimento de produtos e outra que continue executando os sistemas de negócios. Acho que isso é pragmático e funciona em muitas situações.

Entrar em linhas de produtos inteligentes significa, como você apontou, uma mudança cultural e organizacional drástica, mas também um compromisso financeiro substancial. Seus clientes acham fácil chegar à fórmula certa quando investem em habilidades e softwares como o seu?

Tenho vendido softwares durante grande parte da minha carreira e acho que os clientes estão muito motivados na fase dinâmica em que estamos atualmente. O mundo está mudando muito rápido, e muitas dessas empresas de produtos têm medo de se tornarem dinossauros. Eles temem ser expulsos do mercado. E podem não saber como reagir imediatamente, mas, pelo que vejo, por essa razão estão ainda mais motivados a explorar coisas novas. Se eu comparar com fases anteriores, quando se tratava de adotar um software CAD ou PLM mais convencional, agora há muito mais preparação para tentar descobrir como o software IoT pode colocá-los em uma trajetória realmente nova.

Quanta autoconfiança existe para realmente entrar na Nova Era digital?
Ainda é difícil para os clientes descobrirem isso, e como rentabilizar um investimento tão grande é certamente uma grande preocupação. Mas essas considerações são contrabalançadas pela questão do que os competidores fazem, deixam de fazer e como suas vendas podem ser mantidas no futuro. Mas mesmo que uma equipe de gerenciamento não seja experiente em tecnologia, ela está sentindo a pressão de que a transformação digital pode fazer grandes coisas por ela. Em algum momento desse limbo, eles têm que se voltar para alguém da área da tecnologia e perguntar: isso é realmente verdade? Posso mesmo acreditar? Porque estou com dificuldades para chegar a um julgamento independente.

Quem deve, em sua opinião, encontrar a resposta para essa pergunta; quem deve liderar o caminho para o digital em um negócio tradicional com pouca experiência na área?
Acho que ter um CEO visionário é ótimo. Mas sejamos francos. Muitas empresas não têm tal figura ao leme. Muitos têm uma mentalidade mais financeira ou CEOs mais voltados para vendas ou marketing. Acho que você precisa de um líder na empresa que defenda a causa. Um CEO pode assumir esse papel. Se isso acontecer, será ótimo. Mas, honestamente, muitos CEOs têm medo desse tópico. Para alguém que cresceu rodeado de produtos físicos, todas essas novas implicações de software podem ser um lugar assustador. Então você precisa encontrar esse tipo de líder destemido para superar todas as objeções, e quanto mais alto o cargo da pessoa, melhor. Penso, a propósito, que vale a pena encontrar essa figura tanto no conselho de administração como no de supervisão. E deve ser um impulso urgente para que os membros do conselho de administração ou diretores não executivos desafiem robustamente sua diretoria executiva sobre sua estratégia digital.

Você consegue pensar em uma pessoa do mundo real que tenha tido esse impacto em uma grande organização empresarial?

Penso que, quando Jim Hagemann Snabe, um ex-executivo da SAP, entrou para o conselho de administração da Maersk, uma empresa de transportes marítimos nórdica, ele começou uma grande transformação de digitalização. Sua nomeação parece ter mudado muitos aspectos críticos na empresa em expansão e ressalta o ponto em que, na maioria dos casos, você precisa de evangelizadores digitais de grande impacto para conduzir esse processo de mudança necessário para o digital em organizações empresariais complexas.

Voltando à plataforma de software da PTC: como você conceitua um produto como o ThingWorx para torná-lo prático em organizações corporativas onde especialistas de todas as áreas da vida empresarial devem lidar e cooperar através dele?

A principal coisa que tentamos fazer com nossa plataforma IoT é torná-la fácil de manusear para um "cidadão desenvolvedor". Com isso, quero dizer alguém que entende de computação, mas não é necessariamente um desenvolvedor de software, alguém que está muito mais perto do caso de negócios real da empresa. É por isso que, por exemplo, usamos muitos recursos de arrastar e soltar na plataforma. Porque, no suporte, na produção, no desenvolvimento, nas vendas, em todas essas funções, você encontra pessoas que querem obter esses dados vindos de produtos inteligentes e colocá-los para trabalhar rapidamente. Cada um desses grupos necessita de ferramentas que lhes permitam configurar uma aplicação ou um ponto de vista baseado nesses dados que os ajudem a vender, prestar serviços ou fabricar de forma diferente e melhor. Então você encontra centenas de maneiras criativas de usar os dados transmitidos por produtos inteligentes e conectados, mas isso não funcionará se tudo for dividido em diferentes projetos de desenvolvimento de software. Não há tempo para isso. Por isso, você precisa de uma plataforma que torne rápida e fácil a construção de um novo aplicativo para todas essas ocasiões e audiências. É aí que vemos o valor do nosso software em chegar rapidamente a esses aplicativos e mudá-los ao longo do tempo com o mínimo de aborrecimento.

Seu software IoT é projetado como um produto inteligente e conectado. O que ele reporta de volta e como isso ajuda os seus negócios e os dos seus clientes?

Nosso software é usado em tantas funções de negócios de nossos clientes que temos que ser criativos para descobrir os casos de negócios que criam valor e, portanto, precisam de nosso foco. Sabemos por toda a nossa base de clientes como as diferentes versões do software estão sendo usadas e qual é a distribuição de uso. Também podemos usar esses dados para análise de vendas. Nós vemos se os clientes são bem-sucedidos com sua implantação, se devemos enviar alguém do nosso grupo de sucesso de clientes para dar suporte. Se eles têm certo número de licenças e atingem rotineiramente o limite máximo, devemos ir até eles vender mais, porque, obviamente, precisam de mais. Portanto, há para nós um caso de uso de suporte técnico, um caso de uso de engenharia, um caso de uso de vendas e um caso de uso de sucesso do cliente.

De que forma você pode usar os dados para melhorar seu produto?

Nós sabemos sobre falhas de produtos como *bugs*, por exemplo. Um novo lançamento pode ter dezenas de *bugs* reportados. Nós sabemos através do circuito fechado de dados com os clientes que alguns deles têm o problema apenas uma ou duas vezes, mas que outros têm talvez milhares de vezes. Assim, podemos tomar uma decisão para corrigir primeiro os *bugs* onde estamos tendo mais lucro. Se preferir, a capacidade de estar tão estreitamente ligado aos nossos clientes nos dá a oportunidade de colher a fruta mais baixa e, ao mesmo tempo, a maior. E isso é de grande valor para o nosso modelo de negócio e ao mesmo tempo ajuda os nossos clientes.

As empresas industriais não poderiam desenvolver elas próprias essas plataformas de software?

Os fabricantes podem muito bem ter pensado inicialmente em desenvolver essa tecnologia. Mas eu acho que, dada a velocidade com que tudo está se movendo e todos os novos casos de uso que estão surgindo, as pessoas percebem que seria um tremendo esforço fazer isso com apenas um cliente final se beneficiando. Também pensamos que uma plataforma IoT para o produto inteligente e conectado é o caso clássico do problema da "cauda longa". O Twitter é um aplicativo usado por milhões de pessoas. Se alguém está tentando fabricar produtos inteligentes e conectados, eles começam com um aplicativo para monitorar a frota. Em breve, precisarão de outro aplicativo para tentar fazer análises e prever tempos de inatividade e, em seguida, podem precisar de outro aplicativo que informará os gerentes de vendas e contas e ainda outro aplicativo para informá-los sobre o que pode acontecer no lado do cliente. Então, falamos de uma série de aplicativos que podem ser usados por audiências muito restritas, mas que criariam um valor tremendo. A meu ver, uma plataforma universalmente adaptável é a resposta certa para isso. E os clientes industriais parecem ter levado isso em consideração, afinal, não somos o único fornecedor nesse mercado de plataformas IoT.

Até que ponto você se tornou consultor de seus clientes em casos de uso de produtos inteligentes e conectados ou mesmo em casos de negócios?
Nós paramos de dar recomendações específicas de design de produtos. Não dizemos aos nossos clientes, por exemplo, que estes seis pontos são a característica mais promissora para que o seu produto funcione no mercado e crie valor. Mas nós damos uma estrutura para ajudá-los a pensar sobre isso. Damos opções abrangentes: tentar diferenciar o seu produto e torná-lo "vitalício", tentar mudar o modelo de negócio, tentar acrescentar valor através de operações mais eficientes. Somos uma empresa de tecnologia e não uma consultoria em si. Consultamos tudo o que for necessário para fazer com que a nossa tecnologia funcione e procuramos parceiros de consultoria para levá-la a partir daí. Nós não temos a capacidade e não somos suficientemente entendidos sobre todos os aplicativos possíveis em torno da nossa tecnologia. Por isso, gostamos de ficar do lado do software a criar tecnologias de habilitação.

CATERPILLAR

Um diretor de produtos aposentado, responsável pelo desenvolvimento de produtos e inovação na gigante de engenharia de equipamentos Caterpillar, explica como o setor de construção pode criar depósitos de valor lucrativos com a ajuda de máquinas orquestradas digitalmente.

"Hoje em dia, as estradas tendem a ser impressas em 3D, e só o maquinário inteligente e conectado pode fazer isso."

O que impulsiona a tendência para máquinas conectadas inteligentes na indústria da construção civil?
Os motivos são principalmente a eficiência de custos e a demanda por maior eficiência na execução do projeto. O setor da construção de estradas, em particular, tem muito para pôr em dia. Os canteiros de obras hoje podem ser geridos com muito mais precisão operacional e eficiência de custo, devido à tecnologia que se tornou disponível.

Vamos dissecar o argumento do custo primeiro. Como seus clientes veem isso?
A construção até agora envolveu muito planejamento humano e ações descoordenadas que deixavam equipes e máquinas paradas por muito tempo. Isso significa que, por exemplo, orquestrar os movimentos de uma frota de caminhões em torno de um local de construção de estradas por meio de tecnologia digital oferece muitos ganhos de eficiência, tanto em termos de custo quanto de operação. Esse nexo central é reconhecido por cada vez mais clientes que se dispõem a trabalhar com níveis de precisão mais elevados, por exemplo, otimizando o número e o tipo de máquinas em um local, dependendo dos parâmetros de mudança diária, como as condições específicas do solo ou do clima.

O que está por trás da demanda por maior precisão na construção?
Mais precisão alimenta a economia de custos, conforme descrito anteriormente. Mas construir uma estrada também funciona hoje em

dia, em muitos casos, de forma semelhante à impressão 3D. Uma nova estrada precisa ter curvaturas precisas e declives de drenagem. Cada vez mais isso está sendo concebido em 3D em escritórios de planejamento, e espera-se que as máquinas baixem essas plantas digitais e lhes deem forma na realidade, tal como se espera que uma impressora 3D imprima peças mecânicas. Os encarregados dos projetos rodoviários, tais como ministérios e outros organismos públicos, também estão solicitando uma maior precisão. Tornaram-se visivelmente mais sensíveis aos custos e agora lançam concursos muito mais pormenorizados, baseados em modelos de tarifação muito diferentes dos do passado.

Descreva a abordagem de hoje em comparação com o passado.
Os contratantes pretendem cada vez mais ser cobrados com base nos "quilômetros de estrada construídos" ou "metros cúbicos de sujeira removida". E, muitas vezes, eles querem ser cobrados por tarefas realizadas em dias individuais. Isso é um grande afastamento da prática passada. Antigamente, os empreiteiros teriam orçado um projeto rodoviário completo, incluindo uma margem de segurança financeira em caso de custos adicionais imprevisíveis. Em vez disso, as práticas dos contratantes de hoje levam os empreiteiros a obter suas estimativas o mais próximo possível do custo real. Mas isso só funciona quando eles podem ter certeza sobre os níveis precisos de desempenho de suas máquinas, e esses níveis só podem ser alcançados de forma confiável se a tecnologia digital orquestrá-las. Como resultado final, a construção de hoje deve ter uma visão geral muito melhor sobre o que alcançaram e em quanto tempo (gestão do local de trabalho em tempo real), quantos metros cúbicos foram movimentados etc. Caso contrário, correm o risco de um projeto não ser rentável.

Dê um exemplo de como esta configuração de máquina de alta precisão pode parecer.
Vamos construir uma estrada imaginária. No centro de tal projeto está uma pavimentadora que coloca o asfalto. Atrás dessa máquina, seguem até quatro compactadores, dando ao asfalto sua densidade final.

Materiais de construção de alta qualidade, como o asfalto, tornaram-se tão necessários que a primeira compactação tem de ocorrer dentro de uma determinada faixa de temperatura, enquanto a segunda necessita de uma faixa de temperatura diferente. Comece muito antes e você vai tentar compactar uma torta de creme, muito depois e pode não compactar nada, já que o material se solidificou. Para que isso não aconteça, a pavimentadora transmite aos compactadores adjacentes a temperatura do material que está sendo colocado e informações sobre as janelas de tempo que os compactadores têm para fazer seu trabalho, dependendo das condições climáticas (temperatura do ar, vento, sol e temperatura do solo) no dia. Você pode ver aqui que a construção avançada de estradas hoje em dia ocorre melhor dentro de um ecossistema de máquinas que garantem altos padrões de qualidade, já que o mau uso não intencional de materiais e máquinas pode ser reduzido.

O quanto esses ecossistemas de máquinas podem crescer nos locais dos projetos?

O gargalo é sempre a pavimentadora. Ela pode dispor de até 350 toneladas de asfalto por hora, o que também é aproximadamente a capacidade de uma usina de asfalto padrão. Isso significa que até sessenta caminhões precisam estar alinhados na frente da pavimentadora para entregar suas cargas de asfalto quente (dependendo da distância entre a pavimentadora e a usina de asfalto), um a um no momento certo (o asfalto pode se solidificar nos caminhões se o tempo de espera for muito longo). Isso só pode ser feito se os caminhões forem conectados e gerenciados por um sistema de cadeia de suprimento que conecta a pavimentadora com a frota de caminhões. Os ciclos de dados são de longo alcance. Se, por algum motivo, a capacidade da pavimentadora for momentaneamente reduzida, a usina de asfalto pode retardar a produção, pois também recebeu um sinal de dados. A pavimentadora também pode ser alertada para a localização e a situação do tráfego em torno dos caminhões, e a usina de asfalto sabe o que acontece no canteiro de obras, enquanto a pavimentadora também gerencia a frota de compactadores. Você pode ver como esse estilo de trabalho inteligente interconectado pode acabar com um monte de ineficiências na construção de estradas construídas em cadeias de processos de estilo antigo.

No ritmo que você descreve, parece não haver espaço para suposições humanas individuais, decisões ou experiências pessoais.

Isso está certo, e é assim que deve ser. De fato, o nosso objetivo é eliminar as decisões e ações humanas por completo, poupando papéis de supervisão no local. No estágio atual, as máquinas assumiram as funções de direção e cronometragem da capacidade, como descrevi. Os operadores humanos ainda desencadeiam a maioria das ações, por exemplo, em uma pavimentadora ou compactador.

Isso acabará por ser uma coisa do passado?

Sim, com o tempo. Atualmente, uma pavimentadora ainda precisa de três operadores em tempo integral a bordo, mas a máquina já transporta doze computadores. A inteligência a bordo está crescendo para que a máquina possa se tornar autônoma. Estamos também trabalhando para que os compactadores não sejam tripulados, uma vez que o seu trabalho de precisão é muito importante para a qualidade final da estrada. As máquinas serão então conectadas a um sistema especializado inteligente que orquestrará todas as máquinas autônomas do projeto. Trata-se de uma estrutura que atingirá uma eficiência máxima em termos de custos. Comparamos frequentemente o setor da construção com o setor agrícola, onde está em curso uma tendência semelhante, orientada pelos custos, para máquinas semiautônomas e eventualmente autônomas. A diferença é que eles trabalham em 2D, enquanto nós temos que dominar o 3D e observar mais aspectos de segurança, já que as estradas são frequentemente construídas em áreas densamente povoadas no interior das cidades.

Quem controla os complexos fluxos de dados em projetos autônomos de construção de estradas?

Nossa regra é: o cliente é o mestre de todos os dados criados. Então, nós nos vemos como meros arquitetos de tais sistemas especializados de orquestração e como monitores operacionais neutros de projetos reais. Nós criamos os aplicativos que os operadores usam nas máquinas, criamos a espinha dorsal dos sistemas de TI, as unidades telemáticas e nos certificamos de que os *loops* de dados transmitiam os dados corretos para a parte certa.

Mas vocês não são parte da comunicação de dados em tempo real?
Sim, somos, mas não no nível operacional, porque isso é da competência do cliente. Mas temos muitos dados correndo no sistema que permitem a manutenção preditiva e o monitoramento. Nós medimos as temperaturas de resfriamento, pressões de óleo, intervalos de inatividade e todos os tipos de outros dados que as máquinas coletam através de seus sensores e transmitem. E nós nos comunicamos com os operadores no local quando vemos algo que não está funcionando ou dificultando o fluxo de trabalho. Empregamos equipes designadas para isso. Cada membro da equipe monitora cerca de duzentas máquinas conectadas por vez e recebe avisos dos sistemas especialistas quando algo não funciona corretamente. O único objetivo é manter os níveis de segurança e o tempo de atividade de todas as máquinas o mais alto possível.

Todos esses insights de dados também alimentam seu próprio processo de inovação?
Desde antes, com máquinas menos conectadas, já sabíamos muito sobre padrões de tempo de inatividade e como as máquinas se comportariam no campo. Mas aquilo foi baseado na análise de dados empíricos das "caixas pretas" desconectadas das máquinas. Em contraste, agora temos dados operacionais reais e bem estruturados disponíveis em tempo real, o que permite muito mais precisão. Nós podemos realmente ver como são usadas uma escavadeira ou um caminhão conectado, que componentes da máquina são submetidos a que tipo de estresse mecânico em que aplicação. Isso nos dá uma série de insights para a adaptação do produto. Você pode agora correlacionar, por exemplo, os dados de temperatura do fluido hidráulico com os dados de desempenho da bomba hidráulica e extrapolar a partir daí a vida útil de um componente. Assim,

os dados recebidos de máquinas conectadas inteligentes alimentam diretamente o desenvolvimento do produto.

As descobertas de dados refinados também segmentam diferentes mercados e é possível adaptar seus produtos agora de uma maneira mais eficiente?

Bem, aprendemos, por exemplo, que os ciclos de carga nos canteiros de obras na China são muito mais rápidos do que no Japão, onde períodos ociosos são surpreendentemente longos. A causa pode ser o maior congestionamento das estradas do Japão, diminuindo a velocidade dos caminhões. De qualquer forma, isso levou nossos engenheiros a pensar se as máquinas de construção para o mercado japonês não deveriam ser otimizadas principalmente para o consumo de combustível em vez de para a perfuração. Com base nessas descobertas de um modelo de veículo, algumas peças poderiam ser reduzidas e novas linhas de veículos poderiam ser criadas para diferentes mercados. Isso lhe dá uma vantagem competitiva e é, mais uma vez, uma tradução direta de uma descoberta de dados muito pontual coletada de máquinas conectadas.

Você chama as várias máquinas conectadas de ecossistema. Até que ponto essas máquinas funcionam como plataformas abertas?

Mantemos o sistema de software fechado. Nesse sentido, o nosso maquinário conectado não é um conceito de plataforma. Não estamos criando uma solução Linux aberta a terceiros quando criamos um sistema especializado para um projeto de construção. A principal razão é a segurança operacional no local, mas outra razão é a segurança dos dados, uma vez que já foram feitas tentativas de invadir o equipamento de construção. Neste contexto, é melhor manter o nosso sistema fechado e completamente criptografado.

Quando ocorreu a mudança para equipamentos conectados dentro da Caterpillar?

Nós começamos há 25 anos com as primeiras soluções para o monitoramento da saúde do produto que envolveu principalmente a otimização da manutenção. Horas de uso, localização da máquina e mais alguns pontos de dados foram coletados e analisados para obter insights. Pouco a pouco a organização foi crescendo e acabou percebendo que se nos mantivéssemos fiéis ao fato de sermos predominantemente um fornecedor de hardware, estaríamos correndo o risco de nos tornarmos uma *commodity*, e os nossos clientes esperavam muito mais de nós. Percebemos que tínhamos que ser mais do que um produtor de hardware e, então, há cerca de dez anos, entendemos claramente que também tínhamos que nos tornar um provedor de inteligência ou perderíamos peso no mercado para os disruptores.

Quais foram as medidas concretas tomadas para conseguir isso?
Contratamos um grupo de especialistas em dados que não tinha experiência em engenharia industrial, mas que se concentraram em estatísticas e análise de big data. Criamos parcerias com universidades e abrimos um laboratório onde novas tecnologias de prospecção de dados e sistemas especializados são desenvolvidos. E também trouxemos vários novos treinadores, na sua maioria mais jovens, para nos certificarmos de que estavam concentrados no lado do software e não apenas no aspecto do hardware. Tudo isso foi então colocado sob o guarda-chuva de uma nova divisão na nossa empresa chamada CAT Electronics. Assim, foi tudo uma mistura de diferentes iniciativas que ajudaram a construir a nova organização. Acredito que, graças à sua posição única de líder mundial na indústria, com o seu know-how tecnológico e linha de produtos abrangente, a Caterpillar está na melhor posição para oferecer ecossistemas inteligentes de maquinas aos clientes; eles podem continuar a ser eficientes em termos de custo nos locais de trabalho e ganhar mais negócios com nossas soluções totalmente integradas.

HP INC.

Bill Avey, líder global de serviços de sistemas pessoais da empresa global de tecnologia HP Inc diz que, ao longo de décadas, muitos concorrentes de hardware ficaram pelo caminho. Nessa luz, ele explica, empresas que são capazes de combinar uma grande inovação com uma estratégia de produto como serviço se destacarão no mercado e liderarão a indústria.

"Ei, HP, nós realmente gostamos do que você faz na área de impressão, você também poderia fazer por nós em termos de PC o que você faz nos seus serviços de impressão gerenciados?"

O que deu à HP o impulso para embarcar na sua estratégia diferenciada de DaaS?

No próximo ano, será o 80º aniversário da HP. Já não existem muitos concorrentes de hardware que tenham conseguido navegar nesse espaço tecnológico altamente competitivo durante tanto tempo, e isso só pode ser feito através de uma transformação constante. "Dispositivo como serviço" é algo que temos feito no espaço de impressão gerenciada para clientes empresariais há muito tempo, porque vimos isso como uma vantagem competitiva decisiva em um mercado em maturação. Essa é a parte principal da gênese desse modelo na HP. Nós acabamos estendendo esse modelo para o espaço de impressão do consumidor com esquemas como o Instant Ink e um modelo de assinatura que foi muito bem recebido. E depois estendemos também aos nossos PCs. Estamos atualmente construindo um negócio de impressão 3D, que desde o início está sendo criado como um modelo DaaS para nos dar a vantagem no mercado. Neste momento, em todo o nosso negócio, estamos encontrando formas de oferecer inovações de ponta na indústria produto-serviço. Esse modelo desempenha um papel importante na nossa estratégia futura.

Quando a HP transformou isso em uma estratégia declarada para toda a empresa?

Há cerca de três anos, estávamos recebendo cada vez mais demandas de nossos clientes dizendo: "Ei, HP, nós realmente gostamos do que você faz por nós na área de gerenciamento de impressão. Nós também gostamos de seus PCs e da forma como eles são desenvolvidos para acompanhar os serviços. Vocês também podem fazer com os PCs o que fazem nos serviços de impressão?" Eles estavam basicamente procurando um parceiro que pudesse fornecer dispositivos em combinação com todos os tipos de serviços contínuos, além do pacote de serviços e acessórios que estávamos oferecendo de qualquer maneira em sua discreta demanda. Com base nessa nova demanda, começamos o que acabamos chamando de "dispositivo como serviço" em 2016. Esses serviços abrangentes de gerenciamento de dispositivos permitem que os clientes modifiquem os antigos ambientes de TI de forma inteligente e eficiente. Ao gerenciar frotas de dispositivos como serviço durante todo o ciclo de vida da tecnologia, os departamentos de TI liberam tempo e recursos valiosos para investir em iniciativas de crescimento estratégico dentro da própria organização. É um ganho mútuo.

Qual é o papel do dispositivo inteligente e conectado nessa estratégia?
É muito central. No momento da sua introdução, sabíamos que o modelo DaaS só seria concretizado de forma eficaz através de uma conectividade inteligente. Assim, nossos dispositivos — por exemplo, a linha de PCs — são itens da IoT que podem nos dizer como o dispositivo está funcionando e quão seguro ele é. Criamos softwares para análise remota e gerenciamento proativo dessas frotas de dispositivos. Os softwares coletam e analisam dados de desempenho de hardware que podem ser usados para melhorar a experiência do usuário em cada máquina individual.

Fale um pouco sobre como isso funciona na prática.
Por exemplo, quando você chega ao momento em que uma das baterias do seu PC precisa ser substituída, seremos capazes de antecipar e enviar uma bateria nova antes que seja necessário. Ou, digamos, há um assistente executivo que trabalhou em um departamento de vendas para o qual tínhamos inicialmente fornecido o dispositivo certo. Em seguida, este assistente recebe uma oportunidade de desenvolvimento e se muda para o departamento de marketing. De repente, softwares como Photoshop e Auto CAD se tornam parte do dia a dia dessa pessoa, além

da necessidade de mais armazenamento e demanda de processamento em seu dispositivo. Através da nossa ferramenta de análise, podemos definir os alertas para dar às pessoas o que elas precisam a qualquer momento. Podemos dizer que essa pessoa tinha o dispositivo certo nos últimos quinze meses, mas há três meses tudo mudou. A máquina está nos dizendo que há algo errado, e agora podemos dizer o que é e voltar e remediá-la ativamente.

Onde está o efeito de redução de custos para os seus clientes aqui?
Há muitos que podemos fornecer através do modelo DaaS. Nós nos certificaríamos, por exemplo, de que seu departamento de TI execute uma verificação de vírus e teste seu *firewall* com frequência, o que ajuda a evitar problemas de segurança de dados dispendiosos. Mas também podemos ajudar nossos clientes a entender se eles subutilizam ou superutilizam um PC ou processador individual. Podemos ajudá-los a compreender se os programas instalados na máquina estão realmente sendo usados. Isso pode ajudar o cliente a descobrir se seu aparelho está com aplicativos em excesso ou não. Tudo isso pode gerar economia para ele.

Seu software de análise DaaS está funcionando em vários sistemas operacionais e fornecedores de hardware?
Ele deve ser capaz de ter um vasto portfólio. Muitos dos nossos clientes usam Windows, mas também existem departamentos criativos, e esses funcionários geralmente usam Macs. Há muito poucos clientes que têm um ambiente HP puro. Ao longo dos anos, eles podem ter comprado alguns dos dispositivos de nossos concorrentes, e há muito poucos entre eles que têm um ambiente Windows puro. Desde o primeiro dia desenvolvemos softwares de análise remota para um mundo multiplataforma. Eles fazem a ponte entre um ambiente onde, por exemplo, os dispositivos Dell, HP e Lenovo trabalham em paralelo. Essencialmente, qualquer dispositivo baseado em Windows pode ser conectado a esse sistema. Nós também desenvolvemos para um mundo multi-OS para que pudéssemos lidar ao mesmo tempo com Windows 7 ou Windows

10, bem como iOS e Android e recentemente adicionamos o Mac OS. Esta ampla abordagem tem tido muita ressonância com os nossos clientes.

Você, como fornecedor, tem relações poderosas com grandes compradores de dispositivos. Você pode usar esse poder para atrair outros fabricantes de dispositivos para se tornarem parceiros em seu esquema DaaS?

O fato que você descreve realmente me levou a conversar com a Apple e abordar a integração de seus sistemas operacionais e hardware. Eles tinham um grande interesse em fazer parte da oferta. É compreensível que coloquem seus dispositivos no mundo corporativo com mais rigor do que sem fazer parte dessa aliança. Agora, nossos clientes, por meio dessa compatibilidade, podem ter todo o seu portfólio Apple gerenciado pela HP, isso inclui os dispositivos de desktop, os dispositivos notebook e os dispositivos móveis, incluindo itens como o relógio.

Você mencionou *firewalls* e análises antivírus. Qual a importância da segurança de dados para os clientes no contexto da sua oferta DaaS?

O mercado evoluiu certamente para muito além da aquisição de dispositivos e serviços. Entrou profundamente na segurança. Esse é provavelmente um dos maiores diferenciais da HP. Nós nos orgulhamos de fabricar os dispositivos mais seguros e também de mantê-los mais seguros através das nossas soluções de gestão. As pessoas muitas vezes não conseguem reconhecer que, por exemplo, as impressoras são terminais de TI em ambientes comerciais com memória, com armazenamento e com um sistema operacional. Quando se tem tudo isso, é preciso estar protegido contra ameaças de segurança. Muitas pessoas não percebem que têm vulnerabilidade nesse lado. É daí que vem muita diferenciação agora e onde a HP se concentra para criar a solução mais segura. Os nossos concorrentes não se movem muito para outras áreas tecnológicas. Nós competimos contra eles e temos que ter certeza de que temos uma proposta de valor competitiva exclusiva em comparação com eles. E a segurança é certamente um dos problemas. Após as violações de dados terem acontecido, o que nunca pode ser descartado, nosso software de gestão analítico e proativo ajuda os clientes a se recuperar rapidamente e a limitar o impacto de uma violação.

E você também entrou em relacionamentos com parceiros externos nesse campo. Por quê?

Nosso modelo DaaS também prevê a cooperação com fornecedores de apólices de seguro de segurança cibernética — exatamente porque a segurança se tornou um tema tão importante para nossos clientes. Fizemos uma parceria com a Aon para uma auditoria de segurança cibernética que é fornecida aos clientes. Com base nessa auditoria, a Aon emite uma avaliação de segurança cibernética sobre como as vulnerabilidades devem ser tratadas com um cliente. Muitas vezes, uma de suas recomendações é usar dispositivos ou serviços da HP que envolvam análise e gerenciamento proativo para remover essas vulnerabilidades. Não estamos pagando nada por isso, a razão pela qual nos recomendam é porque nossos serviços gerenciados garantem que o rastreamento dos antivírus seja feito corretamente e que os *firewalls* estejam funcionando de forma eficaz. Ao recomendar-nos, eles têm a segurança de que os níveis de proteção são implementados e mantidos. E, além de tudo, a Aon oferece aos nossos clientes condições favoráveis em sua segurança cibernética; uma parceria vantajosa para nós três.

Por último, descreva o cliente típico de sua oferta DaaS para PCs e qual modelo de preços é normalmente escolhido.

Eu diria que o cliente médio de serviços é aquele que está adquirindo os dispositivos da HP, combinando isso com um grupo padrão de serviços de ciclo de vida do dispositivo para tê-lo em funcionamento. Esses serviços incluiriam, além dos serviços de análise gerenciada de que falei, imagens do Windows, gerenciamento das configurações de BIOS corretas e *tags* de ativos físicos e eletrônicos. Ele também envolve o desdobramento real do dispositivo, a transferência de dados do dispositivo velho para o novo, suporte especializado e recuperação de ativos da máquina antiga. Tudo isso seria parte de um pacote com uma taxa mensal por pessoa. Essa taxa é composta pelos serviços, o dispositivo e o prazo, que para a maioria dos clientes é de três anos. Mas estes parâmetros variam. Para um cliente como uma cadeia de restaurantes global, temos um modelo mensal por dispositivo para as caixas registradoras. Ou o nosso programa de subscrição de tinta para usuários domésticos. Basicamente, permite que nossos clientes domésticos subscrevam mensalmente um determinado número de páginas impressas.

MINDTRIBE

Vinte anos atrás, Steve Myers fundou a Mindtribe como uma startup para buscar uma maneira melhor de construir produtos de hardware inovadores. Desde então, como CEO, ele liderou a criação de alguns dos projetos de desenvolvimento de hardware mais bem-sucedidos do mundo, tanto em grandes empresas quanto em startups. Ao fazê-lo, ele foi pioneiro de uma fórmula de inovação de produto ágil e distinta que orienta a tomada de decisão do cliente e eleva a qualidade do produto, o impacto do negócio e a experiência geral do usuário.

"Não há limite para a tendência de produtos conectados, ela se tornará o tecido da nossa existência."

Você lidera a equipe de engenharia de quarenta pessoas da Mindtribe. Sua empresa combina uma rara profundidade de conhecimento técnico, criatividade e experiência em gerenciamento de produtos. Com quais novas categorias ou novos tipos de dispositivos a comunidade de desenvolvedores está animada no momento?
Dentro dessas comunidades, há uma ampla gama de produtos com capacidades necessárias para o desenvolvimento em um determinado momento, mas classes de produtos muitas vezes surgem em ondas, à medida que os mercados evoluem ao lado do surgimento de tecnologias de alto desempenho e baixo custo. Por exemplo, por volta de 2014,

vimos uma primeira onda de produtos conectados com foco em bens de consumo vestíveis, como pulseiras *fitness*. Agora, na próxima fase de evolução, vejo muita inovação acontecendo em dispositivos em torno dos setores de transporte e saúde, por exemplo, conceitos de mobilidade para todas as maneiras de se locomover em uma cidade — de bicicletas inteligentes a *scooters*, motos e carros compartilhados. Os inovadores não se concentrarão apenas nas tecnologias para automóveis autônomos neste domínio. Pense, por exemplo, em empresas de compartilhamento de transporte, como a Uber, que se ramificam em *e-bikes* e *scooters* em várias cidades dos Estados Unidos. Na área da saúde, vejo uma ampla gama de novos produtos na intersecção de produtos de consumo e domínios médicos tradicionais, como dispositivos que permitem aos consumidores monitorar e gerenciar a própria saúde.

Não é fácil colocar produtos inteligentes no mercado com rapidez, especialmente se a tecnologia que os cria se torna cada vez mais complexa. Quais são os problemas que os fabricantes de produtos estão enfrentando aqui?
O desenvolvimento de hardware conectado está de alguma forma quebrado hoje em dia e não se beneficiou de muita liderança de pensamento. Muitos esforços de desenvolvimento de hardware resultam em produtos que não são muito bons, nunca decolam, ou levam muito tempo para serem desenvolvidos (o que também custa muito). Em resumo, há muito tempo, esforço e dinheiro desperdiçados no desenvolvimento de produtos de hardware. O problema número um é que as equipes de hardware simplesmente fazem o produto errado. Elas geralmente trabalham muito isoladas do marketing e da estratégia de produtos e negócios. Porque o desenvolvimento de hardware e os prazos de iteração são relativamente longos, digamos comparados ao software, esse isolamento significa que as equipes podem estar no caminho errado já há bastante tempo antes de perceberem e de já terem investido muito tempo, esforço e dinheiro. Essas epifanias vêm na forma de feedbacks nada elogiosos dos clientes, um custo de produto muito alto, desafios tecnológicos, um cenário competitivo em mudança etc., no final do

processo de desenvolvimento. Isto é muito difícil de recuperar, pois a iteração é relativamente demorada e cara em comparação com o software, e em muitos casos as equipes sucumbem à pressão de enviar algo mesmo que não seja ótimo, ou então ficam sem tempo ou dinheiro.

Qual seria uma abordagem melhor?

Minha empresa tem impulsionado abordagens ágeis para o desenvolvimento de hardware, e vemos muito sucesso nesse modelo. Existem alguns desafios para aplicar técnicas de desenvolvimento ágil ao hardware na superfície, mas se você conseguir superar esses desafios, os benefícios são muito grandes. O objetivo central dos processos ágeis é colocar protótipos experimentais na frente das pessoas rapidamente, bem como validar tudo o que for mais importante sobre um produto o mais cedo possível. Chegar ao produto certo mais rápido requer uma integração mais estreita do desenvolvimento de hardware com outras equipes de produtos e negócios e a validação antecipada do valor do cliente e do negócio. Dentro das próprias equipes de desenvolvimento de produtos, há ganhos a serem obtidos com uma integração mais estreita das equipes de design, engenharia e fabricação, bem como todos os novos domínios técnicos reunidos em um cenário de IoT. Com os avanços em tecnologias como a impressão 3D, podemos obter novos protótipos todos os dias, por vezes várias iterações em apenas um dia. No futuro, provavelmente seremos capazes de aplicar a tecnologia da realidade virtual ou artificial para possibilitar protótipos experimentais para pessoas sem realmente fazer um produto físico. Há muito espaço para a inovação aqui. O desenvolvimento de hardware ágil tem resultados superiores no novo mundo de produtos. No entanto, ainda há muita resistência na maioria das empresas tradicionais, com o maior obstáculo sendo a mentalidade de integrar equipes e desenvolver produtos de hardware desta forma. Além disso, a maior parte da engenharia de hardware ainda é feita por equipes internas, e essas equipes normalmente não estão posicionadas ou incentivadas para compartilhar experiências em torno de novas abordagens de forma mais ampla.

Quais são os três temas mais urgentes a serem abordados no mundo dos produtos inteligentes?
A segurança do produto me vem à mente, é realmente um grande problema em qualquer cenário de IoT. É muito difícil cobrir todas as vulnerabilidades de seu produto para torná-lo seguro. Nós, assim como nossos clientes, temos que desenvolver mais habilidades em segurança de produtos; é por isso que trabalhamos com auditores externos de segurança, para analisar possíveis fraquezas. Também precisamos cada vez mais de equipes técnicas fortemente integradas que possam decidir onde a inteligência e o poder de processamento devem residir — no produto, no smartphone, na borda ou na nuvem? Essa é uma questão realmente difícil, já que novas tecnologias e plataformas emergem rapidamente se as equipes técnicas não estiverem trabalhando muito próximas. A título de exemplo, para maximizar a duração da bateria e o desempenho de um produto alimentado por bateria, a arquitetura do produto, as escolhas de hardware e o desenvolvimento de software estão interligados.

A Alexa, da Amazon, colocou os assistentes de voz na moda; ela é um dos temas mais falados do momento. Você observa um círculo mais amplo de casos de uso de voz como um meio de interação do usuário com produtos além dos *home speakers*?
É verdade que a voz fornece uma interface única e eficiente com um produto, e muitas empresas de hardware estão, portanto, olhando para a voz hoje. Os avanços na tecnologia de voz são suficientemente bons para a usabilidade em muitas aplicações de consumo. Mas, na minha opinião, isso ainda é muito orientado para a tecnologia e não suficientemente orientado para o usuário. Em outras palavras, a tecnologia continua a procurar as aplicações certas para os mercados de consumo. Em alguns casos, o smartphone e o controle de voz estão competindo diretamente como interface interativa de um produto. Um smartphone é também uma interface muito fácil, por isso não tenho certeza de como cada um vai ganhar em cada experiência de produto, embora eu esteja ansioso para ver como isso vai evoluir!

Produtos inteligentes e conectados podem formar plataformas de produtos formidáveis. Como você vê a relação entre os dois conceitos?
As plataformas são, sem dúvida, atrativas do ponto de vista econômico para as empresas. Mas é muito difícil fazê-las decolar sem uma proposta de valor atraente para o consumidor, então criar uma plataforma vencedora é um desafio muito difícil. Acho que você precisa se concentrar no valor do usuário e desenvolver isso o mais rápido possível. Use tudo o que puder para promover a adoção entre os possíveis usuários da plataforma para que você tenha o suporte para um ecossistema. A caneta eletrônica da Adobe Ink iPad, que desenvolvemos com a Adobe, vem à mente. A Adobe queria um fluxo de trabalho amigável para dispositivos móveis para designers e uma plataforma para periféricos de entrada móvel de terceiros, como uma *stylus*, para habilitá-lo. Sua visão era de que as pessoas se importavam com experiências de desenho atraentes, e a Adobe precisava liderar pelo exemplo com as novas experiências que poderiam criar, em vez de apenas oferecer a plataforma. Criamos produtos físicos (um *stylus* e uma "régua" digital) e um aplicativo de desenho para mostrar o que era possível com a plataforma. Muitas empresas têm uma mentalidade de "construa e eles virão" com plataformas.

À medida que os produtos se ligam, vemos uma tendência para mudar o modelo de negócio para produto-serviço, talvez com preços baseados no consumo?
Deixe-me dizer uma coisa. Eu organizo pequenos jantares com muitos dos líderes de inovação em hardware no Vale do Silício, e no nosso último evento o consenso entre todos os participantes foi que o hardware como um modelo de negócio autônomo está morto. Pode haver exceções a essa regra, mas a maioria dos inovadores voltados para o futuro não pensa mais como *players* de hardware independentes. Em vez disso, concentram-se mais nos serviços. Mas há, naturalmente, alguns exemplos de como isso pode acontecer. Há um fabricante de câmera de vídeo conectado à rede chamado Canary, que começou com um produto independente tradicional sem custos mensais. Eventualmente, eles decidiram colocar certos recursos de seus dispositivos atrás de um

paywall em um modelo de assinatura. Os consumidores ficaram chateados com essas mudanças, e isso impactou negativamente a marca. Então, estudar o mercado com antecedência ajuda muito.

Você fala regularmente sobre práticas de desenvolvimento de hardware ágil na Escola de Engenharia de Stanford e lidera uma série de grupos de discussão para os principais profissionais de desenvolvimento de hardware do mundo. Como você vê o papel da engenharia de produtos mudando ao longo do tempo?
Atualmente, ainda existe uma grande lacuna entre a engenharia e o desenvolvimento de produtos. O desenvolvimento de produtos não é ensinado em escolas de engenharia e a maioria dos engenheiros está desenvolvendo produtos de maneiras que parecem racionais e lógicas, mas que não se beneficiam das muitas lições aprendidas desenvolvendo todos os produtos que existem no mundo. Além disso, como a maioria das equipes de desenvolvimento de produtos ainda é interna, elas geralmente não têm os incentivos e a visibilidade para pensar em liderança no desenvolvimento de produtos fora de suas empresas. Para resolver esse problema, são necessários motores de mudança na educação em engenharia e desenvolvimento de produtos. Meu sonho é compartilhar o que aprendemos aplicando técnicas ágeis ao hardware para permitir que cada equipe que desenvolve um produto gaste mais tempo desenvolvendo coisas que importam às pessoas e menos tempo em coisas que não importam. Em um nível interfuncional, é necessária uma integração mais estreita da engenharia com as equipes de produtos e estratégias de negócios para fazer o produto certo mais rápido, em vez do produto errado. No nível técnico, é necessária uma integração mais estreita entre disciplinas em um cenário de IoT — por exemplo, hardware, software, aplicativos, smartphones, plataformas IoT, segurança e conectividade de rede — para fazer um produto de hardware conectado bem-sucedido hoje.

Os produtos estão se tornando cada vez mais conectados, pontilhados com sensores e carregados com inteligência a bordo. Essa tendência

está em pleno andamento. Mas você a vê chegando ao fim em algum momento?

A resposta é um "não" de todo o coração. O que estamos testemunhando é apenas o começo. Considere a conectividade de rede e os "*smarts*" com um décimo do custo atual, com o desempenho dez vezes melhor, e como isso poderia ajudar a proporcionar experiências e informações que melhoram nossas vidas. Vai acontecer, e provavelmente mais cedo do que pensamos. Artigos como carros e eletrodomésticos estão se tornando mais conectados, mas com funcionalidades relativamente rudimentares. Mas a ideia da IoT ainda está engatinhando. Se pensarmos no que ainda pode ser feito para tornar os objetos mais inteligentes e os dados conectados, essa tendência ainda tem um longo caminho a percorrer. A tecnologia acelerada é o condutor aqui. Basta considerar o que a computação quântica e a blockchain significarão para os níveis de inteligência dos produtos inteligentes de hoje, quando essas tecnologias se tornarem componentes convencionais acessíveis na fabricação de um produto. Portanto, não, não há limitação para a tendência de produtos conectados, e a conectividade se tornará cada vez mais tecida no tecido de nossa existência.

Nota: A Accenture adquiriu a Mindtribe em agosto de 2018.

AMAZON

Marco Argenti é vice-presidente de tecnologia da unidade AWS, Amazon Web Services. Sua equipe trabalha com desenvolvedores e empresas produtoras de produtos para incorporar tecnologias da Amazon em suas soluções; ele também se concentra no codesenvolvimento de novos produtos com clientes.

"Entrar em plataformas de terceiros pode ser mais vantajoso que construir todas essas habilidades internamente."

Cada vez mais produtos estão se conectando. Há mais sensoriamento e mais inteligência em dispositivos. Quais são as suas perspectivas sobre essa tendência no futuro?

Vivemos de fato num momento interessante no tempo. Múltiplas disrupções estão acontecendo em paralelo, o que mudará o cenário dos vencedores em muitos setores. Basta pensar no poder de computação quase ilimitado disponível para todas as empresas, independentemente do tamanho. Mas também há componentes de serviços de computação de ordem superior disponíveis para praticamente todos os desenvolvedores e empresas de produtos. Há mais redes poderosas disponíveis do que nunca, com alta largura de banda e latência muito baixa. E, finalmente, há essa enorme melhoria nos algoritmos de aprendizagem das máquinas. A combinação dessas disrupções remove barreiras de entrada históricas. Chamo esse efeito de democratização em massa das indústrias.

Em geral, há uma grande transformação necessária para entrar no mundo dos produtos conectados. Quais são os principais desafios que as empresas produtoras de produtos históricos estão enfrentando?

Os CEOs precisam decidir se o cenário vai mudar fundamentalmente em sua indústria, dadas essas tendências. Eles têm que responder à pergunta: "Preciso me tornar uma empresa de tecnologia?" Para alguns ou muitos, a resposta deve ser "não", pois a probabilidade de sucesso é baixa. Em vez disso, eles podem fazer parcerias com empresas como a Amazon, que facilitam a transformação de seus produtos. Entrar em plataformas de terceiros pode ser mais vantajoso que construir todas essas habilidades internamente. Os executivos também precisam decidir onde a inteligência deve residir, no produto, na borda ou na nuvem? Essa é uma decisão importante. Há muitos exemplos de empresas que transferem a inteligência de produtos para um parceiro de nuvem. Por exemplo, a Valmet, que produz máquinas de fabricação de papel, escolheu aproveitar a plataforma de serviços web da Amazon em vez de desenvolver todas as próprias habilidades. Outro exemplo é o Pentair, uma empresa de filtros de água. Eles usam a análise de IoT para otimizar as operações e o retorno. Ao colocar sua inteligência em uma nuvem de terceiros, eles evitam a necessidade de contratar cientistas e desenvolvedores de dados para integrar processos de qualidade em escala.

Os próprios dispositivos serão mais inteligentes no futuro ou a maior parte do poder de processamento e da inteligência se moverá para a borda ou para a nuvem?
Esta é uma pergunta muito interessante. Por um lado, hoje em dia, todos podem ter dispositivos muito poderosos por um custo limitado, e esta tendência vai continuar. Por outro lado, o poder de computação em nuvem e de ponta está eliminando a necessidade de ter poder de computação local. A maioria dos dispositivos se tornarão mais inteligentes. Mas também veremos dispositivos bastante básicos, de baixo custo, cuja inteligência está localizada na nuvem e também modelos *hub and spoke* com dispositivos inteligentes e baratos conectados a um ou mais dispositivos poderosos nas proximidades.

Que exemplos ilustram isso?
Pegue o software Greengrass da Amazon, que opera em um dispositivo de entrada central. Ele é capaz de executar funções em outros dispositivos sem a necessidade de que tenham a própria capacidade de computação local. Assim, por exemplo, na detecção de *drivers* distraídos, uma simples câmera poderia enviar um *feed* de vídeo para uma torre de celular onde o poderoso processamento funciona. Isso torna as coisas eficientes.

Você acha que a voz vai desempenhar um grande papel como interface de usuário no futuro, agora que os *home speakers* transformaram isso em tendência?
No mundo onde tudo está conectado, há uma necessidade de mudar dramaticamente a interface do usuário para longe do teclado e das telas sensíveis ao toque. A voz é a forma mais natural de interface e muito mais fácil do que um aplicativo em seu smartphone. Acho que em breve chegaremos a um ponto em que os clientes simplesmente esperam

essa capacidade. Mas, no interesse das boas experiências dos usuários, haverá mais do que um vencedor em todo o espectro de interfaces. Experiências multiusuário e funções multicanal serão misturadas, assim como as interfaces. Veja o exemplo em que alguém reserva umas férias. Essa pessoa pode começar pela navegação tradicional em um computador; ela pode então dar um comando de voz para Alexa para encontrar informações de voo, em seguida, a realidade aumentada visualizaria a localização e um aplicativo de usuário em um smartphone acompanharia o progresso do voo. Isso requer dispositivos diferentes e interfaces de usuário diferentes para operar em conjunto. Do ponto de vista tecnológico, devem ser levadas em conta duas características. As interfaces de usuário precisam de uma camada conectiva em tempo real na nuvem, mas as ações podem ser iniciadas e combinadas em uma variedade de dispositivos. Essas ações estão se tornando socialmente conectadas, mas também tecnologicamente ligadas entre si através de redes e dispositivos.

GOOGLE

Rajen Sheth é diretor sênior de gerenciamento de produtos, comandando as linhas de produtos Google Cloud Artificial Intelligence e Machine Learning na Google. Uma parte fundamental de sua função é ajudar as empresas de produtos a incorporar as tecnologias IA da Google em seus produtos.

"Todos os produtos utilizarão IA na próxima década."

Você pode compartilhar suas perspectivas sobre quais tipos de produtos devem alavancar a IA e quais tecnologias específicas de IA serão mais relevantes para as empresas de produtos?
Acredito que todos os produtos usarão IA na próxima década. A taxa e o ritmo dos avanços tecnológicos nesse campo são impressionantes, e eu antecipo várias áreas onde as empresas de produtos irão alavancar

essa tecnologia. Ela certamente irá desempenhar um grande papel na visão computacional e no reconhecimento de imagem. Deve também tornar-se grande na língua, tanto no texto e na voz como na tradução. A IA irá aumentar drasticamente a sua capacidade de compreender o significado e identificar o sentimento, o que será crucial para os produtos que lidam com o discurso conversacional, onde é necessário compreender a intenção e dar uma resposta adequada. Então, eu acho que os dados estruturados, tanto individuais como coletivos, serão uma grande área para IA.

O mundo da engenharia de produtos recentemente tem focado muito na voz como interface de usuário (IU) para dispositivos. Quão comum se tornará a voz como IU no futuro?
Estou convencido de que veremos muito mais dispositivos com voz como interface de usuário. Dito isso, nem todos os produtos devem usar como padrão interfaces de voz controladas por IA. É fundamental começar pensando na experiência e na forma como o usuário irá utilizar o produto. Uma vez que isso esteja claro, o segundo passo é descobrir se a voz melhora essa experiência e se ela é realmente necessária. Algumas tarefas são definitivamente mais naturalmente e mais facilmente feitas através da voz. Por exemplo, um dispositivo como o Google Home usa comandos mais orientados para tarefas como "agendar este compromisso" ou "reproduzir esta música neste dispositivo" do que uma pesquisa tradicional no *browser*.

Uma questão fundamental para as empresas de produtos é determinar onde a IA e o poder de processamento se situarão no futuro: no dispositivo, na borda ou na nuvem. O que você acha?
É claro para mim que haverá múltiplas camadas onde a inteligência pode residir. Pode ser no sensor ou no produto. Ela pode estar em um dispositivo de ponta, como um servidor em uma loja de varejo ou em uma estação base móvel e, claro, pode residir na nuvem. A resposta para onde a inteligência IA vai ficar varia de acordo com o produto e também ao longo do tempo. Eu acredito que gradualmente vamos

ver mais IA na borda, mas, no momento, o poder de processamento para muitas dessas soluções é muito fraco para lidar com a execução na borda de uma forma precisa. Mas a tecnologia de chips está avançando rapidamente. Por exemplo, o Google lançou o Edge TPU — que significa unidade de processamento de tensor ou *tensor processing unit*, em inglês — que é um chip muito pequeno, mas que pode fazer um processamento incrivelmente rápido de aplicativos IA.

A mudança do produto tradicional para um produto habilitado para IA significa uma grande transformação para as empresas de produtos. Quais são as competências-chave que precisam ser construídas e quais são os desafios que as empresas enfrentam?
Empresas de produtos precisam desenvolver habilidades de IA, não há dúvida. Mas essa é, infelizmente, uma área de enorme escassez de competências mundialmente. Estimamos que existam apenas dez mil especialistas hoje em dia que podem construir um algoritmo de autoaprendizagem de alto nível, enquanto existem 23 milhões de desenvolvedores. O Google está trabalhando para tornar mais fácil para esses desenvolvedores alavancarem a IA, então será menos difícil obter essas habilidades ao longo do tempo. Mas existe hoje um fosso real entre a oferta e a procura desses peritos. O chamado "pensamento de dados" também é extremamente necessário. Pensar sobre que tipo de dados existem atualmente, quais dados você gostaria de capturar e como estruturá-los é uma experiência em si mesma.

LONDON BUSINESS SCHOOL

Michael G. Jacobides, professor de empreendedorismo e inovação na London Business School, não é um grande fã de estratégias de negócios de tamanho único. Ainda assim, aproximar-se do cliente final e tornar-se quase impossível de ser substituído são recomendações gerais que ele tem para as empresas que se aventuram no complexo mundo dos produtos conectados inteligentes.

"A ascensão do produto conectado inteligente é parte do desenvolvimento de ecossistemas sem descontinuidades que customizam a vida de acordo com as necessidades dos usuários."

O desenvolvimento de produtos conectados inteligentes é sempre a solução mágica para as empresas já estabelecidas ou mesmo para as empresas emergentes?

Na teoria, pode ser o caso, mas na prática não é bem assim. Acho que o produto inteligente pode ser principalmente "comoditizado" de forma semelhante a um produto de estilo antigo. É por isso que eu aconselharia cautela sobre tornar o seu produto inteligente a qualquer custo. Pode não se justificar. Tenha em mente que o retorno do capital empregado deve ser positivo, pelo menos a médio e longo prazo. O valor do cliente, a sua margem e talvez a dos parceiros têm que crescer substancialmente para que os investimentos que você aplicou nessas novas linhas de negócios sejam bem-sucedidos. Portanto, não há garantias de que isso funcione em todos os casos.

Qual é a alternativa para tantos fabricantes cujos produtos são ameaçados por uma concorrência perturbadora?

Não estou dizendo que se deve ficar de fora dos produtos inteligentes. Ao tornar o seu produto inteligente, você pode, naturalmente, elevar o nível da concorrência em uma certa margem e pode usar a inteligência do produto para produzir dados valiosos. Isso pode destacá-lo durante algum tempo em um mercado que está sob ameaça de disrupções. No entanto, o lançamento de produtos inteligentes não deve necessariamente oferecer o maior benefício financeiro para você. O proprietário de uma plataforma à qual seu produto pode estar ligado, ou um integrador de sistemas que filtre o seu produto em uma solução mais ampla que ele possa querer vender, todos também têm aspirações de fazer com que os seus lucros subam. Então, vale a pena ter em mente que você não vai sempre acabar com a maior parte do valor imbuída no seu produto reinventado. Tornar os produtos inteligentes e conectados exige um modelo de negócio mais complexo e, muitas vezes, financeiramente mais frágil.

Seguindo essa lógica, quais configurações de produtos funcionam melhor na realidade no mundo inteligente e conectado?

Varia, e muitas vezes é surpreendente o que funciona e o que não funciona. Um inalador medicinal que seja inteligente o suficiente para medir a sua resposta sanguínea e dar a quantidade certa do ingrediente ativo pode ser três ou quatro vezes mais eficaz do que uma versão convencional do produto. Isso é criar muito valor para um usuário. No entanto, depende da forma como essa tecnologia é fornecida ao cliente final. Pode ser mais eficaz unir forças com a Google ou a Apple, que patentearam a tecnologia de observação no campo médico e podem oferecer uma plataforma pronta para uso para sua tecnologia. Ou, por exemplo, os produtos responsivos no setor automotivo. Hoje, está longe de estar claro se o produto inteligente em si será revolucionário ou se será a capacidade da empresa de mudar do fornecimento de automóveis como produtos para a gestão das necessidades de mobilidade dos indivíduos. Curiosamente, algumas coisas que podem surgir como menos interessantes à primeira vista podem eventualmente ser muito mais disruptivas e ter capacidade de criação de valor do que inicialmente pensado. E vice-versa; algumas grandes oportunidades podem nunca ser realizadas, porque a configuração complementar necessária não está lá para que todo o sistema funcione.

Você está falando de ecossistemas, eu acho, redes complexas de parceiros que se articulam em torno de produtos inteligentes onde as empresas podem encontrar benefícios mútuos?

Eu acho que o aumento do produto conectado inteligente é parte integrante do desenvolvimento de ecossistemas contínuos que tornam a vida menos estressante para os usuários e mais personalizada de acordo com as necessidades do indivíduo. Vejo um ecossistema como um grupo de empresas especializadas que se unem para desenvolver algo que agrega valor coletivamente. Porque ser inteligente como tal normalmente ainda não constitui um valor nos produtos. Mas ser inteligente em conjunto com outros componentes ou serviços que transformam a inteligência em algo que é fácil de usar e de digerir gera valor. A maioria dos produtos inteligentes provavelmente não produziria sucessos financeiros sem ser tecida em um ecossistema.

Como você avalia a relação entre ecossistemas e plataformas no contexto de produtos conectados inteligentes?
Ao que parece, as plataformas — como o sistema operacional de smartphones ou um padrão de largura de banda de telefones celulares — são desenvolvidas com mais frequência do que os ecossistemas. Por vezes, as plataformas não reproduzem ecossistemas, uma vez que não têm concomitância entre os seus membros. Para mim, a diferença entre uma plataforma e um ecossistema é que em um ecossistema você se importa com o desenvolvimento de coisas que existem no resto do sistema, enquanto em plataformas você pode não se importar. A esse respeito, os ecossistemas criam algumas relações mais específicas e não genéricas, o que significa essencialmente que temos um sistema ligeiramente mais fechado que se compara a outros sistemas fechados.

Isso significa que as plataformas são menos relevantes estrategicamente para produtos inteligentes e conectados?
Não, ainda acho que as plataformas são importantes. O fato de que são baseadas em links muito mais frouxos pode acabar tornando-as genéricas e, possivelmente, a regulamentação vai empurrá-las para se tornarem até mesmo padronizadas. Se elas se tornarem padrão para todos os usuários — um exemplo é o padrão *wireless* 5G — acredito que deixarão de ser estratégicas e economicamente relevantes. Mas seja como for, acho que os equipamentos inteligentes requerem interconexões para funcionar. As interconexões que eles obtêm ou serão genéricas e fornecidas por plataformas ou serão mais específicas, o que significa que se conectarão de forma mais transparente com outros provedores que os integram e afetam o valor corporativo ou a qualidade de vida dos clientes. Esses últimos, creio eu, terão maior impacto comercial. Há uma ligação clara na minha mente entre o produto inteligente e a plataforma e o ecossistema, bem como as questões estratégicas que as

empresas têm de enfrentar quando competem com outras plataformas e com os ecossistemas.

Ecossistemas e plataformas são estruturas complexas de se navegar para os fabricantes de produtos inteligentes e conectados. Em que extremidade pode ser extraído o maior valor?

Varia. A minha opinião é que o valor pode determinar quem é capaz de criar um gargalo, trazendo um componente exclusivo para todo o sistema de parceiros. Os ecossistemas são complexos e, muitas vezes, pouco transparentes. Assim, você está melhor posicionado quando tem o cliente final à vista e quando o cliente o vê. Então, você deve trabalhar para alcançar um status onde se torna muito difícil de ser substituído. Isso será muito importante, porque você não só terá concorrentes no seu segmento de produtos — em aspectos como, por exemplo, em qual produto tem mais funcionalidade ou é mais adaptável —, como também competirá contra os proprietários de plataformas e integradores de sistemas e outros que forneçam serviços no seu produto. Assim, a concorrência se torna mais interessante e ganha mais camadas, e você, como empresa, tem que se tornar mais indispensável para o cliente final e menos substituível em seu ecossistema. Assim, não é necessariamente melhor ser o criador do hardware do que um mero integrador de sistemas.

Então, que primeiros passos podem ser recomendados às empresas que desejam entrar em seus mercados com produtos conectados inteligentes?

Ter um produto inteligente te coloca no jogo. Mas você está entrando em uma nova esfera e deve ter um plano para lidar com as pessoas que o complementam no ecossistema onde o valor para o cliente final é criado em conjunto. Eu começaria com um conjunto de perguntas e uma árvore de decisão para tornar clara sua própria posição. Comece perguntando se você sabe o que seu produto ou serviço inteligente pode fazer pelo usuário. Você é capaz de defender a sua posição no mercado, sim ou não? Se sim, acha que tem uma estratégia, sim ou não?

Se sim, você tem um conjunto de compromissos que mostram como a estratégia vai realmente acontecer, sim ou não? Se sim, você tem a estrutura organizacional que fará tudo acontecer, sim ou não? Se sim, você tem a comunicação de baixo para cima que o tornará responsivo o suficiente, sim ou não? As árvores de decisão são práticas porque, seguindo-as, as organizações podem saber onde estão mais rapidamente e com maior precisão.

12

PRODUTOS REINVENTADOS EM AÇÃO

Para facilitar a transição para o novo mundo de produtos, mostramos que os líderes empresariais precisam de um conjunto de recursos essenciais e de um roteiro claro. E nós apoiamos isso com alguns testemunhos encorajadores de outros profissionais de negócios e líderes de pensamento que já começaram a trabalhar nessa área. Isso é o que temos fornecido até agora na parte três deste livro.

Finalmente, para dar ainda mais peso ao tema e às nossas opiniões, apresentamos agora quatro estudos de caso de longa duração: Haier, Faurecia, Signify (antiga Philips) e Symmons. Essas empresas operam em setores diferentes, têm dimensões e escalas diferentes e estão estabelecidas em regiões diferentes (China, França, Holanda e Estados Unidos, respectivamente). Mas cada uma delas oferece informações valiosas e exclusivas sobre empresas que representam uma ampla gama de fabricantes de produtos e que embarcaram na jornada para produtos reinventados. Todas visam diferentes novos espaços de valor, direcionando partes do seu negócio para a Nova Era trabalhando na transformação e, assim, reinventando os seus produtos. Estudar esses exemplos lhe dará, pensamos nós, a dose extra crucial de confiança de que os produtos conectados inteligentes estão onde o valor futuro está, e será uma fonte de inspiração para repensar sua estratégia de acordo com isso.

ESTUDO DE CASO DA FAURECIA: ASSUMA A DIREÇÃO E... RELAXE, TRABALHE E SOCIALIZE!

Tendo superado dívidas e os fracos mercados de automóveis após a crise financeira, a Faurecia tem ido à luta. O novo CEO da empresa, Patrick Koller, está conduzindo a fornecedora automotiva global para se tornar um integrador de sistemas de tecnologias digitais de cabine e passageiros para os mercados de transporte autônomos do futuro.

Tocar guitarra, fazer yoga ou exercícios cardiovasculares, fazer a barba, tricotar e muito mais. Os estrategistas da Faurecia receberam uma lista surpreendentemente ampla de respostas quando perguntaram aos usuários de automóveis o que fariam se estivessem livres da tarefa de pilotar veículos.[1] Assistir a vídeos ou ajustar a maquiagem foram as atividades mais prosaicas, coisas que muitos motoristas já fazem nos veículos não autônomos de hoje.

De qualquer forma, a alta direção da empresa, sexta maior fabricante de assentos de automóveis, interiores de veículos e tecnologia de mobilidade limpa, sentiu-se encorajada por essas pesquisas. Em 2016, os executivos da Faurencia decidiram fazer da empresa uma fornecedora líder em "vida a bordo digitalmente habilitada" para atender os carros elétricos semiautônomos e totalmente autônomos que chegarão às estradas em cerca de três a cinco anos.

"Nós lançamos nossa 'cabine do futuro' para os próximos mercados de automóveis, porque nos perguntamos o que as pessoas fariam em um veículo se não fossem mais obrigadas a dedicar sua atenção à estrada. Tirando o motorista, o carro já é 'autônomo' e, até agora, não foi proposto aos ocupantes, que não conduzem, algo que seja verdadeiramente convincente", explicou Patrick Koller, CEO da Faurecia, em uma entrevista na sede mundial da Faurecia, em Nanterre, próximo à capital francesa.

A DIGITALIZAÇÃO INTERNA PRECEDE A REINVENÇÃO DO PRODUTO

A Faurecia é uma empresa cotada na bolsa com uma participação de 45% detida pela fabricante francesa de automóveis Peugeot PSA.[2] Tendo ingressado na sua divisão de assentos em 2006, Koller assumiu a liderança da empresa em maio de 2016. O seu antecessor, Yann Delabrière, tinha conseguido inverter a situação após a crise de crédito de 2007, quando o grupo se viu atormentado por dívidas e pelo drástico enfraquecimento do mercado automotivo. Até 2015, o desenvolvimento da tecnologia digital ocorreu na Faurecia com o objetivo de aumentar os níveis de eficiência interna e restaurar a rentabilidade. Durante esses anos, o foco não estava na criação de componentes digitais, características e funcionalidades que enriquecessem as linhas de produtos da empresa.

Uma vez no comando, Koller, um engenheiro mecânico por formação, que ocupou cargos de gestão em indústrias como a química, não perdeu tempo em impulsionar um pensamento estratégico ambicioso, prospectar e agir. "Isso não é algo que eu credito só a mim", diz ele. "Durante a reviravolta, estávamos focados na execução, quase sem recursos para pensar em uma estratégia para o futuro. Mas, depois disso, era importante para todos nós, na administração, perguntar: o que vem a seguir? Tínhamos vendido uma das nossas atividades — peças externas do veículos —, o que nos tornou livres de dívidas e nos permitiu prospectar coisas novas."

Liderado pela Koller, o conselho de administração estabeleceu o termo "integrador de sistemas" para enquadrar o papel operacional que a Faurecia desempenharia nos mercados automotivos digitais emergentes. Foi decidido que o núcleo das novas linhas de produtos da Faurecia deveria ser uma plataforma de cabine inteligente (CIP, *cockpit intelligence platform*), um centro de tecnologia da informação que servirá de base de software principal para os novos designs de interiores de cabines inteligentes.

Para apoiar o plano, um orçamento de 100 milhões de euros para a inovação foi designado para o desenvolvimento do que foi identificado como um conjunto de "novos espaços de valor". No total, a Faurecia identificou espaços de valor potencial na área de "mobilidade sustentável" e de "vida inteligente a bordo", sendo esta última subdividida em seis espaços de subvalor, um dos quais é o projeto CIP.

Mais ou menos na mesma altura, a Faurecia também lançou um programa de transformação interna para melhorar a competitividade nas linhas de produtos mais tradicionais. As medidas destinam-se a proporcionar um maior apoio financeiro para o seu redirecionamento para novas gamas de produtos inteligentes. A Faurecia pretende, por exemplo, alcançar uma redução de trinta por cento nos custos de pesquisa e desenvolvimento através da transferência de 1.200 postos de engenharia para a Índia. Ferramentas mais rápidas de gestão de projeto como o e-Kanban e tecnologias como a IA foram introduzidas para tornar os processos de concepção e design mais eficazes. A empresa também prevê a redução dos tempos de desenvolvimento de 36 para 22 meses, usando a tecnologia blockchain para aumentar ainda mais a eficiência.

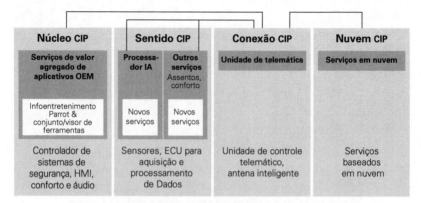

fonte © Accenture baseada na apresentação da Faurecia Investor

Figura 12.1 *A plataforma de cabine inteligente como núcleo de novas linhas de produtos*

Em resumo, o plano de reinvenção de Koller para a Faurecia visa transformar o *core business* e as operações da empresa, transformando sua gama de produtos, mão de obra e processos por meio de tecnologias digitais e, assim, diminuindo seus custos. Essa economia será usada para aumentar ainda mais os três principais pilares de negócios da empresa — assentos, interior do veículos e tecnologia de mobilidade limpa — e, paralelamente, construir escala nos novos espaços de valor.

INTERIORES E SEGURANÇA TRANSFORMANDO-SE EM DIFERENCIAIS
Koller apresentou aos acionistas da Faurecia objetivos financeiros ambiciosos para sua principal gama de produtos e, em especial, para as novas linhas de produtos conectados inteligentes. Até 2025, a empresa pretende atingir 30 bilhões de euros de vendas totais, representando um crescimento anual de mais de oito por cento. Espera-se que os novos espaços de valor cresçam três vezes mais rápido. Enquanto a tecnologia de cabine inteligente deverá atingir 4,2 bilhões de euros, a tecnologia de mobilidade limpa deverá ultrapassar os 2,6 bilhões de euros até 2025, refletindo uma taxa de

crescimento anual de 33%. Em 2017, a Faurecia registrou um volume de negócios global de cerca de 17 bilhões de euros, com fabricantes mundiais de automóveis como a Volkswagen, Ford, Renault-Nissan, BMW, PSA e Daimler.[3]

Koller está convencido de que os mercados automotivos experimentarão uma virada de maré seminal. "Quando o automóvel se tornar autônomo, os fabricantes de automóveis já não poderão se diferenciar através da sua marca, do design exterior ou das especificidades do seu motor. Eles vão se diferenciar principalmente pela experiência do usuário e pela inteligência do interior do veículo", argumenta.

Como os veículos autônomos não terão motoristas, ninguém estará interessado na potência do carro ou no design do chassi, especialmente quando o tráfego rodoviário se tornar totalmente elétrico. Tudo o que haverá são passageiros que querem chegar de A a B da forma mais rápida, suave e segura possível, enquanto desfrutam de oportunidades para trabalhar, relaxar ou socializar. Por conseguinte, os automóveis devem ser conectados em todos os momentos, com passageiros capazes de usar os mesmos aplicativos que usariam em casa ou no trabalho. A Faurecia é agora a única fornecedora global que ainda controla todos os elementos interiores do veículo, então fazia sentido desenvolver tecnologias inteligentes e integrá-las às suas características de design já existentes para oferecer soluções personalizadas para grupos de usuários-alvo. "Fomos sensatos ao dizer: devemos ser um jogador-chave aqui", recorda Koller.

No final de 2016, o CEO iniciou a criação de uma nova equipe interempresarial chamada "Cabine do Futuro" (CoF, *Cockpit of the Future*). Ela atraiu algum ceticismo inicial e até mesmo uma leve resistência dentro da organização, pois foi financiada por equipes de inovação de grupos empresariais já existentes. Em alguns setores, a ideia de digitalizar assentos e interiores era vista como uma ferramenta supérflua cara sem perspectivas econômicas reais. Ainda assim, esses ventos contrários foram superados pela discussão sobre oportunidades nos mercados em drástica transformação, de modo que o plano teve o apoio de funcionários seniores suficientes para seu lançamento.

A INTEGRAÇÃO DE SISTEMAS NECESSITA DE UMA SÉRIE DE PARCEIROS
No início, a iniciativa CoF de Koller envolvia apenas trabalho de laboratório. Uma equipe de quinze pessoas começou a pensar em novas configurações e utilizações da cabine em um novo empreendimento localizado no centro de pesquisa da Faurecia em Meru, na França. A primeira tarefa da equipe foi ajudar os clientes fabricantes de automóveis a conceber e testar novas propostas para a cabine autônoma do automóvel do futuro.

Como líder operacional responsável por toda a iniciativa CoF, David Degrange, um engenheiro experiente e gerente de desenvolvimento de negócios, foi nomeado, reportando a um conselho de diretores de assentos e divisões internas. Depois que seu "laboratório" apresentou uma série de ideias iniciais encorajadoras, a equipe da CoF assumiu a responsabilidade estratégica de comercializar suas novas soluções digitais.

No entanto, a gerência da Faurecia viu claramente que, para se tornar um integrador de sistemas em mercados de carros digitais em rápida evolução, precisava preencher lacunas de conhecimento. Para este fim, a empresa mergulhou profundamente em um ecossistema de empresas parceiras especializadas. Alguns eram mesmo concorrentes em certos campos de produtos, e todos eram inovadores em seus próprios campos, compartilhando a visão da Faurecia sobre a cabine do futuro.

"Como integrador de sistemas, compreendemos toda a cadeia de valor da cabine do futuro. Assim, podemos identificar pontos onde não faz sentido para nós investir por conta própria, porque os custos de entrada são muito altos e porque, de qualquer forma, já existem líderes mundiais bem posicionados no mercado que são reconhecidos como experts no assunto e com os quais podemos criar parcerias", explica Koller.

A Faurecia viu, por exemplo, que para lidar adequadamente com a segurança do automóvel, fazia sentido estratégico firmar uma aliança de desenvolvimento com a ZF, uma especialista alemã em sistemas de segurança automotiva. Por razões semelhantes, entrou em um acordo de codesenvolvimento com a Mahle, líder mundial e especialista em sistemas de ar condicionado para veículos. "O sistema de ar condicionado típico dos automóveis de hoje é muito mecânico. Ele se tornará um sistema elétrico para deixá-lo ainda menor, mas também para personalizar o conforto climático", diz Koller.

AQUISIÇÕES PARA REFORÇAR AS EQUIPES DE SOFTWARE
Mas para algumas capacidades-chave, especialmente em software integrado e tecnologias IA de assistência, a Faurecia sentiu que precisava de novos conhecimentos internos para construir a plataforma de cabine. Koller decidiu, portanto, fazer aquisições. Em 2017, a Faurecia comprou a Parrot, especialista francesa em infoentretenimento automóvel, por 100 milhões de euros, e entrou em uma *joint venture* com a empresa chinesa Coagent, por 193 milhões de euros.

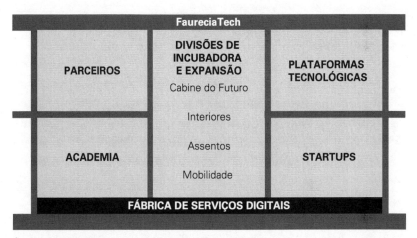

fonte © Accenture baseada na apresentação da Faurecia Investor

Figura 12.2 *Organização da tecnologia da Faurecia para acelerar a inovação e a transformação*

Ambas as empresas oferecem um know-how em software que a Faurecia não possui. A Parrot traz fortes habilidades de software automotivo para a mesa, com trezentos engenheiros localizados em Paris, enquanto a Coagent fornece quatrocentos softwares especiais, bem como capacidades de fabricação na China, comandando uma participação de mercado de oito por cento como fornecedora de software para as montadoras chinesas. Sob o título "Faurecia Tech", a empresa criou uma arquitetura distinta de blocos de conhecimento que ligam não só parceiros empresariais estabelecidos, mas também acadêmicos, startups e outras plataformas tecnológicas.

Todos os parceiros da Faurecia compartilham uma forte cultura de inovação, e a sua experiência desempenhará um papel importante nos futuros mercados automotivos. Segurança e proteção serão fundamentais na adoção de tecnologias autônomas para veículos, a gestão térmica será crucial para alargar a gama de veículos elétricos, e a computação em nuvem e a IA serão fatores críticos das características inteligentes a bordo, como os assistentes de voz.

TECNOLOGIAS DE INTEGRAÇÃO

Para obter apoio para unir toda essa experiência e construir a complexa arquitetura de tecnologia de informação por trás dos interiores de carros inteligentes, Koller incluiu a Accenture como parceira de seu ecossistema. "A especialidade deles é a transformação digital e os cenários da IoT. Nós não temos esse domínio, mas queremos nos beneficiar das inovações. Não trabalhamos com indústrias diferentes como a Accenture faz, por isso eles têm uma compreensão muito melhor do que o mercado oferece e estão, de fato, acelerando a nossa capacidade de integrar as melhores soluções", explica.

Com o apoio da Accenture, a Faurecia realizou uma série de sessões de ideação para converter casos de uso em linhas reais de solução de produtos para CIP. David Degrange e sua equipe de liderança priorizaram as tecnologias a serem desenvolvidas para a plataforma de inteligência. Eles propuseram uma pequena lista de características, e Koller teve a última palavra. Em última análise, a visão geral abrange não apenas o núcleo, mas também o sensoriamento, a atuação e a computação em nuvem, em um projeto único que atualmente não tem paralelo em nenhum outro lugar do mercado.

Para identificar essas características únicas e diferenciadoras do produto, a Faurecia realizou alguns estudos de mercado a partir do final de 2016. A equipe também realizou entrevistas com usuários para criar "mapas de problemas" e para construir casos de uso e agrupá-los em segmentos. Para cada um deles, pensaram em oferecer soluções tecnológicas diferenciadas. A equipe agora está realizando novos estudos de mercado regionais nos Estados Unidos, China e Alemanha. Esses estudos incidirão nas mudanças de necessidades e hábitos de utilização de potenciais motoristas e passageiros.

A CABINE DO FUTURO É ALTAMENTE ADAPTÁVEL

O desenvolvimento da cabine digital como parte da estratégia "novo espaço de valor" da Faurecia é fortemente orientado pelas necessidades e expectativas dos usuários. O automóvel pode ser completamente reconfigurado para cada condutor e para as condições exteriores de condução. A cabine integra perfeitamente todos os componentes inteligentes: eletrônica, decoração ativa, superfícies inteligentes e acionamento, interfaces intuitivas de homem para máquina, múltiplas telas sensíveis ao toque, aplicativos de software de ponta, bancos adaptáveis com sensores para recolhimento de dados biométricos e elementos de infoentretenimento. Os assistentes de voz atuam como interfaces principais para as funções de controle. A cabine também combina a segurança aprimorada dos passageiros, o bem-estar preditivo e a conveniência do transporte com o máximo de conectividade externa.

Para o controle de voz, a cabine está equipada com uma seleção de assistentes de voz (incluindo a popular Alexa da Amazon, Google Assistente e Baidu DuerOs), diferenciando as vozes dos usuários para que cada passageiro possa usar seu assistente preferido para executar tarefas. Entre outras funções, o assistente pode ajustar a posição dos bancos, iniciar uma massagem, alterar as definições do clima e reproduzir *playlists* de vídeo e música. Os usuários podem acessar do carro seu assistente de voz preferido em casa ou no escritório e vice-versa. Podem, por exemplo, consultar e atualizar listas de tarefas e de compras enquanto estão no veículo ou preparar o carro para conduzir, definindo os níveis de controle de temperatura mesmo estando em casa. O assistente também pode ser usado para marcar compromissos de manutenção com oficinas e coordená-los com os calendários MS Office dessas empresas.

O painel de instrumentos do condutor tradicional foi remodelado para incluir uma grande tela digital. Os painéis de instrumentos consistem em superfícies adaptativas que são capazes de alterar o visor, a funcionalidade e o posicionamento. A cabine também possui reconhecimento facial, permitindo que o veículo sugira música ou rotas com paisagens específicas, dependendo da personalidade ou humor do condutor. Cada passageiro pode desfrutar de privacidade, especialmente quando se trata de som. Graças a "bolhas de som" específicas, o motorista pode seguir as instruções do GPS enquanto os passageiros ouvem uma música ou têm uma conversa telefônica sem que ninguém incomode ninguém.

Patrick Nebout, vice-presidente de inovação no setor de assentos, diz que a Faurecia também desenvolveu um assento de "ativação de bem-estar", que usa sensores biométricos e análises preditivas para medir e responder ao estresse, à sonolência e a outros sintomas dos ocupantes. Através de uma tecnologia inteligente, o assento recolhe uma grande gama de dados biológicos e comportamentais, tais como frequência cardíaca, respiratória, movimento do corpo — por exemplo, agitação — e umidade. Para um assento mais inteligente e seguro, a Faurecia e a ZF desenvolveram um conceito de estrutura que permite aos ocupantes dirigir, relaxar e trabalhar de forma segura e sem problemas. O cinto de segurança, seu retrator e os *airbags* estão integrados ao assento e têm suas funções de segurança concebidas para funcionar de forma otimizada em diferentes posições de assento.

Além de suas muitas características adaptativas, a cabine também oferece funcionalidades preditivas. Pode, por exemplo, antecipar as preferências de um condutor e ajustar as posições do banco, dos espelhos retrovisores e do volante. Mais importante ainda, a cabine é suficientemente inteligente para antecipar os níveis de segurança dos condutores individuais e dos transeuntes e ajustar os controles, visores e comandos autônomos. Isso é particularmente importante no caso dos sistemas de divisão de automóveis, em que os motoristas têm seu perfil e histórico de condução guardados de forma a obterem carros pré-configurados personalizados, independentemente de onde alugam o veículo.

PASSANDO COM FLEXIBILIDADE E PERSONALIZAÇÃO DE B2B PARA B2C

A Faurecia tem em vista um mercado potencial de 35 bilhões de euros para as tecnologias associadas à sua cabine inteligente até 2025. Assumindo que a maior parte deste potencial será realizada entre 2017 e 2022, e somando ainda que a Faurecia irá ganhar uma cota de quinze por cento nesse mercado, essa tecnologia por si só, de acordo com os analistas, poderá acrescentar três por cento por ano ao valor das ações da Faurecia nos próximos cinco anos.

O CEO da empresa vê seu modelo de negócio atual como uma mudança ao longo do tempo, à medida que a demanda por flexibilidade e individualização cresce nos mercados de automóveis do futuro:

Você terá que fornecer soluções de equipamentos que possam continuar a individualizar e se ajustar às novas necessidades. Você, como consumidor, compra um interior de carro com alguns casos de uso, e dois anos depois você tem um bebê, então você precisa de uma configuração para um terceiro caso de uso. Nunca é exatamente o mesmo carro. Esse grau de flexibilidade ainda não está incorporado hoje, mas vai acontecer. E isso também vai mudar o nosso modelo de negócio, que é hoje um modelo B2B. No momento, estamos nos movendo, com a cabine, para um modelo B2B2C e, finalmente, teremos um negócio significativo em mercados B2C também.

ESTUDO DE CASO DA SIGNIFY: LED, HÁ LUZ INTELIGENTE!

Há sete anos, um grupo de gerentes médios visionários da Royal Philips realizou uma façanha de inovação que marcou a era da iluminação inteligente para a empresa de iluminação, que foi rebatizada como Signify em 2018. A determinação em criar um produto pioneiro, a experiência colhida em toda a organização e o marketing de missão crucial acompanharam o nascimento do sistema de iluminação inteligente Hue, que acabou sendo o precursor de um modelo operacional totalmente novo.

A Royal Philips é uma das líderes tecnológicas mais antigas e veneráveis da Europa. Em 2016, a sua divisão de iluminação foi transformada em uma empresa separada para abrir o negócio a novos investidores. Dois anos após a divisão, a nova entidade mudou o nome para Signify. E é hoje, de longe, a maior fornecedora mundial de produtos, sistemas e serviços de iluminação, com o dobro do tamanho do seu concorrente mais próximo.

Os diodos emissores de luz, mais comumente conhecidos como LEDs (*light-emitting diode*, em inglês), existem há décadas, mas só alcançaram aceitação nos mercados de massa de iluminação há cerca de dez anos. Na Signify, em comparação com seus rivais, as estruturas não foram tão abaladas por essa tecnologia inovadora e disruptiva porque os engenheiros da empresa realmente ajudaram esse novo mercado a florescer. Suas equipes tinham, por exemplo, inventado a técnica de ótica dupla, permitindo o uso de LEDs para iluminação direcionada de estradas. Entre outras inovações, os engenheiros da empresa foram também os primeiros a introduzir a iluminação de entretenimento que utilizou vários LEDs vermelhos, verdes e azuis para efeitos precisos e coordenados por cores na iluminação teatral e arquitetônica.

Tais inovações de vanguarda posicionaram a empresa, desde muito cedo, como a fornecedora líder de mercado de sistemas de iluminação LED conectada inteligente, mas foi necessário mais tempo antes que ela realmente chegasse ao seu primeiro produto de iluminação LED inteligente do mercado de massa. Em toda a indústria, as tecnologias de fundação tiveram que amadurecer primeiro, como o protocolo de rádio Zigbee, em que a Philips teve um papel crucial no desenvolvimento. Além disso, os smartphones e suas bibliotecas de aplicativos ainda não tinham chegado ao mercado.

Com as suas inovações de LED, a empresa foi a força motriz por trás da maior disrupção da indústria, passando da iluminação convencional para a iluminação a LED. Com suas vendas de iluminação aumentando de catorze por cento do mercado em 2012 para setenta por cento em 2018, ela é a maior fornecedora mundial de iluminação LED.

O PIONEIRISMO DA SIGNIFY NA ILUMINAÇÃO INTELIGENTE
"Há cinco anos, a iluminação convencional constituía cerca de oitenta por cento da nossa gama de produtos. Agora estamos em cerca de

setenta por cento de LED", diz Bill Bien, líder da Signify em marketing e alianças estratégicas. Em menos de meia década, diz ele, os recém-criados negócios de "sistemas e serviços", que incluem os segmentos de consumo doméstico e profissional de iluminação inteligente da Signify, cresceu de zero para mais de 900 milhões de euros, ou mais de dez por cento das receitas da Signify em 2017.[4]

Mas, a princípio, a nova era de LED inteligente precisava de um produto de ponta de lança, um quebra-cabeças emblemático com sucesso real no mercado para acelerar o movimento da organização para a iluminação inteligente. Para a iluminação de consumo, este sistema foi desenvolvido na forma do Philips Hue, um sistema de lâmpadas LED com ajuste de cor que pode ser controlado através de um aplicativo para smartphone, sensores de movimento e interruptores conectados. O sistema transforma a iluminação LED doméstica em um produto inovador, diferenciado, personalizado e essencial para o lar. A iluminação inteligente de tonalidade é regulável, programável e controlável através de dispositivos iOS ou Android para definir a intensidade da luz e a cor. Cenas específicas como pores-do-sol podem ser definidas para ambientes diferentes. As lâmpadas foram conceituadas como produtos digitais em plataforma aberta, e mais de setecentos aplicativos de terceiros foram lançados até agora para a comunidade de usuários. Entre eles estão aplicativos populares como Hue Disco para festas e Hue Manic para coordenação de luz e música. Só a Hue criou cerca de 300 milhões de euros em vendas no ano passado — um terço das vendas de iluminação inteligente da Signify.

"A ideia começou por volta de 2010, quando eu estava trabalhando com aplicativos móveis em outro setor da Philips", explica Jeroen de Waal, então chefe de marketing global do negócio de lâmpadas da Philips. "Pensamos que é bastante conveniente controlar a iluminação em casa através do seu smartphone. Essa ideia tinha sido discutida anteriormente nos corredores da empresa, e tive algumas conversas com pessoas do departamento de LED", recorda o diretor.

O que, em retrospectiva, acabou se revelando um verdadeiro momento de luz, começou com uma ideia que um pequeno grupo de pessoas que trabalhavam como gestores médios levou para o alto escalão da empresa. De Waal diz, "Os aplicativos digitais e móveis ainda não tinham estourado, e algumas pessoas perguntaram: 'Porque você quer testar isso?'"

Mas, munida de muita convicção inovadora, a equipe inicial continuou repetindo o que achava que seria um sucesso. Argumentaram: "É LED, pode ser controlado com um smartphone, então será muito mais fácil para os consumidores e mais fácil de comercializar", recorda De Waal, acrescentando: "Vale a pena lembrar que o próprio mercado de smartphones também estava dando os primeiros passos nesta fase. O iPhone da Apple, o dispositivo que levou o novo mercado à explosão global, foi lançado apenas três anos antes do Hue ser concebido."

O objetivo não era criar algo extravagante que acabasse em um nicho de mercado, mas expandir a iluminação em uma ampla base em um produto inteligente e conectado à internet, explica George Yianni, que atuou como chefe de tecnologia do Hue: "Uma lâmpada tradicional teria um ciclo de substituição de um ano. Com o LED, de repente, os produtos de iluminação passaram a durar muito mais tempo. Então, nos perguntamos: 'Em que tipo de inovação precisamos usar o efeito disruptivo do LED para criar valor adicional para nossos clientes e para a própria Signify?'"

PROFISSIONAIS DE MARKETING E ENGENHEIROS COMO MOTORES IGUAIS DE INOVAÇÃO

Os primeiros passos práticos envolveram uma reunião de lançamento de um dia em que cerca de cinquenta pessoas de uma grande variedade de setores da empresa foram convidadas. "Reunimos toda essa experiência para canalizar os nossos pensamentos. O quanto nós sabíamos sobre tudo aquilo?" Acabou sendo bastante. Os engenheiros da Philips já estavam trabalhando em componentes de tecnologia que poderiam ser úteis para o desenvolvimento de um sistema inteligente de iluminação residencial. Havia algum conhecimento de protocolos *wireless*, engenharia de software e APIs. Houve até mesmo iniciativas preliminares para construir controles inteligentes de LED. Assim, o terreno de engenharia parecia bem preparado, mas um elemento estava ausente: uma proposta de consumidor claramente moldada para um sistema de iluminação inteligente personalizado. "O que queremos levar ao mercado? Como queremos levar ao mercado? Estas eram as perguntas centrais. É por isso que precisávamos de um excelente comerciante a bordo", diz De Waal.

A equipe encontrou essa figura no experiente grupo de profissionais de marketing da própria Philips, com um vasto conhecimento dos mercados de consumo. Juntamente a Yianni, as principais mentes de engenharia e marketing do projeto deram ao Hue a forma que os mercados almejavam. Os profissionais de marketing olharam para o Hue estritamente através dos olhos do consumidor, determinando uma lista final de recursos para o novo produto: ele tinha que ser controlado por smartphones, tinha que trabalhar com cores e aplicativos de terceiros, precisava de um canal de distribuição on-line e seu próprio mundo de mídia social onde os usuários pudessem encontrar inspiração e construir uma comunidade. "Tivemos que usar uma tecnologia no Hue que nos permitisse introduzir o clima emocional no produto e sublinhar que se trata de uma iluminação com uma qualidade muito nova e revolucionária", explica Yianni.

Olhando para trás, a equipe concorda que foi um esforço conjunto entre os especialistas de engenharia e marketing. Os profissionais de marketing tinham, por exemplo, tomado a decisão sobre a tecnologia final de apoio à Hue. Eles assumiram a responsabilidade sobre como uma experiência sem descontinuidades do consumidor poderia ser construída para o produto. Era crucial para eles transmitirem uma história e as implicações emocionais da utilização do produto. Só isso faria com que o sistema fosse realmente um avanço na perspectiva do consumidor. Foi igualmente crucial, como recordam os inventores do Hue, escolher um slogan ousado e incisivo — eles escolheram *Lighting has changed*" —, bem como entrar nos pontos de venda da Apple para uma boa distribuição desde o início. "O marketing foi crucial na condução do sucesso inicial, enquanto a arquitetura da tecnologia foi crucial para sustentá-lo", diz De Waal.

A iluminação doméstica tem sido vista tradicionalmente como uma categoria de baixo engajamento. Os consumidores compram uma lâmpada nova quando a que estava em uso queima ou quando redecoram um quarto e precisaram de uma nova luminária. A equipe do Hue decidiu, portanto, que iria comercializar o seu sistema de iluminação sob novos lemas fortemente emocionais. "Poderia ser o efeito da luz sobre a saúde, poderia ser sobre como embelezar um ambiente doméstico. Poderia até ser sobre os benefícios de segurança da iluminação", diz Yianni. Antes do Hue, não havia soluções para consumidores normais que fossem fáceis o suficiente para instalar em casa ou mesmo acessíveis. A nova tecnologia do Hue, menos dispendiosa, coloca a equipe em posição de replicar para o comprador comum o que antes só estava disponível para clientes ricos. "Assim, agregando ao Hue emoções de autoexpressão e melhoria da casa, poderíamos transformar a iluminação em um mercado de massa de alto engajamento", diz Yianni.

UMA PEQUENA EQUIPE DEDICADA

A equipe inicial em torno De Waal e Yianni começou com apenas quatro pessoas, mas chegou a trinta quando o Hue foi lançado no mercado. O projeto foi colocado em uma área designada para novas ideias dentro da empresa. Tratava-se de juntar os recursos que existiam em toda a organização, combinando-os para torná-los ágeis e inovadores o suficiente para fazer isso acontecer. A equipe teve liberdade para contratar e também obteve o apoio do chefe de pesquisa e desenvolvimento para garantir recursos.

Em 2012, admite De Waal, sua proposta disruptiva deve — de todas as perspectivas — ter parecido arriscada, sem nenhuma garantia de sucesso no mercado. Ao tomar decisões de investimento em P&D, alguns líderes sempre teriam optado por inovações incrementais em detrimento do Hue. No entanto, a Philips sempre esteve disposta a correr riscos com novas tecnologias. No final, o Hue nasceu dentro de uma empresa altamente inovadora e tecnologicamente apta, como demonstra o amplo *pedigree* da Signify em inovações LED.

ALIAR EXPERIÊNCIA SÓLIDA COM PROPOSTAS EMPREENDEDORAS

Quando a equipe do Hue começou a desenvolvê-lo, a iluminação LED não inteligente já era o grande negócio da Signify, tratava-se essencialmente de pegar uma lâmpada tradicional e transformá-la em um LED, tornando-a mais eficiente, produzindo uma melhor qualidade de luz com maior valor para os clientes finais. "Tínhamos esta capacidade e esta experiência de alto nível e qualidade em lâmpadas LED. Os engenheiros da Philips sabiam tudo sobre fabricação, pesquisa e desenvolvimento desses produtos. E, no outro lado, tínhamos nossa equipe e esse empreendimento, pessoas com muitas ideias e propostas ousadas, mas sem experiência em escalabilidade, manufatura ou gerenciamento de qualidade de produtos. Tivemos que casar essas duas coisas com sucesso", diz De Waal.

O MODELO DO HUE DÁ O TOM PARA UMA ILUMINAÇÃO INTELIGENTE

E eles conseguiram. O sucesso inicial do Hue foi parte da intenção da Signify de avançar sistematicamente com a iluminação inteligente em muitos outros aspectos do seu portfólio de produtos, especialmente para clientes empresariais. Ao mesmo tempo em que lançava do Hue, a Signify já estava desenvolvendo e oferecendo sistemas de iluminação inteligentes profissionais, como o Color Kinetics para iluminação arquitetônica dinâmica e o CityTouch para iluminação inteligente de ruas.

Com o tempo, primeiro a Philips e agora a Signify expandiram esses sistemas e hoje oferecem várias arquiteturas de iluminação inteligente para vários sistemas que incluem tecnologia digital LED e IoT. A empresa criou, por exemplo, um sistema de posicionamento interior baseado na iluminação para revendedores que permite uma navegação hiperacurada pelos produtos de varejo. Alguns de seus outros sistemas de iluminação fornecem serviços onde as taxas de ocupação em edifícios de escritórios são estabelecidas e os ativos localizados em pisos de fábricas. A Signify também lançou o portal Interact, que fornece serviços de dados aos seus clientes.

Signify está mantendo o pé no acelerador da inovação. Ela estabeleceu uma estratégia para introduzir no mercado, de seis em seis meses, um produto LED inteligente e inovador, não só para a casa, mas também para a indústria, o varejo, a hotelaria e os clientes de infraestruturas públicas. A empresa tem uma mentalidade de startup e cria regularmente novas ideias para aplicações de LED. O Hue foi um empreendimento inicial, mas há mais. Por exemplo, o seu grupo de iluminação para horticultura oferece sistemas em que a sintonia entre a qualidade e a temperatura da luz LED conduz a melhores taxas de crescimento das plantas. Outra é a chamada "Interact City", que fornece iluminação pública inteligente e já criou soluções para mais de mil cidades.

O produto Hue começou com alguns visionários rabiscando em um pedaço de papel, e a Signify tinha os meios para dar escala a uma ideia pioneira. Esse pode ser o modelo para muitas outras empresas de produtos.

ESTUDO DE CASO SYMMONS: TRANSFORMANDO SONHOS EM UM NEGÓCIO DIGITAL

Com mais de oitenta anos de existência e um forte legado de inovação em produtos convencionais de encanamento, a Symmons Industries, sediada nos Estados Unidos, desenvolveu a Symmons Water Management para criar uma nova categoria de encanamento conectado. É uma solução de hardware inteligente que resolverá os pontos problemáticos de más experiências de água quente em hotéis através de uma rede de sensores, agregação de dados e análise, para criar as melhores condições para a experiência dos hóspedes em todo o mundo.

A PREPARAÇÃO PARA A REINVENÇÃO DO PRODUTO
Tomar banho costumava ser uma experiência dolorosa... literalmente.

Em 1938, enquanto trabalhava para um pequeno fabricante de canalização em Boston, Paul C. Symmons desenvolveu a ideia de construir uma válvula de equilíbrio de pressão eficiente para proporcionar uma experiência de banho segura. Symmons especulou que o problema da mudança drástica e insegura de temperatura no chuveiro era causado por uma variação na pressão da água que ocorre como resultado de demandas em outras partes do sistema de encanamento, como abrir uma torneira, dar descarga no vaso sanitário ou ligar uma máquina de lavar louça. Era comum a água vir escaldante...

Perceber que havia a necessidade de um produto que melhorasse a experiência do banho foi a motivação para Paul Symmons começar sua própria empresa em 1939 e projetar uma válvula que não apenas resolveu a questão da variação da temperatura da água, evitando escaldaduras, mas também revolucionou a indústria de encanamentos. A introdução desta exclusiva válvula Temptrol, juntamente a mudanças favoráveis no código de encanamento, ajudou a Symmons Industries a crescer rapidamente nos 25 anos seguintes, período em que o produto permaneceu praticamente inalterado. O crescimento da empresa foi gerenciado pelo diretor Bill O'Keeffe, genro de Paul. Em 2008, a Symmons se reinventou ao expandir sua linha de produtos para incluir produtos *premium* de cozinha e banho. A expansão do produto e a nova abordagem de venda permitiram que a Symmons se reafirmasse na indústria de encanamento.

Em 2010, Tim O'Keefe tornou-se a terceira geração da família a tomar as rédeas da Symmons Industries após uma carreira na área de rápido crescimento de software empresarial. Tim trouxe um DNA interessante para o negócio como visionário e estrategista. Ele partiu em uma jornada para a digitalização de muitos aspectos das principais operações da empresa. Também começou a direcionar o foco da Symmons com mais profundidade nos mercados de hospitalidade, alcançando uma participação de mercado impressionante em propriedades hoteleiras na América do Norte, construindo o primeiro estúdio de design da empresa e criando uma ampla gama de opções funcionais e estéticas no projeto de vasos sanitários.

Enquanto Tim criou muitas melhorias no negócio, sua paixão empresarial continuou a "fluir". Tim reconheceu que os seus clientes tinham necessidades que podiam ser satisfeitas através de tecnologias novas e em evolução. Isso levou a Symmons para um novo caminho; um caminho para o mundo dos produtos inteligentes. A crença central de Tim era que a água era um dos poucos sistemas em um edifício que é "escuro", ao contrário dos sistemas elétricos e de ventilação. Ele acreditava que, com os dados, muitos problemas poderiam ser abordados e novas oportunidades de negócios poderiam ser criadas. Mas a questão continuava, por onde começar?

O CAMINHO PARA A (BEM-SUCEDIDA) REINVENÇÃO

Em 2017, a Symmons contratou a Altitude Inc. (agora parte da Accenture) para tomar um caminho diferente em direção à inovação. Nesse caso, o compromisso não foi iniciado com uma solução pré-definida e construído a partir de um conjunto de pressupostos existentes sobre o que os clientes (e hóspedes do hotel) queriam, mas sim com um processo de descoberta para descobrir insights mais profundos sobre os atuais e potenciais novos clientes da Symmons. Foi criado um projeto que envolveu mais de cem gerentes de hotel, engenheiros de encanamento e proprietários de edifícios durante vários meses. Infelizmente, as verdades começaram a ser reveladas.

O que a Symmons aprendeu nesse processo foi que os hotéis não buscavam se diferenciar no setor de louças e metais sanitários especificamente, onde o desenvolvimento de produtos da Symmons estava focado. Os hotéis indicaram que queriam investir nas áreas comuns mais movimentadas, onde as pessoas passavam tempo juntas e onde cada dólar de investimento seria visto por mais olhos. O banheiro, pelo contrário, era um lugar privado, não muito compartilhado nas redes sociais... Os gerentes queriam que os banheiros simplesmente fossem FUNCIONAIS! Pelo que a equipe aprendeu em visitas aos locais, um chuveiro funcionando nem sempre era o padrão. Com base nessas percepções qualitativas, um estudo mais aprofundado foi encomendado para compreender a frequência e o impacto dos problemas de canalização nos hotéis. Depois de analisar 800 mil registros de mídia social, a Symmons pôde confirmar o que seus clientes estavam dizendo: a água quente era o segundo ponto fraco para hóspedes de hotel, logo atrás da conexão Wi-Fi. Acontece que a água nem sempre funcionava — não era fiável, a fonte do problema muitas vezes não era conhecida e, do ponto de vista das críticas, isso era intolerável.

A partir desse insight de um banheiro funcional, nasceu a visão que norteou a Symmons Water Management. A Symmons encontrou seu momento "nós podemos", um ponto claro que estava impactando a reputação e os negócios de seus clientes. O processo de descoberta buscou eliminar as necessidades não atendidas e não articuladas dos clientes mais profundamente por meio da etnografia. Com essa nova visão, a Symmons identificou um vasto espaço de oportunidade para a inovação que resolveria o problema e traria um crescimento substancial à empresa. A pergunta permaneceu, por onde começar?

Embora um farol sirva de norte para a ambição de longo prazo, continuou a ser fundamental dar passos para trás dessa visão. O primeiro passo foi ir onde havia o maior número de problemas com o menor número de soluções. Nascia um conceito: a Symmons monitoraria os sistemas de água quente em nome dos hotéis. Ao simplesmente conectar componentes do sistema de canalização do edifício, eles poderiam monitorar três variáveis cruciais da água: temperatura, fluxo e detecção de vazamentos. Com esses dados, a Symmons poderia atender ao seu conceito mínimo de produto viável (PMV) para detectar problemas mais cedo, acionar ações corretivas e, finalmente, melhorar a experiência da água quente para os hóspedes.

A partir deste primeiro conceito PMV, a Symmons continuou o processo de inovação centrado no cliente com seu parceiro e desenvolveu uma solução de prova de conceito para ser construída com uma série de ações ágeis. Essa primeira geração da Symmons Water Management incluiu hardware de sensores e *gateways* de rede prontos para uso, um aplicativo IoT na nuvem e uma plataforma de análise de dados que colocaria dados de perfuração de sistemas de encanamento nas mãos dos gerentes das propriedades e engenheiros de encanamento. A chave era obter experiência no mundo real, e a Symmons apresentou essa prova de conceito para ser implantada em quatro grandes hotéis na área de Boston, não apenas para fornecer insights sobre a solução técnica, mas também para começar a testar os múltiplos elementos da proposta de valor.

COMERCIALIZANDO O NOVO NEGÓCIO

"O que a Nest fez pelos termostatos, nós vamos fazer pela água. Acreditamos que os produtos devem fazer mais por você do que você faz por eles."
Tim O'Keeffe, CEO da Symmons Industries

Munida de dados significativos da prova de conceito e validação de sua proposta de valor para o cliente, a Symmons estava pronta para o lançamento de sucesso de seu primeiro produto em 2019. A empresa comercializou sua plataforma e a usou como uma forma para continuar aprendendo e aperfeiçoando sua oferta. Como a Symmons Water Management está criando um novo mercado para canalização conectada, uma abordagem muito diferente deve ser usada na comercialização do negócio quando comparada a uma inovação em um mercado existente ou maduro. Isso requer a conscientização dos principais clientes sobre o problema/oportunidade, um trabalho conjunto para entender a proposta de valor e gerenciamento em estreita cooperação para avaliar o valor do imóvel. Uma vez estabelecida esta base, então um impulso mais amplo dentro da indústria pode ser feito para estabelecer uma nova referência para experiências de água quente em hotéis, onde espera-se que os hóspedes exijam um chuveiro Symmons Water Management.

O caminho para a criação desse novo negócio contém muitas armadilhas que vão além do simples ajuste produto-mercado. Como escalar? Como manter o foco no *core business* e nos novos negócios simultaneamente? Como construir uma cultura de inovação e competências digitais em um fabricante de produtos industrial com mais de oitenta anos? A Symmons entende o foco e a dedicação que o estabelecimento de um novo mercado e negócio exigem. Eles nomearam uma liderança exclusiva para a Symmons Water Management, construindo um ecossistema de parceiros para um novo produto digital, uma nova estratégia de mercado e capacidades internas muito diferentes, como desenvolvimento de software, engenharia de hardware e suporte de produtos. Eles estão equilibrando cuidadosamente o atual e o novo, trazendo a organização central junto com eles, desde a inspiração e a visão da Symmons Water Management à execução, sem distraí-los do que precisa ser construído hoje.

O que a Symmons aprendeu e coloca em prática todos os dias é que a inovação só terá impacto se houver uma necessidade definida do cliente por trás dela. Pode não ser uma necessidade óbvia ou reconhecida, mas uma vez que essa necessidade tenha sido definida, o caminho para o desenvolvimento da solução torna-se claro e estimulante. Manter os clientes intimamente ligados ao contínuo desenvolvimento de cada oferta sucessiva da Symmons Water Management tornou-se um requisito fundamental para Tim e sua equipe na Symmons.

ESTUDO DE CASO DO HAIER GROUP: COLOCAR UMA PLATAFORMA À FRENTE DO PALADAR

O grupo de eletrodomésticos Haier Electronics é pioneiro em novos métodos de gestão focados em instigar o empreendedorismo digital, a inovação e a criação de plataformas de negócios. São testes de estresse que testam a máxima da empresa "o usuário está certo". A Haier impressionantemente mostra como os modelos operacionais tradicionais podem ser redirecionados para uma nova vida, voltando-se para gamas de aparelhos completamente novos que são projetados, produzidos e comercializados como produtos de plataforma. Assim, novas tecnologias digitais exclusivas são incorporadas em produtos totalmente novos ou antigos, mas totalmente reestruturados, enquanto isso é acompanhado por uma desregulamentação drástica de estruturas de gerenciamento hierárquicas não ágeis. Dois produtos inteligentes conectados decorrentes da linha de refrigeração da Haier são prova de que essa abordagem, inteiramente nova para o setor, funciona bem. Eles, de fato, conquistaram para a empresa a posição de líder mundial em seu mercado. A maturidade digital na China é muito elevada. Atendendo a um mercado consumidor doméstico sofisticado, a IA e outras tecnologias inteligentes estão reinventando os produtos chineses mais do que quase todos os outros no mundo. Eric Schaeffer, coautor deste livro, desfrutou do privilégio de ser convidado pelo Grupo

Haier para sua sede na China, onde conheceu o inquieto transformador digital da empresa, CEO Zhang Ruimin.

O grupo chinês Haier refere-se a si mesmo como "a empresa de eletrodomésticos que mais cresce no mundo".[5] Com base em várias aquisições recentes, ela cresceu para se tornar a maior marca no mercado global de eletrodomésticos, controlando atualmente uma participação de 10,5% do seu volume.[6]

Como uma organização empresarial em expansão, a Haier tem sido liderada por mais de três décadas pelo CEO Zhang Ruimin. Ele é visto como um visionário que reorganizou as hierarquias ultrapassadas da empresa para torná-las mais ágeis para a era digital. É central para o pensamento de Zhang a crença de que um fabricante de eletrodomésticos, para sobreviver às forças disruptivas que seu setor enfrenta e ter sucesso em um mundo de consumo digitalmente habilitado, precisa operar não apenas como um negócio de plataforma, mas também como criador de plataformas de produtos, em vez de apenas ser um fabricante tradicional de produtos de hardware e gerente de marcas.

Tendo descentralizado a sua organização a partir de sua base de origem na China para operar em todo o mundo, a Haier agora opera 66 entidades comerciais, 10 centros de pesquisa e desenvolvimento, 108 fábricas e 24 parques industriais inovadores, espalhados por todos os principais continentes. O grupo emprega mais de 70 mil pessoas e, em 2017, suas receitas globais ficaram em 241,9 bilhões de renminbi (RMB) (cerca de US$ 36 bilhões), representando um salto de vinte por cento em relação ao ano anterior.[7]

Com sede em Qingdao, a Haier projeta, desenvolve, fabrica e distribui uma ampla gama de produtos domésticos, como refrigeradores, máquinas de lavar roupa, fornos de micro-ondas, televisores, aparelhos de ar condicionado, telefones celulares e computadores. Cada marca e linha de produtos tem a própria posição no mercado e fornece, em maior ou menor medida, serviços especializados em casas inteligentes para seus usuários. O portfólio da marca inclui nomes como Haier, Casarte, Leader, GE Appliances, AQUA e Fisher & Paykel.

ENGARRAFANDO A OPORTUNIDADE DE INOVAÇÃO

Um dos produtos mais avançados digitalmente da Haier é uma adega de resfriamento de vinho de 72 garrafas, habilitado para conexão pela Internet das Coisas (IoT). O produto é concebido para uso em casas particulares, restaurantes e comerciantes de vinho e, como um produto inteligente, funciona como uma plataforma em torno da qual um ecossistema de parceiros pode ser formado.

Também na linha de produtos de refrigeração da Haier, a geladeira inteligente "cozinha conectada" da empresa é outro produto projetado para se tornar uma plataforma de produtos domésticos no futuro.

Ambos os dispositivos derivam de estudos minuciosos sobre as tendências do consumidor chinês. No caso do refrigerador de vinho, uma pesquisa de mercado detalhada constatou que as peculiaridades do mercado vinícola chinês permitem um aparelho que não só armazena garrafas de vinho em um ambiente com temperatura e luz adequadas, mas também compartilha informações e dados e facilita a interação comercial entre produtores e consumidores de vinho.

VINHO CHINÊS: UM MERCADO DE MASSA DE VINHO NA CHINA

Embora o vinho já seja cultivado na região há mais de mil anos, a China ainda não se tornou um país vinícola no sentido da Europa Ocidental, com mercados de massa estabelecidos, uma cultura de vinho abalizada e consumidores com o poder de compra necessário. O consumo atual de vinho na China continua a ser de apenas 0,4 litros por pessoa por ano, em comparação com os cinquenta litros da França.[8] Mas é provável que o consumo de vinho chinês cresça comercialmente, impulsionado pelo *boom* econômico do país e pela ascensão de uma classe média consumidora solvente. Estima-se que a procura global atinja US$ 23 bilhões em 2021[9] e, devido à sua enorme população, o país já se tornou o maior mercado mundial de vinho tinto.[10]

Wu Yong, diretor de refrigeração para a região da China na Haier comentou, "Apesar de tudo isso, uma cultura de vinho realmente sofisticada está apenas emergindo na China. Os consumidores ainda não adquiriram muita experiência com a enorme variedade de tipos de vinho oferecidos. Existem literalmente milhares de marcas e rótulos em muitas línguas diferentes disponíveis, e os preços variam muito". Ele acrescenta que a maioria dos vinhos consumidos na China ainda são importados do exterior e que há uma necessidade de transparência entre as várias categorias de vinho, origens e variedades. Em sua opinião, há também espaço para uma formação de base sobre a produção e o consumo de vinho: "Queremos criar algo útil para o profissional do vinho e para o comerciante varejista, bem como para o consumidor. Queremos promover a criação de uma comunidade que compartilhe o estilo de vida do consumo de vinho."

A adega de vinho da Haier ostenta algumas características funcionais de vanguarda que a destacam da numerosa concorrência. Ela é uma das primeiras do gênero a trabalhar com uma tecnologia de resfriamento sem compressor, reduzindo a zero as vibrações prejudiciais ao vinho. A unidade oferece compartimentos de temperatura diferentes para vários tipos de vinho para que tintos e brancos possam ser mantidos em uma faixa adaptável entre cinco e vinte graus Celsius. A frente de vidro do refrigerador também é projetada para filtrar a radiação UV, protegendo o vinho de danos causados pela luz.

Embora todas essas características façam do produto uma peça realmente avançada de engenharia de eletrodomésticos, elas ainda não o tornam um dispositivo inteligente, esse status é conferido pelos sofisticados recursos IoT incorporados na adega. Recursos que permitem analisar dados, ligar-se à nuvem e utilizar a inteligência artificial para proporcionar uma verdadeira interação com o consumidor. Os paralelos com dispositivos como o smartphone da Apple são óbvios. O iPhone era uma caixa altamente projetada e inovadora que lhes dava a vantagem competitiva mesmo antes de suas qualidades de plataforma se tornarem próprias.

CONSTRUINDO UMA COMUNIDADE FORTEMENTE UNIDA EM TORNO DO CONSUMO DE VINHO
Como sua principal interface com os usuários, a adega inteligente possui uma tela sensível ao toque de 21,5 polegadas, um sistema de

som com capacidade de reconhecimento de voz e uma câmera. Isso permite que os bebedores de vinho ou os entregadores busquem e registrem as garrafas que entram no aparelho, e permite que restaurantes e residências mantenham o controle de seus estoques. Cada garrafa se identifica com o refrigerador através de um *chip* RFID que armazena informação sobre perfis gustativos, vinhas de origem e rotas de fornecimento do produtor ao consumidor.[11] A base de dados alocada na nuvem que armazena esta informação, diz Yong, contém, a qualquer momento, um mínimo de 600 mil pontos de dados de vinho disponíveis para os consumidores. Assim, os bebedores de vinho podem também digitalizar os rótulos das garrafas para que sejam analisados e obter informação de base ou podem usar a tela para fazer com que a adega sugira vinhos para determinados tipos de refeições. Localizada logo acima da frente de vidro, a tela também pode ensinar os usuários através de vídeos sobre produção de vinho e aconselhar sobre a melhor experiência de degustação.

CORTANDO O INTERMEDIÁRIO COM UMA PLATAFORMA GRÁTIS

As garrafas podem ser automaticamente repostas através da interface de um produtor de vinho de confiança, eliminando intermediários como distribuidores e importadores. Os vinicultores e fabricantes de vinho, por sua vez, podem utilizar a tela de visualização para mostrar as suas últimas ofertas e realizar campanhas promocionais direcionadas com base nos dados de consumo compartilhados pelo dispositivo. Então um produtor de vinho localizado em um castelo em algum lugar da região francesa de Bordeaux pode explorar diretamente os hábitos dos consumidores de vinho em Xangai. Os bebedores de vinho chineses, da mesma forma, podem entrar em contato com os enólogos favoritos em outro continente para obter sugestões e feedback direto.

A Haier posiciona crucialmente o produto como um dispositivo de plataforma. Afastando-se dos modelos de negócio tradicionais de fabricantes de eletrodomésticos, a empresa dá a adega de graça. Para a renda do produto, a Haier assina contratos com seus parceiros de ecossistema: fabricantes de vinho, importadores, restaurantes, serviços de logística e, claro, enólogos. Essas disposições estipulam que determinada proporção do volume de negócios total criado pelos dispositivos — sob a forma de garrafas de vinho compradas e repostas por consumidores e restaurantes — é transferida para o fabricante da adega.

Em um país onde o consumo de vinho tinto ronda os 1,86 bilhões de garrafas de leão por ano,[12] esse pode ser um modelo de negócio viável, especialmente se o vinho estiver apenas emergindo como um produto de consumo de massa. Ainda assim, Wu Yong reconhece que o modelo ainda não é rentável, embora espere-se que isso mude em breve. Ele diz que leva cerca de um a dois anos para recuperar o custo de produção de cada adega.

A abordagem específica de plataforma da Haier para esse produto torna necessário conectar e manter relações com entidades comerciais locais, tanto do lado da oferta como do lado da procura do mercado vinícola. Isso traz para esta gigantesca organização o desafio de uma gestão de abastecimento, distribuição e relacionamento muitas vezes complexa e extremamente granular, por exemplo, com produtores de vinho na Europa e Austrália. Essa foi uma das razões, diz Yong, que fez a Haier descentralizar sua organização, conseguindo assim uma melhor qualidade de gestão de produtos e maior sucesso financeiro com seus dispositivos. Yong diz, "Não é fácil de alcançar. Mas vimos como uma grande vantagem em termos de experiência do consumidor. A plataforma permite que os consumidores de vinho obtenham as suas garrafas a um preço mais baixo, uma vez que o nosso modelo elimina o intermediário. E os consumidores de vinho compram as suas marcas favoritas mais rapidamente através da rede de relações diretas que a plataforma cria".

TRANSFORMANDO A GELADEIRA NO CENTRO SOCIAL DA CASA

Como o armário de vinho inteligente, a geladeira Link Cook, o segundo produto inteligente emblemático da Haier, foi concebido com base em uma meticulosa pesquisa de consumo. Tal como o refrigerador de vinho, esse dispositivo funciona com uma grande tela sensível ao toque no exterior servindo como o seu principal ponto de interação com os usuários. Crucialmente, esse aparelho está ligado à plataforma U + Smart Home da Haier, através da qual a fabricante orquestra a sua linha de aparelhos de cozinha.

A geladeira inteligente se conecta a esta plataforma com microfornos e exaustores da Haier, formando uma linha de produção contínua para as refeições. Ele é sensorizado e equipado com câmera para que possa, através de algoritmos inteligentes, identificar seu conteúdo atual e as datas de validade de cada item. Assim, quando consultado pelos consumidores, a geladeira não só apresenta uma lista de compras atualizada do que é necessário substituir, como também sugere receitas utilizando os ingredientes disponíveis, tendo em conta o frescor e as datas de validade. "Em seguida, o aparelho prepara automaticamente o microforno para a ação, definindo a temperatura e o tempo de cozimento adequados para a refeição escolhida", explica Wu Yong. A receita aparece então em uma tela separada no exaustor para que o chef possa consultá-la enquanto pica e mistura os ingredientes como recomendado.

A tela sensível ao toque também permite que os usuários verifiquem a previsão do tempo, acessem e-mails ou até mesmo assistam televisão. O conceito de geladeira da Haier visa combinar e impulsionar várias tendências na preparação de refeições entre as gerações mais jovens na China. Embora digitalmente experiente e fascinado por experiências automatizadas na vida cotidiana, esse grupo etário muitas vezes perdeu o conhecimento sobre ingredientes de receitas, estilos de cozimento, manuseio de alimentos e métodos de preparação. "A assistência externa, como a educação culinária, dicas sobre gestão de alimentos e nutrição saudável, bem como o passo a passo do preparo de refeições são, portanto, muito apreciadas por este grupo-alvo", diz Yong. Além disso, a cozinha — pelo menos na Ásia — está se tornando cada vez mais o principal centro social da vida familiar. Isso cria a oportunidade de unir o preparo das refeições à socialização, atividades de lazer, troca de informações e apoiar digitalmente a interação com o mundo exterior.

UMA PLATAFORMA COMUNITÁRIA NA ÁREA DE ESPERA

Haier vê sua geladeira inteligente, ao contrário da adega de vinho, ainda em uma fase inicial no caminho para se tornar um produto de plataforma totalmente desenvolvido. Enquanto a adega é fornecida aos consumidores como um hardware gratuito, o refrigerador inteligente é vendido como um aparelho doméstico tradicional. No entanto, seus desenvolvedores, desde o início, conceituaram o dispositivo como uma plataforma potencial, equipando-o com recursos de conectividade e inteligência que, em um estágio posterior de desenvolvimento, podem servir como pontos de ancoragem para parceiros ecossistêmicos.

"Procuramos transformar todos os aparelhos domésticos da Haier, em algum momento, em 'soluções de smartphone' que vão de funcionalidade isolada para uma experiência conectada em casa", diz Wu Yong. Isso significa que, tal como a adega da Haier já liga uma comunidade de consumidores de vinho com comerciantes e produtores, o frigorífico inteligente poderia um dia estabelecer uma relação "viva" em tempo real entre produtores de alimentos e consumidores e cortar intermediários. Para a Haier, isso significaria estabelecer uma rede de parceiros entre produtores de alimentos, fabricantes de bens de consumo e parceiros de logística com quem o fabricante do aparelho firmaria acordos de divisão das receitas.

Esse é um impulso energético para o mundo do produto conectado inteligente, alinhado com o objetivo declarado da Haier de, por fim, vender apenas aparelhos inteligentes. No entanto, mostra também que uma linha de produtos muito tradicional não deve ser alterada para além do reconhecimento, a fim de permitir a criação de plataformas e a prestação de serviços. A mudança do velho para o novo pode ser tecnologicamente massiva, mas pode se basear em um sólido know--how de engenharia de hardware e isso, em última análise, ajudará a impulsionar o sucesso no digital.

A Accenture realizou uma pesquisa sobre os produtos da Haier sob a marca de aparelhos da GE — máquinas de lavar louça, fogões, geladeiras, secadores e máquinas de lavar roupa — e seus concorrentes no mercado de produtos conectados. Ela mostrou que os produtos conectados da Haier alcançam não só os impulsionadores de valor mais versáteis, tais como experiências hiperpersonalizadas e experiências em ecossistema de terceiros, mas também uma maior criação de valor global. Mesmo com um número menor de produtos conectados, a GE oferece um maior espectro de serviços digitais do que os seus pares. Essa deve ser uma das forças motrizes por trás da sua recente corrida para a posição de líder mundial nesse mercado.

A AGILIDADE RECÉM-ADQUIRIDA PROPORCIONA VELOCIDADE AO MERCADO
Ambos os produtos, a adega de vinho inteligente e o refrigerador inteligente, foram lançados no mercado em pouco mais de um ano, um tempo extremamente curto. Esta velocidade impressionante da ideação ao varejo tem se tornado possível graças a estruturas organizacionais extremamente ágeis que visam estabelecer não apenas produtos, mas também toda a empresa como uma plataforma.

Muito antes dos dois dispositivos serem conceituados — em torno de 2005 — o CEO visionário da Haier, Zhang Ruimin, já tinha começado a preparar as estruturas e os processos internos da empresa para o desenvolvimento ágil e a gestão de produtos necessários na era digital.

"A reorganização interna foi feita em sintonia com a reorientação fundamental de todo o grupo Haier para incorporar toda a gama de nossos aparelhos domésticos na Internet das Coisas", recorda Wo Yong. Para conseguir isso, a colossal organização foi dividida em centenas de microempresas, como as células mais básicas de uma ampla plataforma de entrega de eletrodomésticos com quase nenhuma hierarquia. Em cada uma dessas unidades, a inovação rápida foi impulsionada pela comunicação direta e planejamento, pela tomada de decisão extremamente descentralizada e pela interação de mão dupla entre as microempresas dentro da Haier e suas comunidades de usuário final na vida diária.

"As empresas bem-sucedidas já não competem através das suas marcas. Em vez disso, eles competem através de plataformas — ou, dito de outra forma, através de ligações entre empresas independentes, alinhadas por meio de suas tecnologias interoperacionais e seus esforços criativos", declara Zhang em um comentário recente refletindo sobre o reposicionamento de sua empresa em direção ao mundo digital.[13] Seguindo essa crença, a Haier mudou drasticamente sua maneira de trabalhar para permitir a máxima flexibilidade, liberdade criativa e envolvimento do consumidor na gestão dos ciclos de vida de seus produtos.

As equipes transformadoras deram ao novo modelo o nome chinês *rendanheyi*, onde *ren* se refere aos funcionários, *dan* significa valor do usuário, e *heyi*, unidade e consciência do sistema como um todo. "O termo *rendanheyi* sugere que os funcionários podem perceber seu próprio valor durante o processo de criação de valor para os usuários. Esse novo modelo destinava-se a promover a cocriação e soluções benéficas para colaboradores e clientes", explica Zhang.

TRÊS MUDANÇAS CRUCIAIS NA ESTRUTURA TROUXERAM SUCESSO

De acordo com Zhang, a nova abordagem de negócios é marcada por três características principais e mudanças fundamentais. Primeiro, a empresa foi transformada de um sistema fechado para um sistema aberto. Essa mudança aconteceu com a introdução de uma rede de microempresas autogovernadas com, como Zhang diz, "comunicação lateral fluida entre elas e conexões mutuamente criativas com colaboradores externos".[14] Segundo, os papéis dos empregados deixam de ser executores em hierarquia direcionada de cima para baixo e passam a ser colaboradores de ideias de motivação próprias, em muitos casos escolhendo ou elegendo os líderes e membros de suas equipes. Em um terceiro movimento crucial, os compradores consumidores de aparelhos da Haier são transformados, na perspectiva das equipes de desenvolvimento e gestão, de clientes tradicionais em usuários de produtos e serviços destinados a resolver seus problemas e melhorar a sua experiência.

Para o desenvolvimento da adega de vinho inteligente e da geladeira inteligente, foram criadas microempresas exclusivas, cada uma com seu próprio CEO. Esses executivos trouxeram todo o talento necessário e até criaram entidades externas para apoiar o estabelecimento do produto no mercado. Existem agora de sessenta a setenta pessoas trabalhando para a microempresa de adega de vinho, por exemplo, segundo Wu Yong: "É uma mistura de pessoas. Engenheiros de software, é claro, mas também equipes que instalam as adegas para os clientes, programadores de aplicativos e equipe de operações." O CEO da Haier explica a nova configuração multicelular da sua organização em poucas palavras:

Com efeito, implementar o modelo *rendanheyi* significava demolir as paredes da nossa empresa e transformar a nossa estrutura em uma coleção de empreendimentos empresariais. A plataforma da Haier agora conecta mais de duas mil microempresas em vários locais ao redor do mundo. Os líderes de cada microempresa têm o poder de tomar decisões como contratar pessoal e controlar a distribuição que normalmente recairia sobre o CEO de uma empresa, não de um líder de divisão. Eles também podem administrar o capital, captando capital de risco externo e realizando investimentos subsequentes. Eles são, de fato, parceiros em sua área da empresa. Só por esse meio podem ser asseguradas novas oportunidades rapidamente; só quando as microempresas estão em expansão uma empresa do tamanho da Haier pode manter a paixão e vitalidade de um pioneiro.

PARTE QUATRO

FUTURAS REALIDADES DO PRODUTO

13
Perspectivas para 2030: como o produto reinventado governa as nossas vidas – uma história de inovação colaborativa em cinco takes

Até agora, neste livro, nos concentramos nas grandes mudanças e no caminho da evolução necessário para reinventar os produtos: seu caminho evolutivo para se tornarem plataformas, seu desenvolvimento para serem um receptáculo de software e uma transportadora de serviços, sua mudança de papel fundamental de ser um provedor de produtos para um de resultados robustos de experiência do usuário, entre outros aspectos.

Todas essas mudanças e desenvolvimentos não tem um fim definido e esperamos firmemente que sigam o seu curso durante muitos anos. Dado o progresso super-rápido da inovação em software e tecnologia digital, quisemos encerrar este livro e, esperamos, estender sua vida útil, fornecendo uma perspectiva visionária sobre como os produtos conectados inteligentes serão incorporados às empresas e à sociedade em 2030. Será que a computação quântica já se tornou uma tecnologia doméstica nessa altura? O que a IA será capaz de fazer? A impressão 4D estará disponível para empresas industriais? A tecnologia de blockchain se tornará um ingrediente onipresente de produtos e soluções futuras?

Para complementar os pensamentos analíticos mais rigorosos e os conselhos práticos de negócios prescritos nos capítulos anteriores, esta seção dá uma olhada divertida na evolução potencial dos produtos conectados inteligentes de uma maneira colorida e descritiva. Para desenvolver essa perspectiva de longo prazo, consultamos várias fontes. Primeiro, envolvemos a base global de funcionários da Accenture em um evento de inovação de *crowd-sourcing* durante dois dias que gerou mais de dois mil *inputs*. Em segundo lugar, contratamos os laboratórios de tecnologia e pesquisadores da Accenture para explorar vários casos específicos de uso futuro. Finalmente, alavancamos nosso ecossistema de parceiros com uma variedade de entrevistas que abordaram a evolução do mercado.

Como resultado, compilamos cenas episódicas de situações do dia a dia que tentam antecipar como as famílias, empresas, sistemas de transporte, cidades, fazendas, lojas — em suma, a esfera B2C e B2B — provavelmente funcionarão daqui a doze anos, dada a rápida disseminação de produtos conectados inteligentes.

TAKE 1: AGRICULTURA SIGNIFICA ALTA TECNOLOGIA

Jack Monroe, 35 anos, é um agricultor do Wyoming. A família Monroe cultiva beterraba, feijão, trigo e milho há cinco gerações. Como o seu avô Walter, Jack ainda se levanta cedo em uma quarta-feira no final de agosto de 2030, às 7h30 da manhã. Mas, ao contrário de seus antepassados, uma das primeiras coisas a fazer é ligar no canal de educação em casa para suas filhas gêmeas, que, aos seis anos, têm aulas de codificação C+++, logo após o café da manhã. As duas amam e herdaram o talento do pai para tudo o que é técnico.

Jack agora se senta em uma cadeira na frente de duas telas grandes em sua "sala de comando", como ele gosta de se referir ao cubículo de controle central para a tecnologia digital em sua fazenda. Movendo dois consoles estilo Xbox, ele põe sua estação de trabalho em ação. Através da câmera, Jack pode ver o interior do hangar de drones que construiu há três anos para abrigar o equipamento voador agrícola que aluga anualmente de um fornecedor local. Oito dos seus dez drones estão alinhados prontos para agir.

Bebendo um café, Jack analisa os dados que chegaram durante a noite. As ferramentas analíticas de um provedor de nuvem analisaram os dados e desenvolveram um padrão de voo opcional para sua pequena frota de drones. As coordenadas de voo do GPS são inseridas autonomamente em cada um dos drones, e ele são quadrangulados com os dados de tempo e solo fornecidos pelo fabricante do drone.

Contando 2.300 acres, a fazenda Monroe é de tamanho médio pelos padrões do Wyoming. Três dos drones sobrevoaram durante a noite, identificando áreas onde as plantações não desenvolvidas apontam para a necessidade de fertilizantes. A imagem infravermelha, analisada por ferramentas de inteligência artificial, mostra a Jack onde a irrigação deve ser administrada e as manchas escuras marcadas pelas câmeras de drones inteligentes mostram onde um surto de besouro precisa ser contido pela pulverização direcionada.

Jack incorporou tecnologias agrícolas avançadas no negócio desde que assumiu o controle. Ele tirou o certificado de piloto remoto exigido pela FAA para operar drones agrícolas e frequenta cursos de fim de semana sobre estatísticas e análise de dados fornecidos pela faculdade comunitária local aos agricultores de trigo de Wyoming. A necessidade de alimentar a população mundial levou a agricultura de alta precisão a novos níveis, e os equipamentos agrícolas digitais sofisticados são agora padrão em mais de oitenta por cento das fazendas dos Estados Unidos.

Jack agora vem do hangar onde carregou os drones com adubo de plantas de nitrogênio à base de água e repelente orgânico de besouros. Com alguns cliques, a armada voadora está pronta para descolar. Ao apertar de um botão, as portas do hangar se abrem e os drones se espalham pelos campos para fazer seu trabalho. Enquanto isso, Jack volta-se para a verificação on-line dos preços do trigo de hoje e reserva uma ceifeira-debulhadora totalmente robótica e autônoma no seu "centro de soluções agroindustriais" local, pois o trigo está pronto para ser colhido em duas semanas, e normalmente é difícil alugar o equipamento nesta época pela alta demanda. A empresa de "soluções agroindustriais" cobra de Jack uma taxa por tonelada de trigo colhido, o que alinha os custos de Jack com sua renda e evita a necessidade de grandes gastos com equipamentos.

O agricultor tem uma galeria de fotos desbotadas emolduradas acima da lareira mostrando o avô Walter sentado em um trator na Fazenda Monroe em 2019. Ao lado deles estão os troféus e medalhas que Jack ganhou por estar entre os dez agricultores mais produtivos de seu estado natal em 2029 e 2030.

TAKE 2: A VIDA PRIVADA TEM CURADORIA TOTALMENTE DIGITAL

É de manhã cedo em Kyoto, Japão. Uma das populares assistentes domésticas do país, chamada Haiku, está em uma elegante mesa de cabeceira ao lado da cama de Akari Suzuki, uma professora primária de 26 anos.

O dispositivo começa a reproduzir uma melodia serena de despertar, uma versão *cover* da primeira música que Akari aprendeu com sua avó quando ela era criança. O visor do dispositivo mostra "3 de março de 2030". Antes de tocar a melodia, ela havia analisado o ciclo de sono de Akari durante a noite com base em sensores em seu *futon* e travesseiros e relacionando-os aos dados de centenas de noites anteriores para acordá-la nesta manhã de terça-feira exatamente às 6h49, dez minutos antes do normal, mas o momento ideal para acordar, já que ela tinha terminado um ciclo REM e estava em sono leve.

No entanto, Haiku é muito mais do que um despertador personalizado. Ela auxilia o seu dono como uma plataforma pessoal completa. Tendo se sentado para o café da manhã, Akari é agora informada por Haiku sobre sua agenda para hoje. Akari faz algumas perguntas sobre seus compromissos, e Haiku responde usando frases inteiras completamente humanas em um tom de conversação. Um conflito de horário tinha lhe escapado até então: o pai de um aluno pediu um telefonema às 12h30, quando o ensino de Akari para ao meio-dia. Ela diz "adiantar uma hora" e o dispositivo faz o resto, telefonando para o pai, coordenando os horários e atualizando o convite para a reunião.

Enquanto Akari se serve de mais chá verde, o dispositivo habilitado para IA começa a fazer sugestões para o jantar, levando em conta que Akari está planejando ir à academia depois do trabalho e está programando um treino de 760 calorias. Akari gosta das sugestões, mas ela dispensa os planos do dispositivo dizendo "Não", já que ontem ela decidiu se juntar a alguns colegas para um jantar de sushi depois do trabalho. Akari pede a Haiku para reservar uma mesa para seis pessoas no restaurante perto de sua escola. Ela recebe uma confirmação imediata e Haiku automaticamente envia um convite com os detalhes do restaurante para todos os participantes. Akari também agradece o conselho do Haiku de vestir um casaco, pois os dias de março em Kyoto ainda podem ser frios. O dispositivo calculou um intervalo de tempo típico de terça-feira de manhã entre acordar e sair de casa de exatamente uma hora e Akari pode contar que Haiku irá se certificar de que um veículo autônomo estará estacionado na entrada de seu bloco de apartamentos às 7h49. O veículo autônomo toma uma rota diferente da habitual hoje por causa de uma obra, mas Akari ainda chega à escola bem antes das 8h30.

TAKE 3: PROPRIEDADE. PROPRI... O QUÊ?

Zbigniev Lewandowski é um estudante de direito empresarial de leitura na Universidade da Cracóvia, Polônia. Ele sobe as escadas imperiais da sua *alma mater*. Zbigniev anda sob muita pressão, pois está tentando concluir seu mestrado em direito de propriedade intelectual no próximo ano. Dentro das salas de aula e por meio de muitos tutoriais on-line, ele está tentando se concentrar nas complexas estruturas legais impostas pelas alianças de ecossistema de compartilhamento de dados. Em 2030, trata-se de um domínio jurídico jovem, embora em rápido crescimento. Zbigniev sabe bem que a propriedade individual de produtos se tornou quase inteiramente um conceito do passado, já que os produtos inteligentes atingiram a maturidade do mercado de massa. O estudante não possui praticamente nada. Mesmo para as coisas mais mundanas, como lavar a roupa, comprar comida, roupas e até mesmo moradia, o polonês de 23 anos assinou vários pacotes de ciclo de vida que agregam centenas de serviços de ecossistemas de plataforma B2B, que possuem, ou fornecem, todos os produtos que ele precisa — de sapatos de casamento a protetores solares, sanduíches de falafel ou seu material didático universitário.

Negócios como hipotecas e empréstimos de automóveis morreram por volta de 2025. E agora, cinco anos depois, os apartamentos ou veículos, como praticamente todos os outros produtos, são inteiramente contratados e fornecidos no momento exato em que são necessários. Tais serviços são selecionados a partir das inúmeras ofertas on-line de armazéns de resultados globais consagrados, como "Outcomes 247" ou "Outsmart Direct", sendo este último o patrocinador da camisa do clube de futebol de Zbigniev, o Real Madrid.

Esse estilo de vida dos produtos sob demanda foi possível graças a avanços na ciência dos materiais, que redefiniram a inovação e os ciclos de vida dos produtos. E o avanço da tecnologia em energia limpa e IA tornou o transporte barato. É o que Zbigniev chama de "economia de tudo", e define a vida diária de um estudante cujos pais ainda estavam acostumados a investir suas economias de vida em coisas como um apartamento ou um carro decente.

Em sua tese de mestrado, o futuro advogado tenta descobrir quem é o proprietário legal dos dados do usuário em um caso de litígio realmente complicado entre um fabricante de automóveis — que se tornou um fornecedor de mobilidade — e uma cadeia de varejo interessada em usar a plataforma de mobilidade dentro da cidade como seu canal de distribuição. "Pelo menos tenho um trabalho que nenhum robô deve ser capaz de fazer em breve", brinca ele. A propriedade dos dados e a propriedade intelectual são um dos domínios mais abrangentes do direito das sociedades, bem como um dos poucos domínios jurídicos que ainda restam e que requerem representação humana em vez da IA dos tribunais sob a regulamentação da UE.

TAKE 4: SENTIR-SE EM CASA OU NO TRABALHO ESTANDO NA ESTRADA

Às 18h24, um veículo para em frente a Anna Garcia. A enfermeira sênior de cinquenta anos está a caminho de começar seu turno noturno em um hospital de Buenos Aires. Assim que o veículo para, todo o painel lateral do carro se abre para permitir o acesso ao confortável táxi van totalmente autônomo de sete lugares. Outros passageiros já se sentaram. Anna guarda sua mala e embarca no veículo, que está a caminho do Hospital Naval. É uma viagem de trinta minutos pelo trânsito denso, mas altamente organizado da cidade.

Há quatro anos, a Câmara Municipal da capital argentina votou a favor de um tráfego rodoviário autônomo, o que não é tarefa fácil em uma aglomeração urbana em expansão habitada por 3,5 milhões de pessoas. Mas o sistema está agora totalmente implantado, e as pessoas gostam dele. Cerca de um milhão de carros autônomos são pilotados através de Buenos Aires, interagindo de perto com os pilotos automáticos a bordo. As frotas de automóveis antigos foram equipadas com a tecnologia necessária às custas do erário público. Como os índices de sinistralidade caíram para quase zero, o conselho considerou que o investimento valia a pena, pois poderia ser recuperado com a redução dos gastos nos hospitais da cidade.

Os veículos de táxi autônomos compartilhados, conhecidos como *collectivos*, que Anna escolheu hoje para a sua viagem ao trabalho, são extremamente populares entre os passageiros, uma vez que oferecem ambientes de escritório compactos, mas confortáveis para se prepararem para os turnos de trabalho. Por exemplo, os óculos de realidade aumentada ajudam Anna a usar o tempo de viagem para folhear os arquivos de medicação dos doentes, elaborar planos de turnos para a sua equipe e ver pequenos clipes educativos que a ajudarão a fazer uma prova para se tornar enfermeira anestesista no próximo ano.

Pouco antes de o veículo parar na entrada do hospital, Anna instrui o assistente de bordo a entrar em contato com o seu assistente doméstico para verificar se as luzes e o fogão foram desligados com segurança. Em poucos segundos, ela recebe uma confirmação positiva, em seguida a lateral do veículo se abre para que Anna possa sair e novos passageiros entrarem.

TAKE 5: AS CRIATURAS *FRANKENSTEIN* QUE TODOS AMAMOS

"Como você gosta do seu café?" Zhang Wei vira-se. Ele foi cutucado no ombro por um cobot de serviço de cor fluorescente que anota os pedidos para o intervalo da manhã na maior fábrica de veículos de autônomos de Xangai. Eram 9h30. "Sem açúcar, com um pouco de leite e um toque de canela, como de costume, senhor?", pergunta educadamente o assistente de voz IA assim que identifica Zhang Wei através de câmeras de reconhecimento facial.

O supervisor de produção chinês de 45 anos é conhecido por sua obsessão com o preparo preciso de seu café. "Produzimos muitos carros de 'customização exclusiva' aqui, espero o mesmo do nosso serviço de café", diz ele nas reuniões do conselho de trabalho. Zhang Wei sorri para a lembrança precisa do cobot. Ele acena brevemente com a cabeça quando o cobot vira os calcanhares para deslizar elegantemente para o próximo colega humano que, como Zhang Wei, se senta em uma cadeira de comando confortavelmente elevada, equipada com controles de apoio de braço e com visão geral do chão de fábrica.

O salão está iluminado, e os poucos supervisores humanos ocasionalmente gesticulam e falam com um exército de robôs de produção inteligentes e auto-organizados e cobots que zunem ao redor do salão pegando materiais e montando dispositivos. A fábrica produz 2 mil carros personalizados por dia. Cerca de 3 mil humanoides polivalentes, feitos de aço, componentes digitais e software de IA, povoam o piso supervisionado por Zhang Wei e apenas nove outros colegas humanos.

Grupos de trabalho de cinco a sete cobots estão interagindo estreitamente em torno dos esqueletos de chassis, avançando pelas nove avenidas de montagem do salão. Os cérebros das máquinas alimentadas por IA, auxiliados por câmeras de alta resolução e sensores de radar, podem decidir e executar a maioria das etapas de montagem por si próprios — desde colar componentes de fibra de carbono até instalar interiores personalizados de veículos, como telas HD para entretenimento a bordo, e instalar softwares de pilotos automáticos treinados individualmente.

De vez em quando, um dos cobots recorre ao seu supervisor humano para obter ajuda, que então explica os passos de fabricação por voz e gestos manuais ou dá informações adicionais sobre as necessidades especiais dos clientes para que as máquinas aprendam. Nessas breves sessões educativas, o robô faz um sinal de OK para Zhang Wei e volta ao trabalho, mas não sem antes dizer: "Eu te devo um café, Zhang Wei... sem açúcar, com um pouco de leite e um toque de canela, certo?"

ASSUSTADOR? DE MODO ALGUM. INSPIRADOR!

Todas as tecnologias que trabalham por trás das cenas do dia a dia descritas estão disponíveis hoje, embora algumas sejam mais maduras que outras. Em 2030, acreditamos, elas terão evoluído muito mais. E, como nossos cenários (criativamente adivinhados) podem demonstrar, todos eles terão passado do status pioneiro de protótipo para realidades do mercado de massa que transformam todas as nossas vidas — como trabalhadores, consumidores e empresas.

Mais produtividade, mais experiência do usuário, mais personalização, mais valor e provavelmente mais tempo livre serão o resultado global para a sociedade que se dirige, genérica, mas inevitavelmente, para um mundo dominado por produtos inteligentes e conectados. Seja através de automóveis autônomos, da tecnologia *home assistant* ou do valor de mercado explosivo, os dados do usuário comandarão o futuro. As nossas comunidades e economias, as formas como nos relacionaremos com elas e entre nós mudarão de forma irreconhecível em um espaço de tempo muito curto.

REFLEXÕES

CAPÍTULO 1: A TRANSFORMAÇÃO DIGITAL NA FABRICAÇÃO DE PRODUTOS ESTÁ ACONTECENDO MAIS RÁPIDO DO QUE VOCÊ IMAGINA!

1. Nenhuma indústria é imune à onipresença do digital. Mais de 75 por cento delas estão em risco ou estão sofrendo disrupções significativas.

2. O digital também está ultrapassando de forma rápida o hardware como fonte de valor nos produtos. As empresas precisam seguir a abordagem de necessidades duplas para transformar digitalmente o *core business* ao mesmo tempo em que criam uma geração inédita de produtos inteligentes e conectados.

3. Há seis urgências digitais para navegar na mudança: transformar as bases; focar em experiências e resultados; construir ou unir ecossistemas; inovar modelos de negócios; construir uma força de trabalho pronta para o digital; e gerenciar os eixos inteligentes em todo o negócio.

CAPÍTULO 2: TENDÊNCIAS DA REINVENÇÃO DO PRODUTO

1. Estamos presenciando o crescimento rápido da economia de resultados, tanto no B2C como no B2B.
2. Neste mundo novo, a criação de valor está mudando de hardware para serviço, no modelo produto-serviço ou *as-a-service*.
3. A era da personalização em massa está chegando ao fim, sendo substituída pela era da experiência pessoal, dos casos de uso e dos serviços específicos de contexto.
4. Como consequência, é necessária uma reformulação completa da cadeia de valor do produto e uma transformação do seu ciclo de desenvolvimento.

CAPÍTULO 3: UM PRODUTO RADICALMENTE NOVO — ADAPTÁVEL | COLABORATIVO | PROATIVO | RESPONSÁVEL

1. Um mundo novo está surgindo, no qual os produtos se tornam mais inteligentes e ricos em experiência. Podemos classificar cada produto deste momento dentro de uma ferramenta analítica inédita que chamamos de Rede de Reinvenção de Produtos.
2. As empresas podem conseguir impulsionar o aumento do QI e do QE. A magnitude do esforço de gestão necessário para o êxito pode ser estimada ao combinarmos a mudança desejada em QI e QE, calculando o que propomos como Quociente de reinvenção de Produtos.
3. Identificamos cinco mudanças. Para a maioria das companhias, uma grande transformação terá que ser gerenciada com cuidado para se ter sucesso com os produtos no novo mundo digital.

CAPÍTULO 4: PRIMEIRA GRANDE MUDANÇA — DAS CARACTERÍSTICAS À EXPERIÊNCIA

1. A base da diferenciação de um produto inteligente não é mais as características e funções tradicionais, mas sim a experiência holística do usuário.
2. Projetar uma experiência convincente não pode ser uma reflexão posterior. Deve se tornar parte integrante da proposta de valor do produto e, por conseguinte, ser concebido, desenvolvido, controlado e atualizado como tal.
3. À medida que qualquer produto sobe no *continuum* do Quociente de Experiência (QE), a experiência torna-se mais rica, mais ampla e requer um ecossistema robusto para alimentá-la.

CAPÍTULO 5: SEGUNDA GRANDE MUDANÇA — DO HARDWARE AO PRODUTO-SERVIÇO

1. Os usuários esperam ter acesso ao produto quando necessário em vez de possuir um produto, o que leva a consumir o produto como um serviço.
2. A indústria de software provou que essa mudança pode criar um valor enorme. E está liderando o caminho para as indústrias mais centradas em hardware, como a indústria automobilística, de equipamento industrial ou A&D, por exemplo.
3. Essa transição está longe de ser fácil e exige grandes mudanças nos modelos operacionais, nos processos de inovação de produtos, nas plataformas e na cultura, bem como uma remodelação completa dos produtos.

CAPÍTULO 6: TERCEIRA GRANDE MUDANÇA — DO PRODUTO À PLATAFORMA

1. Os modelos de negócio das plataformas estão criando um enorme valor de mercado.
2. Todas as empresas de produtos devem ter uma estratégia de plataforma e determinar se devem construir a sua própria plataforma ou se aliar a um parceiro, bem como o tipo de modelo de plataforma(s) de que devem participar. Ignorar não é uma opção.
3. Muitas empresas de produtos escolherão fazer parcerias com os gigantes da internet de hoje, que são líderes de plataforma, mas todas precisam entender o risco versus recompensa de suas escolhas.

CAPÍTULO 7: QUARTA GRANDE MUDANÇA — DA MECATRÔNICA À INTELIGÊNCIA ARTIFICIAL (IA)

1. As tecnologias da IA serão rapidamente adotadas na maioria dos produtos, tornando-os cada vez mais inteligentes e com capacidades de percepção, compreensão, ação e aprendizagem.
2. A maioria das empresas encontra-se ainda em uma fase muito inicial de incorporação das tecnologias de IA nos seus produtos. Embora cerca de 70% das empresas industriais acreditem que essa tecnologia irá transformar seus produtos e serviços, apenas 16% articulou uma visão clara para sua implementação.
3. As empresas precisam de um maior senso de urgência para criar recursos de IA e incorporá-los em seus roteiros de produtos e experiências.

CAPÍTULO 8: QUINTA GRANDE MUDANÇA — DA ENGENHARIA LINEAR À ENGENHARIA ÁGIL NA NOVA ERA

1. O desenvolvimento de produtos de hardware tradicional está falido e não funcionará em um mundo inteligente e conectado. No novo mundo, tudo gira em torno de agilidade, iterações e experiência.
2. É necessária uma transformação completa da inovação utilizando os conceitos e métodos da "engenharia na Nova Era". Uma implementação bem-sucedida pode produzir uma melhoria de 10X na eficiência e eficácia do desenvolvimento de produtos.
3. São necessários modelos de dados unificados e fio digital em toda a empresa para habilitar produtos de última geração e modelos de produto-serviço.

CAPÍTULO 9: SETE COMPETÊNCIAS FUNDAMENTAIS PARA GERIR A REINVENÇÃO DO PRODUTO

1. Para reinventar um produto com sucesso, devem ser criadas sete capacidades essenciais.
2. Embora muitas dessas novas capacidades se concentrem na função de desenvolvimento de produtos, a mudança para modelos de negócios de produto-serviço afeta praticamente todos os processos e organizações.
3. Além da criação de novas capacidades, é necessária uma mudança cultural e mental fundamental.

CAPÍTULO 10: O ROTEIRO PARA O SUCESSO COM PRODUTOS E SERVIÇOS VIVOS

1. Praticamente todas as empresas de produtos precisam elevar a inteligência e os Quocientes de Experiência de seus produtos e se reinventar como uma empresa de produtos ou serviços vivos.

2. Para gerir essa transformação, é necessário desenvolver um roteiro cuidadoso de "rotação para a Nova Era" que inclua a transformação digital do *core business* atual para financiar o investimento nesse novo mundo. Há sete marcadores para ajudar a traçar esse roteiro.

3. A criação de uma fábrica de inovação digital é fundamental para difundir a mudança e alimentar a inovação, bem como para atrair e manter as competências necessárias.

4. As barreiras organizacionais tradicionais precisam ser sistematicamente derrubadas para incentivar a colaboração e aumentar a agilidade.

AGRADECIMENTOS

Este livro fornece conselhos concretos aos líderes empresariais e dá forma a um tópico extraordinariamente multifacetado: o surgimento e a rápida evolução dos produtos inteligentes e conectados. Sendo dois diretores de indústria da Accenture liderando setores muito diferentes, mas convergentes, nós nos propusemos a ajustar nossas opiniões sobre o tema, e depois de uma montanha-russa intelectual, chegamos a uma linha de argumentação conjunta convincente e emocionante. Nesse processo intenso, mas inspirador, nós cristalizamos uma liderança de pensamento única em um tópico urgente para a criação de produtos.

Seria impossível conseguir isso sem as diversas contribuições de um grande número de pessoas qualificadas, além de nossa equipe de pesquisa. Nós, os autores, tivemos a sorte de poder desfrutar dos mais ricos estímulos intelectuais vindos do mais amplo espectro de especialistas possíveis: altos executivos da indústria, pensadores corporativos, nossos colegas, acadêmicos e clientes, baseados em uma gama de países, incluindo Estados Unidos, Reino Unido, Alemanha, China, França, Holanda, Itália, Suécia, Suíça, Singapura, Índia, Brasil e Japão. A contribuição deles foi inestimável na definição dos temas gerais, observações, análises e hipóteses finais. Neste momento, gostaríamos de expressar a todos um grande "obrigado". O apoio individual de cada um foi absolutamente fundamental para fazer este livro acontecer. O que fizemos em conjunto representa o melhor do pensamento de vanguarda da indústria.

Primeiramente, gostaríamos de agradecer às empresas que concordaram em participar diretamente da pesquisa para este livro. Agradecimentos especiais vão para Faurecia, Haier, Signify (anteriormente Philips Lighting) e Symmons por concordarem em ser apresentadas como estudos de caso, bem como para os executivos e líderes de opinião que entrevistamos na ABB, Amazon, Caterpillar, Dassault Systèmes, Google, HP, London Business School, Mindtribe, Nytec, PTC, Samsung e Tesla.

Também gostaríamos de agradecer aos nossos colegas da Accenture que contribuíram diretamente para o processo de criação e revisão do conteúdo, incluindo Sam Baker, Marc Carrel Billiard, Jean Nicolas Brun, Jean Cabanes, Kimberley Clavin, Brian Doyle, Scott Ellsworth, John Giubileo, Mary Hamilton, Brian Irwin, Lisa-Cheng Jackson, Shinichiro Kohno, Alex Kass, Giuseppe La Commare, Sarat Maitin, Davide Pugliesi, Floris Provoost, Ramadurai Ramalingam, Juergen Reers, Steve Roberts, David Rush, Shugo Sohma, Philip Vann, Cedric Vatier, Maxence Tilliette e Tunc Yorulmaz.

Também agradecemos às equipes da Altitude, Design Affairs, Mackevision e Mindtribe, e Pillar Technology, empresas de engenharia criativas que se juntaram recentemente à família Accenture. Coletivamente, eles expandiram a amplitude e a profundidade de nossas percepções de mercado, liderança de pensamento e capacidades relevantes para este livro, e estão realmente fazendo a diferença.

Gostaríamos também de agradecer aos milhares de funcionários da Accenture que participaram do nosso evento Crowdsourcing Innovation, que formou uma base importante para a parte quatro do nosso livro, e foi facilitado por Stephanie Winters McConnell e Cameron Timmis.

Agradecimentos especiais para Pierre Nanterme, Omar Abbosh, Sander van't Noordende e Paul Daugherty por sua inspiração e apoio contínuo e liderança na Indústria X.0.

Gostaríamos de agradecer especialmente às equipes principais que participaram da criação deste livro durante vários meses: a equipe de pesquisa liderada por Raghav Narsalay, com sede em Mumbai, com Andreas Egetenmeyer, Abhishek Gupta, Matthias Wahrendorff e Pravi Dubey; a equipe de pesquisa de mercado, liderada por Ulf Henning, com Gemma Catchpole, Amy Oseland e Catherine Tremblay; Jens Schadendorf, Titus Kroder e John Moseley, que trouxe experiências valiosas e conhecimento excepcional em relação à escrita e publicação deste livro.

Um obrigado também a Chris Cudmore, Lachean Humphreys, Susi Lowndes, Natasha Tulett e Helen Kogan da Kogan Page, editora deste livro, pelo seu compromisso e confiança duradouros no nosso projeto.

Finalmente, e acima de tudo, agradecemos às nossas famílias pelo apoio.

Eric: Eu gostaria de agradecer à minha esposa, Pascale, e aos meus três filhos William, Meryl e Edouard pelo apoio contínuo durante os muitos meses que levamos para escrever este livro. Depois de seu antecessor, a *Industry X.0*, e com esta segunda obra, meu objetivo é fornecer a eles muitas chaves para moldar o futuro, o futuro deles... é para isso que servem os pais, não é mesmo?

David: Gostaria de agradecer aos meus pais — meu falecido pai e minha mãe, Bonnie Sovie — por me darem as oportunidades na vida que deram início à jornada profissional que levou a este livro. E um agradecimento muito especial à minha incrível esposa, Atsuko Watanabe. Você tem sido uma fonte constante de inspiração e encorajamento por mais de 26 anos, e eu nunca poderia ter escrito este livro sem o seu apoio.

Glossário

2D/3D/4D 2/3/4 dimensões

4G/5G 4ª/5ª geração de tecnologia de rede celular de banda larga

A&D Aeroespacial e Defesa

ALM Gerenciamento de Ciclo de Vida do Aplicativo (*Application Lifecycle Management*)

API Interface de Programação de Aplicativos (*Application Programming Interface*)

ASCD Dispositivo Automático de Controle de Velocidade (*Automatic Speed Control Device*)

ASIC Circuito Integrado Específico para Aplicativos (*Application-Specific Integrated Circuit*)

AWS Amazon Web Services

B2B *Business to business*

B2C *Business to consumer*

BIOS Sistema Básico de Entrada/Saída (*Basic Input/Output System*)

BOM Estrutura de Produtos (*Bill of Materials*)

CAD Desenho Assistido por Computador (*Computer-Aided design*)

CAM Produção Assistida por Computador (*Computer-Aided Manufacturing*)

CCD Dispositivo Acoplado à Carga (*Charge-Coupled Device*)

CEO Diretor Executivo (*Chief Executive Officer*)

CIO Diretor de Informação (*Chief Information Officer*)

CIP Plataforma de cabine inteligente (*cockpit intelligence platform*)

CoE Centro de Excelência (*centre of excellence*)

CoF Cabine do Futuro (*Cockpit of the Future*)

CPQ Configuração, Precificação e Cotação (*Configuration, Pricing and Quoting*)

CRM Gerenciamento de Relacionamento com o Cliente (*Customer Relationship Management*)

CSO Diretor de Segurança (*Chief Security Officer*)

CTO Diretor de Tecnologia (*Chief Technology Officer*)

DaaS Aparelho como Serviço (*device as a service*)

DevOps Desenvolvimento e Operações

DevX Devenvolvimento para X

DFM *Design* para Manufatura (*Design for Manufacturing*)

DfX *Design* para Experiência (*Design for Experience*)

DNA Ácido Desoxirribonucleico

Doc Documento

DPI Direitos de Propriedade Intelectual

ECU Unidade de Controle Eletrônico (*Electronic Control Unit*

ERP Planejamento de Recursos Empresariais (*Enterprise Resource Planning*)

ExO Organização Exponencial (*Exponential Organization*)

FAA Federal Aviation Authority

F/O Escritório (*Front Office*)

FOTA Firmware no Ar (*Firmware Over the Air*)

EPGA Matriz de Portas Programável em Campo (*Field-Programmable Gate Array*)

FTE Equivalente em Tempo Integral (*Full-Time Equivalent*)

GB *Gigabyte*

GPS Sistema de Posicionamento Global (*Global Positioning System*)

HD Alta Definição (*High Definition*)

HE Equipamento Pesado (*Heavy Equipment*)

HMI Interface Homem-Máquina (*Human Machine Interface*)

HVAC Aquecimento, Ventilação e Ar Condicionado (*Heating, Ventilation & Air Conditioning*)

IA Inteligência Artificial

IDC Corporação Internacional de Dados (*International Data Corporation*)

IEE Equipamentos Industriais e Elétricos (*Industrial & Electrical Equipment*)

IIoT Internet Industrial das Coisas (*Industrial Internet of Things*)

IML Instituto de Fluxo de Materiais e Logística (*Institute of Material Flow and Logistics*)

IoT Internet das Coisas (*Internet of Things*)

IS Sistema de Informação (*Information System*)

IU Interface do Usuário

IV Infravermelho

KPI Indicador-Chave de Desempenho (*Key Performance Indicator*)

LED Diodo Emissor de Luz (*Light-Emitting Diode*)

LPWAN Rede de área ampla de baixa potência (*Low Power Wide Area Network*)

LTE-CAT Categoria de Evolução a Longo Prazo (*Long-Term Evolution-Category*)

MBA Master of Business Administration

MBOM Manufatura de Estrutura de Produtos (*Manufacturing Bill of Materials*)

ML Aprendizado de Máquina (*Machine Learning*)

MPN Número de Peças do Fabricante (*Manufacturer's Part Number*)

MRO Manutenção, Reparação e Revisão Geral (*Maintenance, Repair and Overhaul*)

NB Banda Estreita (*Narrow Band*)

NFC Comunicação de Campo (*Near Field Communication*)

OES Fornecedor Original do Equipamento (*Original Equipment Supplier*)

OS Sistema Operacional (*Operating System*)

OT Tecnologia Operacional (*Operating Technology*)

PC Computador Pessoal (*Personal Computer*)

PDCA Planejar, Fazer, Verificar e Agir (*Plan Do Check Adjust*)

PDM Gerenciamento de Dados de Produtos (*Product Data Management*)

PI Propriedade Intelectual

PLM Gerenciamento do Ciclo de Vida do Produto (*Product Lifecycle Management*)

PLN Processamento de Linguagem Natural

PMV Produto Mínimo Viável

PoS Ponto de Venda (*Point of Sale*)

P&D Pesquisa e Desenvolvimento

QE Quociente de Experiência

QEM Fabricante Original do Equipamento (*Original Equipment Manufacturer*)

QI Quociente de Inteligência

QRP Quociente de Reinvenção do Produto

RA Realidade aumentada

RaaS Robô como Serviço (*Robot as a Service*)

REM Movimento Rápido dos Olhos (*Rapid Eye Movement*)

RF Rádio Frequência

RFID Identificação por Radiofrequência (*Radio Frequency Identification*)

RM Realidade Mista

RMB Renminbi

ROCE Retorno sobre Capital Empregado (*Return on Capital Employed*)

RoHS Restrição de Substâncias Perigosas (*Restriction of Hazardous Substances*)

RPA Automação Robótica de Processos (*Robotic Process Automation*)

SaaS *Software* como Serviço (*Software as a Service*)

SDK *Kit* de Desenvolvimento de *Software* (*Solution Developer Kits*)

SKU Unidade de Unidade de Manutenção de Estoque (*Stock Keeping Unit*)

SQA Garantia de Qualidade de *Software* (*Software Quality Assurance*)

SRS Sistema de Restrição Suplementar (*Supplemental Restraint S)*

Referências bibliográficas

Capítulo 1

1   Paul, S. Future perfect: the explosive impact of digitisation on the manufacturing industry, *Global Manufacturing*, 2017. Disponível em: http://www.manufacturingglobal.com/technology/future-perfect-explosive-impact-digitisation-manufacturing-industry. Acesso em: 11 out. 2018.

2   Roland Berger. The Industrie 4.0 transition quantified, abr. 2016. Disponível em: https://www.rolandberger.com/publications/publication_pdf/roland_berger_industry_40_2016060609.pdf Acesso em: 11 out. 2018.

3   World Economic Forum in collaboration with Accenture. Digital Transformation Initiative: Unlocking $ 100 trillion for business and society from digital transformation, jan. 2017. Disponível em: http://reports.weforum.org/digital-transformation/wp-content/blogs.dir/94/mp/files/pages/files/files/dti-executive-summary-website--version.pdf Acesso em: 11 out. 2018.

4   Nicas, J. Apple is worth $1,000,000,000,000,000,000. Two decades ago, it was almost bankrupt, *New York Times*, 2 ago. 2018. Disponível em: https://www.nytimes.

com/2018/08/02/technology/apple-stock-1-trillion-market-cap.html?hp&action =click&pgtype=Homepage&clickSource=story- heading&module=first-column- -region&region=top-news&WT.nav=top- news. Acesso em: 11 out. 2018.

5   Accenture.

6   Afhsar, V. Connected cars: every company will be a *software* company, *Huffington Post*, 16 maio 2015. Disponível em: https://www.huffingtonpost. com/vala-afshar/ connected-cars-every-comp_b_7291144.html. Acesso em: 11 out. 2018 .

7   Accenture.

8   Accenture. (2017) Connected Business Transformation, 2017. Disponível em: https://www.accenture.com/t20170202T140056 w/za-en/_acnmedia/PDF-22/ Accenture_Connected_Business_POV_FINAL_Online%20Feb1.pdf,%20 acessado%20October%2022,%202018. Acesso em: 11 out. 2018.

9   Accenture.

10   Entrevista realizada pela Accenture para este livro.

11   Accenture. Disruption need not be an enigma, 26 fev. 2018. Disponível em: https:// www.accenture.com/gb-en/*insight*-leading-new-disruptability-index. Acesso em: 11 out. 2018 .

12   Mills, M. Drone disruption: the stakes, the players, and the opportunities, *Forbes*, 23 mar. 2016. Disponível em: https://www.forbes.com/*sites*/ markpmills/2016/03/23/ drone-disruption-the-stakes-the-players-and-the- opportunities/#2b449be87d0b. Acesso em: 11 out. 2018 .

13   Park, K. Airbus is looking towards a future of pilotless planes, *Independent*, 22 nov. 2017. Disponível em: https://www.independent.co.uk/news/ businesss/news/ airbus-pilotless-planes-self-flying-aircraft-passenger-flights- cto-paul-eremenko- -a8068956.html. Acesso em: 11 out. 2018 .

Capítulo 2

1   Michelin. Effifuel™ from Michelin® solutions delivers fuel savings, 9 set. 2014. Disponível em: https://www.michelin.com/eng/media-room/pressand-news/ press-releases/Products-Services/EFFIFUEL-from-MICHELIN-Rsolutions- -Delivers-Fuel-Savings. Acesso em: 11 out. 2018 .

2   Barlett, P. Rolls-Royce negotiating with key clients on power-by-the-hour, *Seatrade Maritime News*, 8 set. 2016. Disponível em: http://www. seatrade-maritime.com/ news/europe/rolls-royce-negociating-with-key-clientes-on-power-by-the-hour. html Acesso em: 11 out. 2018.

3   Kaeser Compressors (nd) Sigma air utility. Disponível em: https://us.kaeser.com/ services/compressed-air-as-utility-service/ Acesso em: 11 out. 2018.

4   HP (nd) Managed print services. Disponível em: http://www8.hp.com/h20195/ v2/ GetPDF.aspx/4AAA7-1042ENUS.pdf Acesso em: 11 out. 2018.

5   Kurman, M. e Lipson, H. Why the rise of self-driving vehicles will actually increase car ownership, *Singularity Hub*, 14 fev. 2018. Disponível em: https://singularityhub. com/2018/02/14/why-the-rise-of-self-driving-vehicles-will-actually-increase-car--ownership/#sm.00t49dd81039fhd11pc1 u7ns1xgqe. Acesso em: 11 out. 2018.

6   RethinkX. New report: due to major transportation disruption, 95% of U.S. car miles will be traveled in self-driving, electric, shared vehicles by 2030. 2017. Disponível em: https://www.rethinkx.com/press-release/2017/5/5/3/new-report--due-to-major-transport-disruption-95-of-us-miles-will-beveveled in-self-driving--electric-shared-vehicles-by-2030. Acesso em: 11 out. 2018 .

7   Intel. Intel predicts autonomous driving will spur new 'passenger economy' worth US$ 7 trilion, 6 jan. 2017. Disponível em: https://www.intc.com/investor--relations/investor-education-and-news/investor-news/press-release-details/2017/ Intel-Predicts-Autonomous-Driving-Will-Spur-New-Passenger-Economy-Worth--US7-Trillion/default.aspx. Acesso em: 11 out. 2018 .

8   Accenture.

9   Rossana Ricco Rodgers, VP do grupo, diretora de gestão de produtos AIM da ABB. "Esta é a minha opinião pessoal baseada nas minhas duas décadas de experiência profissional na implementação de produtos digitais e não representa de forma alguma a declaração oficial da ABB neste assunto."

10   Markman, J. Netflix knows what you want ... before you do, *Forbes*, 9 jun. 2017. Disponível em: https://www.forbes.com/sites/jonmarkman/2017/06/09/netflix--knows-what-you-want-before-you-do/#30a4eaca52b8. Acesso em: 11 out. 2018.

11   Accenture.

12   Haier. Haier Rendanheyi Management Model in Stanford University, 18 mar. 2017. Disponível em: http://www.haier.net/en/about_haier/ news/201703/ t2017070328_345989.shtml. Acesso em: 11 out. 2018 .

13   Forsblom, N. Were you aware of all these sensors in your *smartphone*? *Adtile*, 12 nov. 2015. Disponível em: https://blog.adtile. me/2015/11/12/were-you-aware-of allese-sensors-in-your-*smartphone*/. Acesso em: 11 out. 2018.

14   Accenture. Accenture to demonstrate multi-passenger, in-vehicle Amazon Alexa Voice Service at CES 2018 in Las Vegas, 10 jan. 2018. Disponível em: https://news-room.accenture.com/news/accenture-to-demonstrate-multi-passenger-in-vehicle--amazon-alexa-voice-service-at-ces-2018-in-las-vegas.htm. Acesso em: 11 out. 2018.

Capítulo 3

1   Fisher, T. How are 4G and 5G so different? *Lifewire*, 31 out. 2018. Disponível em: https://www.lifewire.com/5g-vs-4g-4156322. Acesso em: 12 out. 2018.

2 Forsblom, N. (2015) Were you aware of all these sensors in your *smartphone*? *Adtile*, 12 nov. 2015. Disponível em: https://blog.adtile. me/2015/11/12/were-you-aware- -of-allese-sensors-in-your-*smartphone-smartphone/*. Acesso em: 12 out. 2018.

3 Rapolu, B. Internet of aircraft things: an industry set to be transformed, *Aviation Week*, 18 jan. 2016. Disponível em: http://aviationweek.com/connected-aerospace/ internet-aircraft-things-industry-set-be-transformed. Acesso em: 12 out. 2018.

4 Airbus. The Airbus' open aviation data platform Skywise continues to gain market traction, 7 fev. 2018. Disponível em: https://www.airbus.com/ newsroom/press- -releases/en/2018/02/airbus--open-aviation-data-platform- skywise-continues- -to-gain-ma.html. Acesso em: 12 out. 2018.

5 Automotive Sensors. 2017. Expo Disponível em: http://www. automotivesensors2017.com/. Acesso em: 12 out. 2018.

6 Trafton, A. Flexible sensors can detect movement in GI tract, *MIT News*, 10 out. 2017. Disponível em: http://news.mit.edu/2017/flexible-sensors-can-detect- -movement-gi-tract-1010. Acesso em: 12 out. 2018.

7 Kapurwan, A. Sensors used in washing machine and their functioning, *Prezi*, 28 abr. 2014. Disponível em: https://prezi.com/ieqcgm5dde-f/ sensors-used-in- -washing-machine-and-their-functioning/. Acesso em: 12 out. 2018.

8 Routley, N. How the computing power in a *smartphone* compares to supercomputers past and present, *Business Insider*, 7 nov. 2018. Disponível em: https:// www.businessinsider.de/infographic-how-computing-power-has-changed-over- -time-2017-11?r=US&IR=T. Acesso em: 12 out. 2018.

9 Marr, B. The amazing ways Coca Cola uses artificial intelligence and *big data* to drive-success/#620fb80278d2, Forbes, 18 set. 2017. Disponível em: https://www. forbes.com/sites/bernardmarr/2017/09/18/the-amazing-ways-coca-cola-uses- -artificial-intelligence-ai-and-big-data-to-drive-success/#620fb80278d2. Acesso em: 12 out. 2018.

10 Vincent, J. John Deere is buying an AI *startup* to help teach its tractors how to farm, *The Verge*, 17 set. 2017. Disponível em: https://www. theverge. com/2017/9/7/16267962/automated-farming-john-deere-buys-blue-river-technology. Acesso em: 12 out. 2018.

11 Sincavage, D. How artificial intelligence will change decision-making for businesses, *Tenfold*, nd. Disponível em: https://www.tenfold.com/business/artificial- -intelligence-business-decisions. Acesso em: 12 out. 2018.

12 Continuum Innovation. Haier: Smart window refrigerator, nd. Disponível em: https://www.continuuminnovation.com/en/what-we-do/case-studies/smart- -window-refrigerator. Acesso em: 12 out. 2018.

13 Accenture.

14 Entrevista realizada pela Accenture para este livro.

15 Accenture.

16 Tung, L. Elon Musk: Tesla Autopilot gets full self-driving features in August update, *ZDnet*, 12 jun. 2018. Disponível em: https://www.zdnet.com/article/elon-musk--tesla-autopilot-gets-full-self-driving-features-in-august-update/. Acesso em: 12 out. 2018.

17 Entrevista realizada pela Accenture para este livro.

18 Nest. Learn how to control your Nest products with Amazon Alexa, nd. Disponível em: https://nest.com/support/article/Nest-and-Amazon-Alexa. Acesso em: 12 out. 2018.

19 Pacific BMW. How gesture control in BMW 7 series works, nd. Disponível em: http://www.pacificbmw.com/blog/how-gesture-control-in-bmw-7-series- works/. Acesso em: 12 out. 2018.

20 Faurecia. Faurecias sprachgesteuertes cockpit der zukunft gewinnt Industriepreis2018, nd. Disponível em: https://newsroom.faurecia.de/news/faurecias--sprachgesteuertes- cockpit-der-zukunft-gewinnt-industriepreis-2018-b756-0a54a.html#IoXKTp58cRThO49q. Acesso em: 12 out. 2018.

Capítulo 4

1 Ward, M. Omo creates smart clothes peg in an effort to make washing less of a chore, *Mumbrella*, 22 abr. 2016. Disponível em: https://mumbrella.com.au/omo--smart-peg-j-walter-thompson-peggy-361828. Acesso em: 12 out. 2018.

2 Wright, I. Airbus uses smart glasses to improve manufacturing efficiency, *Engineering.com*, 28 mar. 2017. Disponível em: https://www.engineering.com/AdvancedManufacturing/ArticleID/14634/Airbus-Uses-Smart-Glasses-too--Improve-Manufacturing-Efficiency.aspx. Acesso em: 12 out. 2018.

3 Softbank Robotics. Pepper, nd. Disponível em: https://www.softbankrobotics.com/emea/en/pepper. Acesso em: 12 out. 2018.

4 Ibidem.

5 Sumagaysay, L. Sony's aibo robotic dog can sit, fetch and learn what its owner like, *Mercury News*, 14 set. 2018. Disponível em: https://www. mercurynews.com/2018/09/14/sonys-aibo-robotic-dog-can-sit-fetch-and- learn-what-it-its--owner-likes/. Acesso em: 12 out. 2018.

6 Grupo Biesse. Make, 16 maio 2018. Disponível em: https://issuu.com/biessegroup/docs/biessegroup_make_06_lr. Acesso em: 12 out. 2018.

7 Accenture. (2018) Get personal: drive rofitable growth as an intelligent B2B enterprise, 2018. Disponível em: https://www.accenture.com/t20180611T064843Zw/in-en/_acnmedia/PDF-58/Accenture-Drive-B2B-Sales-Growth.pdf#zoom=50. Acesso em: 12 out. 2018.

8 Entrevista realizada pela Accenture para este livro.

9 Wollan, R.; Jacobson, T. e Honts, R. Digital disconnect in customer engagement, *Accenture*, 2016. Disponível em: https://www.accenture.com/mx-es/insight-digital--disconnect-customer-engagement. Acesso em: 12 out. 2018.

10 Ibidem.

11 Schaeffer, E. *Industry X.0*, Kogan Page, 2017, pp 136-37. Figuras 5.4 e 5.5

12 World Economic Forum in collaboration with Accenture. Digital transformation initiative: mining and metals industry, jan. 2017. Disponível em: http://reports.weforum.org/digital-transformation/wp-content/blogs.dir/94/mp/files/pages/files/files/wef-dti-mining-and-metals-white-paper.pdf. Acesso em: 12 out. 2018.

13 Reisinger, D. Ikea's new smart lights will power up from Apple, Amazon, and Google devices, *Fortune*, 1 nov. 2017. Disponível em: http://fortune. com/2017/11/01/ikea-smart-lights-alexa-apple/. Acesso em: 12 out. 2018.

14 Shok, E. e Knickrehm, M. Reworking the revolution, *Accenture*, 2018. Disponível em: https://www.accenture.com/t20180613T062119Z w /us-en/_ acnmedia/PDF-69/Accenture-Reworking-the-Revolution-Jan-2018-POV. pdf#zoom=50. Acesso em: 12 out. 2018.

15 Ibidem.

16 Forrester Consulting. Expectation vs experience: the good, the bad, the opportunity, *Accenture*, 2016. Disponível em: https://www.accenture.com/t20160825T041338Zw/us-en/_acnmedia/PDF-23/Accenture-Expectation-Vs--Experience-Infographic-June-2016.pdfla=en. Acesso em: 12 out. 2018.

17 Accenture.

18 Entrevista realizada pela Accenture para este livro.

19 Ibidem.

20 Ibidem.

Capítulo 5

1 Accenture.

Capítulo 6

1 Trefis and Great Speculations. As a rare profitable unicorn, Airbnb appears to be worth at least $38 billion, *Forbes*, 11 maio 2018. Disponível em: https://www.forbes.com/*sites*/greatspeculations/2018/05/11/as-a-rare-profitable-unicorn--airbnb-appears-to-be-worth-at-least-38-billion/#211df9722741. Acesso em: 12 out. 2018.

2 Randewich, N. (2018) Stock market value of Netflix eclipses Disney for the first time *Reuters*, 24 maio 2018. Disponível em: https://www.reuters.com/article/us-netflix-stock-stock-marketcap/stock-market-value-of-netflix-eclipses-disney-for-first-time-idUSKCN1IP39C. Acesso em: 12 out. 2018.

3 Accenture.

4 Entrevista realizada pela Accenture para este livro.

5 Smith, C. (2018) 15 interesting Waze statistics and facts, *DMR*, 27 out. 2018. Disponível em: https://expandedramblings.com/index.php/waze-statistics- facts/. Acesso em: 12 out. 2018.

6 Holodny, E. Equifax CEO steps down after massive data breach, *Business Insider*, 26 set. 2017. Disponível em: https://www.businessinsider.de/ equifax-ceo-out-2017-9?r=US&IR=T. Acesso em: 12 out. 2018.

7 Finkle, J. Hackers raid eBay in historic breach, access 145 million records, Reuters, 21 maio 2014. Disponível em: https://uk.reuters.com/article/uk-ebay-password/hackers-raid-ebay-in-historic-breach-access-145-million-records- idUKKBN0E-10ZL20140522. Acesso em: 12 out. 2018.

8 Shubber, K. Yahoo's $35m fine sends a message, FT, 12 jul. 2018. Disponível em: https://www.ft.com/content/4c0932f0-6d8a-11e8-8863-a9bb262c5f53. Acesso em: 12 out. 2018.

9 Entrevista realizada pela Accenture para este livro.

10 Winton, N. (2017) British vacuum maker Dyson plans electric car assault, *Forbes*, 26 set. 2017. Disponível em: https://www.forbes.com/*sites*/ neilwinton/2017/09/26/dyson-british-vacuum-cleaner-plans-electric-car-assault-with-2-7-billion-plan-. Acesso em: 12 out. 2018.

11 Entrevista realizada pela Accenture para este livro.

12 Accenture. Platform economy: technology-driven business model innovation from the outside in, 2016. Disponível em: https://www.accenture.com/ t00010101T-000000Zw/gb-en/_acnmedia/Accenture/Omobono/TechnologyVision/pdf/Platform-Economy-Technology-Vision-2016. pdfla=en-GB#zoom=50. Acesso em: 12 out. 2018.

13 Lunden, I. App Store hits 20M registered developers and $100B in revenues, 500M visitors per week, 2018. Disponível em: https://techcrunch.com/2018/06/04/app-store-hits-20m-registered-developers-at-100b-in-revenues-500m-visitors-per-week/ Acesso em: 6 dez. 2018.

14 Leswing, K. Apple just shared some staggering statistics about how well the App Store is doing, *Business Insider*, 4 jan. 2018. Disponível em: https://www.businessinsider.de/apple-app-store-statistics-2017-2018-1?r=US&IR=T. Acesso em: 6 dez. 2018.

15 Rao, L. Apple's App Store Has Achieved 140 Billion Downloads, *Fortune*, 7 set. 2016. Disponível em: http://fortune.com/2016/09/07/apple-app-downloads/. Acesso em: 6 dez. 2018.

16 Leswing, K. (2018), Apple just shared some staggering statistics about how well the App Store is doing, *Business Insider*, 4 jan. 2018. Disponível em: https:// www. businessinsider.de/apple-app-store-statistics-2017-2018- 1?r=US&IR=T. Acesso em: 6 dez. 2018.

17 Schneider Electric. Next generation of ExoStructure power, 2018. Disponível em: https://www.schneider-electric.com/en/about-us/press/news/corporate-2018/ ecostruxure-power.jsp. Acesso em: 12 out. 2018.

18 Faurecia. Capital markets day Faurecia transformation, 15 maio 2018. Disponível em: http://www.faurecia.com/*sites*/groupe/files/pages/20180515-investor-day- -presentation-en_0.pdf. Acesso em: 12 out. 2018.

19 Murray, S. (2015), IDC Predicts the Emergence of "the DX Economy" in a Critical Period of Widespread Digital Transformation and Massive Scale Up of 3rd Platform Technologies in Every Industry, *Business Wire*, 4 nov. 2015. Disponível em: https://www.businesswire.com/news/home/20151104005180/en/IDC-Predicts- -Emergence-DX-Economy-Critical-Period. Acesso em: 7 dez. 2018.

Capítulo 7

1 Daugherty, P. e Wilson, J. *Human+Machine*: *Reimagining work in the age of AI*. Harvard Business Review Press, 2018.

2 Wilson, J.; Alter, A. e Sachdev, S. Business processes are learning to hack themselves, *Harvard Business Review*, 27 jun. 2016. Disponível em: https://hbr.org/2016/06/ business-processos-are-learning-to-hack-themselves. Acesso em: 12 out. 2018.

3 Knight, W. This factory robot learns a new job overnight, *MIT Technology Review*, 18 mar. 2016. Disponível em: https://www.technologyreview. com/s/601045/this- -factory-robot-learns-a-new-job-overnight/. Acesso em: 12 out. 2018.

4 PPD names Colin Hill, CEO of GNS Healthcare, to its board of directors, 3 jan. Disponível em: https://www.ppdi.com/News-And-Events/News/ 2018/PPD- -Names-Colin-Hill-CEO-of-GNS-Healthcare-to-its-Board-of- Directors. Acesso em: 12 out. 2018.

5 Gartner. Gartner forecasts worldwide public cloud revenue to grow 21.4 percent in 2018, 12 abr. 2018. Disponível em: https://www.gartner.com/newsroom/id/3871416. Acesso em: 12 out. 2018.

6 Business Wire. $92,48 billion cloud storage market – forecasts from 2017 to 2022 – research and markets, 2017. Disponível em: https://www.businesswire.com/ news/home/20170614005856/en/92.48-Billion-Cloud-Storage-Market-Forecasts. Acesso em: 12 out. 2018.

7 Ismail, K. The value of data: forecast to grow 10-fold by 2025, Information Age, 5 abr. 2017. Disponível em: https://www.information-age.com/data-forecast- -grow-10-fold-2025-12346555538/. Acesso em: 6 dez. 2018.

8   Pestanes, P. e Gautier, B. The rise of intelligent voice assistantants, *Wavestone*, 2017. Disponível em: https://www.wavestone.com/app/uploads/2017/09/Assistants--vocaux-ang-02-.pdf. Acesso em: 12 out. 2018

9   Dormehl, L. Today in Apple History: Siri makes its public debut on iPhone 4s, *Cult of Mac*, 4 out. 2018. Disponível em: https://www.cultofmac. com/447783/today-in--apple-history-siri-makes-its-public-debut-on-iphone-4s/. Acesso em: 12 out. 2018.

10   Tillman, M. e Grabham, D. What is Google Assistant and what can it do? *Pocket Lint*, 9 out. 2018. Disponível em: https://www.pocket-lint.com/ apps/news/google/137722-what-is-google-assistant-how-does-it-work-and-which-devices--offer-it. Acesso em: 12 out. 2018.

11   Callaham, J. Amazon Echo is now available for everyone to buy for \$179.99, shipments start on July 14, *Android Central*, 23 jun. 2018. Disponível em: https://www.androidcentral.com/amazon-echo-now-available-everyone-buy-17999--shipments-start-july-14. Acesso em: 12 out. 2018.

12   Lopez, N. Google Home finally has a price and release date *The Next Web*, 4 out. 2016. Disponível em: https://thenextweb.com/google/2016/10/04/google-shows--off-home-can-take-amazons-echo/. Acesso em: 12 out. 2018.

13   Macrumours. Homepod: Apple's Siri-based speaker, available now, 2018. Disponível em: https://www.macrumors.com/roundup/homepod/. Acesso em: 12 out. 2018.

14   Kinsella, B. 56 million smart speaker sales in 2018 says Canalys, *Voicebot*, 7 jan. 2018. Disponível em: https://voicebot.ai/2018/01/07/56-million-smart-speaker--sales-2018-says-canalys/. Acesso em: 12 out. 2018.

15   Kastrenakes, J. Google Assistant will soon detect what language you're speaking in, *The Verge*, 23 fev. 2018. Disponível em: https://www.theverge.com/2018/2/2/23/17041920/google-assistant-languages-multilingual-detection. Acesso em: 12 out. 2018.

16   Leswing, K. Google Assistant tops Apple's Siri and Amazon's Alexa in head-to--head intelligence test, *Business Insider*, 4 ago. 2018. Disponível em: https://www.businessinsider.de/google-assistant-vs-apple-siri-amazon-alexa-comparison-2018--7?r=US&IR=T. Acesso em: 12 out. 2018.

17   Accenture. Time to navigate the super myway, 2018. Disponível em: https://www.accenture.com/us-en/_acnmedia/PDF-69/Accenture-2018-Digital-Consumer--Survey-Findings.pdf. Acesso em: 12 out. 2018.

18   Seung, H. et al Implantable batteryless device for on-demand and pulsatile insulin administration, *Nature*, 13 abr. 2017. Disponível em: https://www. nature.com/articles/ncomms15032. Acesso em: 12 out. 2018.

19   Entrevista realizada pela Accenture para este livro.

20   Accenture. (2018) Turning possibility into productivity, 2018. Disponível em: https://www.accenture.com/t00010101T000000Zw/gb-en/_acnmedia/PDF-76/Accenture-IndustryX0-AI-products.pdf Acesso em: 12 out. 2018.

21 Ibidem.

22 3M. Natural Language Processing. Applied to make use of unseen data, nd. Disponível em: https://www.3m.com/3M/en_US/health-information-systems- us/ providers/natural-language-processing/. Acesso em: 12 out. 2018.

23 Agri Expo. Bosch: Mehrzweck-agrarroboter/für unkraut, nd. Disponível em: http:// www.agriexpo.*on-line*/de/prod/bosch-deepfield-robotics/ product-168586-1199. html. Acesso em: 12 out. 2018.

24 Blue River Technology. About Us, nd. [*on-line*] http://about. bluerivertechnology. com/. Acesso em: 12 out. 2018.

25 Pesquisa Accenture.

Capítulo 8

1 Porter, M. e Happleman, J. How smart, connected products are turning companies, *Harvard Business Review*, out. 2015. Disponível em: https://hbr.org/2015/10/how--smart-connected-products-are-transforming-companies. Acesso em: 12 out. 2018.

2 Entrevista realizada pela Accenture para este livro.

3 Schrage, M. (2016) Fast, iterative "virtual research centers"are edging out traditional approaches to R&D, MIT *Sloan Management Review*, 11 maio 2016. Disponível em: https://sloanreview.mit.edu/article/rd-meet-es-experiment-scale/. Acesso em: 12 out. 2018.

4 Krawiec, T. The Amazon Recommendations secret to selling more *on-line*, *Rejoiner*, nd. Disponível em: http://rejoiner.com/resources/amazon-recommendations--secret-selling-*on-line*/. Acesso em: 12 out. 2018.

5 Hern, A. The two-pizza rule and the secret of Amazon's success, *Guardian*, 24 abr. 2018. Disponível em: https://www.theguardian.com/ technology/2018/apr/24/ the-two-pizza-rule-and-the-secret-of-amazons-success. Acesso em: 12 out. 2018.

6 Schrage, M. Fast, iterative "virtual research centers" are edging out traditional approaches to R&D, *MIT Sloan Management Review*, 11 maio 2016. Disponível em: https://sloanreview.mit.edu/article/rd-meet-es-experiment-scale/. Acesso em: 12 out. 2018.

7 Accenture.

8 Porter, M. e Happleman, J. How smart, connected products are turning companies, *Harvard Business Review*, out. 2015. Disponível em: https://hbr.org/2015/10/how--smart-connected-products-are-transforming-companies. Acesso em: 12 out. 2018.

9 Ibidem.

10 Entrevista realizada pela Accenture para este livro.

11 Accenture.

12 Ibidem.

13 Accenture. (2017) The digital thread imperative, 2017. Disponível em: https://www.accenture.com/t20171211T045641Zw us-en/_acnmedia/PDF-67/Accenture--Digital-Thread-Aerospace-Aerospace-And-Defense.pdf. Acesso em: 12 out. 2018.

Capítulo 9

1 Fanguy, W. How Netflix designs with flexibility, *Inside Design*, 28 mar. 2018. Disponível em: https://www.invisionapp.com/blog/netflix-designs-flexibility/. Acesso em: 12 out. 2018.

2 Accenture. Accenture helps machinery manufacturing company Biesse harness Industry X.0 for connected customer services, 6 nov. 2017. Disponível em: https://newsroom.accenture.com/news/accenture-helps-machinery- manufacturing--company-biesse-biesse-group-harness-industry-x-0-for-connected- customer--services.htm. Acesso em: 12 out. 2018.

3 Entrevista realizada pela Accenture para este livro.

4 Fanguy, W. How Netflix *designs* with flexibility, *Inside Design*, 28 mar. 2018. Disponível em: https://www.invisionapp.com/blog/netflix-designs-flexibility/. Acesso em: 12 out. 2018.

5 Página da comunidade do Agriculture.com. Disponível em: https://community.agriculture. com/. Acesso em: 12 out. 2018.

6 Stanton, R. How Schneider Electric is learning from *startups, Schneider*, 3 jun. 2014. https://blog.schneider-electric.com/education-research/2014/06/06/03/schneider-electric-learning-startups/. Acesso em: 12 out. 2018.

7 Entrevista realizada pela Accenture para este livro.

8 Davenport, T.; Kudbya, S. e Paul, S. IoT e desenvolvimento de produtos de dados baseados em análise, *MIT Sloan Management Review*, 9 jan. 2017. Disponível em: https://sloanreview.mit.edu/article/iot-and-developing-analytics-based-data--products/. Acesso em: 12 out. 2018.

9 Para saber mais sobre os ecossistemas, consulte o Capítulo 9 "Zoom in: How to Make the Most of Platforms and Ecosystems" no livro a seguir: Schaeffer, E. *Indústria X.0*, Kogan Page, 2017.

10 Entrevista realizada pela Accenture para este livro.

11 Ibidem.

Capítulo 10

1 Accenture. Turning possibility into productivity, 2018. Disponível em: https://www.accenture.com/t0001010101T000000Zw/gb-en/_acnmedia/PDF-76/Accenture--IndustryX0-AI-products.pdf. Acesso em: 12 out. 2018.

2   Entrevista realizada pela Accenture para este livro.

3   Ibidem.

4   Ibidem.

5   Walker, R. How Adobe got its customers hooked on subscriptions, *Bloomberg Businessweek*, 8 jun. 2017. Disponível em: https://www.bloomberg.com/news/articles/2017-06-08/how-adobe-got-its-customers-hooked-on- subscriptions. Acesso em: 12 out. 2018.

6   Accenture.

7   Zhang, R. Why Haier is reorganizing itself around the Internet of Things, *Strategy+Business*, 26 fev. 2018. Disponível em: https://www.strategy-business.com/article/Why-Haier-Is-Reorganizing-Itself-around-the-Internet-of--Things?gko=895fe. Acesso em: 12 out. 2018.

8   Sparkes, M. Tesla *software* update: did your car just get faster? *Telegraph*, 30 jan. 2018. Disponível em: https://www.telegraph.co.uk/technology/news/11378880/Tesla-*software*-update-did-your-car-just-get-faster.html. Acesso em: 12 out. 2018.

9   Hawkins, A. Tesla will start rolling out its 'full self-driving' package in August, Elon Musk says, *The Verge*, 11 jun. 2018. Disponível em: https://www. theverge.com/2018/6/11/17449076/tesla-autopilot-full-self-driving-elon-musk. Acesso em: 12 out. 2018.

10   Entrevista realizada pela Accenture para este livro.

11   Accenture. News Release: Schneider Electric and Accenture build a digital services factory to speed development of industrial IoT solutions and services, 26 abr. 2017. Disponível em: https://newsroom.accenture.com/news/schneider-electric-and--accenture-build-a-digital-services-factory-to-speed-development-off-industrial--iot-solutions-and-services.htm. Acesso em: 12 out. 2018.

12   Accenture. Charging into the new: Smart processes bring smart new digital services for Schneider Electric, nd. Disponível em: https://www.accenture.com/in-en/success-schneider-electric-digital-services-factory. Acesso em: 12 out. 2018.

13   Ibidem.

14   Entrevista realizada pela Accenture para este livro.

15   Ibidem.

16   Accenture. Accenture helps machinery manufacturing company Biesse harness Industry X.0 for connected customer services, 6 nov. 2017. Disponível em: https://newsroom.accenture.com/news/accenture-helps-machinery-manufacturing--company-biesse-group-harness-industry-x-0-for-connected-customer-services.htm. Acesso em: 12 out. 2018.

17   Schaeffer, E. et al. AI turns ordinary products into industry gamechangers, *Accenture*, 20 abr. 2018. Disponível: https://www.accenture.com/us-en/insights/industry-x-0/ai-transforms-products. Acesso em: 12 out. 2018.

Capítulo 12

1   Lienert, P. France's Faurecia recasts interiors for self-driving cars, *Reuters*, 25 ago. 2016. Disponível em: https://www.reuters.com/article/us-faurecia- outlook/frances-faurecia-recasts-interiors-for-self-driving-carross-idUSKCN1102CU. Acesso em: 12 out. 2018.

2   Market Screener. Faurecia, nd. Disponível em: https://www.marketscreener.com/FAURECIA-4647/company/. Acesso em: 12 out. 2018.

3   Faurecia. Capital markets day Faurecia transformation, 15 maio 2018. Disponível em: http://www.faurecia.com/*sites*/groupe/files/pages/20180515- investor-day--presentation-en_0.pdf. Acesso em: 18 out. 2018.

4   Signify. Investor presentation, 2018. Disponível em: https://www.signify.com/static/events/signify-latest-investor-presentation.pdf .Acesso em: 12 out. 2018.

5   Zhang, R. Why Haier is reorganizing itself around the Internet of Things, *Strategy+Business*, 26 fev. 2018. Disponível em: https://www.strategy-business.com/article/Why-Haier-Is-Reorganizing-Itself-around-the- Internet-of--Things?gko=895fe. Acesso em: 12 out. 2018.

6   Haier. Haier rebrands as global leading smart home solution platform for IoT era to showcase new smart home solutions ahead of 2018 AWE, *PR Newswire*, 7 mar. 2018. Disponível em: https://www.prnewswire.com/ news-releases/haier--rebrands-as-global-leading-leading-smart-home-solution-platform-for-iot-era--to-showcase-new-smart-home-solutions-ahead-of- 2018-awe-300609618.html. Acesso em: 12 out. 2018.

7   Ibidem.

8   Runckel, C. Wine industry in China, *Business in Asia*, 2012. Disponível em: http://www.business-in-asia.com/china/china_wine.html Acesso em: 12 out. 2018.

9   Chen, M. By 2021 China to replace UK as No 2 on global wine market list, *China Daily*, 26 mar. 2018. Disponível em: http://www.chinadaily.com. cn/a/201803/26/WS5ab8347aa3105cdcf651422f.html. Acesso em: 12 out. 2018.

10   Willsher, K. A China becomes biggest market for red wine, with 1.86bn bottles sold in 2013, *Guardian*, 29 jan. 2014. Disponível em: https://www. theguardian.com/world/2014/jan/29/china-appetite-red-wine-market-boom. Acesso em: 12 out. 2018.

11   A tecnologia RFID é uma identificação por radiofrequência universalmente adotada. Não há problema na identificação enquanto houver dados a bordo. Por enquanto, a agência de bebidas é responsável por etiquetar o *chip* na garrafa quando ela entra na alfândega da China. Em cooperação futura, a vinícola pode etiquetar o *chip* diretamente antes de exportá-lo para a China.

12   Willsher, K. China becomes biggest market for red wine, with 1.86bn bottles sold in 2013, *Guardian*, 29 jan. 2014. Disponível em: https://www. theguardian.com/

world/2014/jan/29/china-appetite-red-wine-market-boom. Acesso em: 12 out. 2018.

13 Zhang, R. Why Haier is reorganizing itself around the Internet of Things, *Strategy+Business*, 26 fev. 2018. Disponível em: https://www.strategy-business. com/article/Why-Haier-Is-Reorganizing-Itself-around-the- Internet-of--Things?gko=895fe. Acesso em: 12 out. 2018.

14 Ibidem.

Ouça este e milhares de outros livros na Ubook.
Conheça o app com o **voucher promocional de 30 dias.**

Para resgatar:
1. Acesse **ubook.com** e clique em **Planos** no menu superior.
2. Insira o código **#ubk** no campo **Voucher Promocional**.
3. Conclua o processo de assinatura.

Dúvidas? Envie um e-mail para contato@ubook.com

*

Acompanhe a Ubook nas redes sociais!
ubookapp   ubookapp   ubookapp